1 MONTH OF
FREE
READING

at
www.ForgottenBooks.com

By purchasing this book you are eligible for one month membership to ForgottenBooks.com, giving you unlimited access to our entire collection of over 1,000,000 titles via our web site and mobile apps.

To claim your free month visit:

www.forgottenbooks.com/free966888

ISBN 978-0-260-72903-3
PIBN 10966888

This book is a reproduction of an important historical work. Forgotten Books uses
state-of-the-art technology to digitally reconstruct the work, preserving the original format
whilst repairing imperfections present in the aged copy. In rare cases, an imperfection in
the original, such as a blemish or missing page, may be replicated in our edition. We do,
however, repair the vast majority of imperfections successfully; any imperfections that
remain are intentionally left to preserve the state of such historical works.

BIBLIOTHÈQUE CONTEMPORAINE

A. DE PONTMARTIN

MES
MÉMOIRES

SECONDE JEUNESSE

DEUXIÈME SÉRIE

PARIS

CALMANN LÉVY, ÉDITEUR

RUE AUBER, 3, ET BOULEVARD DES ITALIENS, 15

A LA LIBRAIRIE NOUVELLE

MES

MÉMOIRES

II

CALMANN LÉVY, ÉDITEUR

ŒUVRES COMPLÈTES

DE

A. DE PONTMARTIN

Format grand in-18

BOURLOTON. — Imprimeries réunies, B.

MES

ÉMOIRES

SECONDE JEUNESSE

PAR

A. DE PONTMARTIN

II

C · L

PARIS

CALMANN LÉVY, ÉDITEUR

ANCIENNE MAISON MICHEL LÉVY FRÈRES

3, RUE AUBER, 3

—

1886

MES MÉMOIRES

(2° SÉRIE.)

LA CONFESSION

J'ai longtemps hésité, j'ai tardé longtemps à écrire cette seconde série. L'explication ne me sera que trop facile.

Si peu célèbre que soit un écrivain, lui est-il possible, lui est-il permis d'intituler *Mes Mémoires* un livre où il passerait sous silence ce qui a dominé toute sa vie, ce qui a décidé de sa carrière, ce qui a mêlé une souffrance secrète, intime, à la fois chronique et aiguë, à tous les épisodes, à tous les chagrins, à toutes les joies de son existence?

Non! c'est pourquoi je m'exécute.

II.

En septembre 1827, j'étais aussi heureux qu'un écolier peut l'être quand la distance, la lenteur des moyens de transport et le joug d'une sévère économie l'ont empêché d'*aller en vacances.* Ma seconde s'était brillamment terminée par le prix de narration latine au concours général; prix que le suffrage universel des huit collèges de Paris et de Versailles avait justement attribué à Édouard Bocher, aujourd'hui noble et éloquent défenseur de toutes les bonnes causes, et que j'obtins, grâce à la part que se font dans tout concours le hasard, l'état nerveux des concurrents et le caprice des juges.

Si je regrettais vivement la bouffée de bon air, le rayon de soleil, les raisins et les figues du pays natal, mes regrets étaient adoucis par un consolateur dont le nom va faire sourire la jeune génération, les admirateurs de M. Zola et de son école : Walter Scott! Ce fut une vraie passion, et je dois ajouter que cette passion était partagée à la fois par l'élite et par la foule de mes contemporains et de mes contemporaines. Les lectrices à prétentions poétiques, lyriques et romantiques préféraient lord Byron;

mais Walter Scott avait pour lui les hommes
sérieux, les femmes raisonnables, les *mamans*
qui cherchaient d'honnêtes et intéressantes
lectures pour leurs fils et leurs filles, les
auteurs dramatiques qui lui empruntaient des
sujets de pièces, les amateurs d'études historiques qui voyaient dans ce romancier le
précurseur, le révélateur, l'initiateur d'une réforme radicale dans la façon d'écrire l'histoire,
réforme qui se reflétait dans les œuvres d'Au-
gustin Thierry et de M. de Barante. On ne peut
se faire une idée de cette vogue, dont l'année
1827 marqua l'apogée. Elle se retrouvait dans
les costumes, dans les modes, dans les ameu-
blements, sur les enseignes des magasins et sur
les affiches des théâtres. Une de mes manies
était de m'arrêter, au sortir du collège Saint-
Louis, devant les affiches collées sur un vieux
mur, près de la grille du Luxembourg. Un même
soir, le Théâtre-Français jouait *Louis XI à
Péronne*, de Mély-Janin, extrait de *Quentin
Durward* (Michelot, Firmin, Monrose); l'Odéon,
le Labyrinthe de Woodstock (Lockroy, Beauvallet); l'Opéra-Comique, *Leicester*, de Scribe

et Auber, pris au *Château de Kenilworth*, et le lendemain, *la Dame Blanche*, inspirée tout à la fois par *le Monastère* et *Guy-Mannering* (Ponchard, Valère, Féréol, mesdames Rigaut-Palar, Desbrosses, Boulanger).

J'en lisais un demi-volume par jour; la collection est considérable; sans compter que j'y ajoutais les chefs-d'œuvre de Fenimore Cooper : *l'Espion, le Pilote, les Pionniers, la Prairie, le Corsaire rouge, le Dernier des Mohicans.*

Jeunes confrères dont je pourrais être le grand-père, ne riez pas trop à mes dépens! ces romans, aujourd'hui démodés, que je lisais, en 1827, dans toute la fraîcheur de mes impressions, dans tout l'enthousiasme de ma seizième année, il m'arrive souvent d'en relire quelques chapitres et, tout à coup, de voir une larme tomber sur ces pages jaunies. C'est que la peinture des sentiments vrais ne vieillit jamais; c'est que ces récits sont associés pour moi au souvenir lointain des jours heureux, bien rares dans ma vie. En les lisant, il me semble que je fais revivre tout un groupe de figures chéries, tout un monde d'images à demi perdues, que je croyais mortes, et qui n'étaient qu'endormies; notre modeste appartement de la rue de Vaugirard, les trois fenêtres qui donnaient sur le jardin du Luxembourg, et d'où je voyais passer Chateaubriand, Cambacérès, le docteur Portal, Boulay (de la Meurthe), MM. de Sémonville et Dambray; la petite porte du collège Saint-Louis, ouvrant sur la rue Monsieur-le-Prince; le pâtissier de la rue des Francs-Bourgeois-Saint-Michel, qui se nommait Bussonier, et que nous appelions Buissonière, parce que nous y faisions l'école de ce nom; les palombes perchées sur les hautes branches des platanes, des hêtres et des tilleuls; le grand carré, où des étudiants et des rapins jouaient à la paume, se servant de leurs mains en guise de raquettes; l'allée de l'Observatoire, où je rencontrais le grand Arago, etc., etc. Chose singulière! la distance, dans la vie réelle, rapetisse ou estompe les objets. On dirait qu'ils s'évanouissent à mesure que l'on s'en éloigne. Ici, dans le monde idéal, c'est le contraire. Il semble qu'on les voit mieux, justement parce qu'on en est plus loin. Est-ce un simple effet de perspective? Non. Le vieillard qui n'a plus d'avenir essaye de se faire un trésor avec les reliques du passé. Il se demande, avec un mélange de tristesse et d'espérance, si la fuite de ces années qui ont l'air de l'éloigner de ce qu'il a aimé ne l'en rapproche pas, si la mort ne lui rendra pas ce que la vie lui a ôté, si ses souvenirs, en se ravivant, ne deviennent pas des présages. Mon Dieu! qu'ils doivent être malheureux dans leurs tendresses, ceux qui refusent de croire à l'âme, à son origine céleste, à son immortalité divine!

Donc, mes premières amours, les moins malheureuses, s'appelèrent Diana Vernon, Alice Lee, Rébecca, Flora Mac-Ivor, Amy Robsart, Lucy de Lammermoor. Je les aime toujours sans remords et sans trouble. Puis-je en dire autant d'autres héroïnes, qui semblent n'avoir vécu un moment dans mon cœur que pour être plus sûres d'y mourir?

J'aimais passionnément le théâtre, où je n'avais jamais mis les pieds. Il fut convenu, toujours pour m'indemniser de mes vacances manquées, que l'on m'acccorderait cinq soirées théâtrales : à l'Opéra, *Moïse ;* au Théâtre-Français, mademoiselle Mars, dans *les Femmes savantes* et dans *la Jeunesse de Henri V*; à l'Opéra-Comique, *la Dame blanche*; au théâtre de Madame, *le Mariage de raison*, joué par Léontine Fay, Jenny Vertpré, Gontier, Ferville, Paul et Numa; et enfin, à la Porte-Saint-Martin, le drame de *Trente ans ou la Vie d'un joueur*, où Frédérick Lemaître et madame Dorval, par leur merveilleux talent, faisaient illusion aux jeunes gens sur la valeur réelle de la pièce de Victor Ducange. Notre génération avait un tel besoin d'une complète refonte dramatique, on la pressentait si bien en la désirant, que nous voulions la voir partout; dans un emprunt à Walter Scott, dans une traduction ou imitation de Shakspeare ou de Schiller, dans un essai de transaction de Casimir Delavigne, dans un mélodrame du boulevard; partout, excepté dans le répertoire de la Comédie-Française, atteint de chlorose et d'anémie. Victor Ducange, ai-je dit? L'honneur de soulever des tempêtes, d'ébouriffer les perruques et d'horripiler les chauves était réservé à un autre Victor.

J'étais content d'autrui et de moi-même, ce

qui ne m'est pas arrivé souvent depuis lors.
Mes parents m'adoraient, et je me réjouissais
franchement de les voir si heureux de mes
succès universitaires. J'allais entrer en rhétorique sous les auspices les plus favorables ;
mes professeurs me souriaient ; mes camarades
ne me haïssaient pas. C'est même avec deux ou
trois d'entre eux que j'avais arrangé, pour le
12 septembre, une partie de campagne, dont je
me promettais un plaisir assez vif. Parisiens de
naissance et d'habitudes, ils passaient naturellement toutes leurs vacances à Paris, dont les
environs charmants n'avaient pas de secrets
pour eux ; je n'écrirai que leurs noms de
baptême, les autres n'ayant pas laissé de traces
dans l'histoire contemporaine : Raoul, Marcel,
Édouard.

Ils m'avaient proposé d'aller herboriser avec
eux sur les coteaux de Marly, de Bellevue et
de la Celle-Saint-Cloud ; j'avais accepté avec
enthousiasme.

Le temps était délicieux ; une brise tiède et
caressante courait à travers les massifs, agitant
à peine la cime des peupliers. Ce n'était déjà

plus l'été avec ses ardeurs ; ce n'était pas encore l'automne avec ses mélancolies. Les feuilles, qui attendaient pour tomber la première gelée blanche, prenaient, çà et là, ces teintes de pourpre et d'or, si chères aux paysagistes. Il était neuf heures du matin. Le soleil, émergeant peu à peu d'une brume transparente, semblait n'avoir tout juste de chaleur que pour nous faire mieux jouir de l'air pur et de la rosée. Une goutte étincelait à chaque brin d'herbe, à la tige de chaque plante. Ce souffle matinal, ces rayons mouillés comme le sourire dont parle Homère, me donnaient une inexprimable sensation de bïen-être, et redoublaient en moi ce qu'un romancier trop célèbre devait appeler, cinquante-six ans après, LA JOIE DE VIVRE.

J'étais tombé en arrêt, — comme Jean-Jacques devant la pervenche, — devant une jolie petite fleur bleue, dont j'ignorais le nom. Ce nom, je voulus le demander à Raoul, le plus savant de notre *quatuor*. Je m'aperçus que, pendant mes extases et mes rêveries contemplatives, mes compagnons avaient pris les

devants, et qu'ils étaient déjà loin. Alors je
voulus crier... horreur ! *Vox faucibus hæsit !*
En quelques minutes, le timbre de ma voix
avait subi une altération inexplicable ; ou plutôt cette voix sans timbre passait incessamment
d'une sorte d'extinction à des notes aiguës et
fausses, d'autant plus pénibles pour moi que
j'avais et que j'ai encore l'oreille juste.

Mes camarades, ne me voyant plus, se retour-
nèrent. A mes signes de détresse, à mes appels
désespérés, ils accoururent. « Ce n'est rien,
c'est la *mue !* dit Raoul après m'avoir entendu. —
C'est la *mue !* » dirent, le soir, mes parents, qui
ne s'alarmèrent pas d'abord outre mesure.
Hélas ! j'ai soixante-quatorze ans, et cette *mue*
dure encore !

Cependant, je lui dois une certaine reconnaissance, à cette *mue* fantastique. Elle m'a
sauvé d'un désespoir qui serait peut-être allé
jusqu'à la folie et au suicide. De 1827 à 1832,
elle a donné à mes tristesses, à mes craintes, un
caractère provisoire. Je m'accoutumais peu à
peu à mon infirmité, en espérant, de jour en
jour, qu'elle allait finir. Oui, si, le 12 septem-

bre 1827, j'avais d'un seul coup mesuré toute
mon infortune, si j'avais prévu que les années
n'y changeraient rien, que c'était à tout jamais,
je crois fermement que ma raison n'aurait pas
résisté, et que, fou de douleur, j'aurais refusé
de survivre. Progressives, distillées goutte à
goutte, la certitude et l'évidence furent moins
amères. Mais, à la fin de 1832, quand le doute
ne fut plus possible... oh! quel supplice! il me
sembla que le monde devenait un désert, que
mon avenir n'était plus qu'un grand vide. Re-
présentez-vous ma situation. Avoir travaillé
comme un enfant de la balle, avoir réussi au
delà de toute espérance, entendre mes professeurs me prédire de hautes destinées, être distin-
gué par le glorieux *trio* de la Sorbonne, trouver
mon nom au premier rang dans cinq ou six
Palmarès, et me voir subitement fermer toutes
les carrières; non seulement celles qui n'existent
que par la parole et dont la condition essentielle
est de parler en public, mais toutes sans exception ; car vous figurez-vous un sous-préfet
aphone, un attaché d'ambassade entrant dans un
salon diplomatique, à Vienne ou à Saint-Péters-

bourg, et voyant tout le monde se retourner au premier mot qu'il essaye de bégayer. Et la *parlotte!* Les conférences entre jeunes gens, pour se préparer à la vie politique! Et la députation! Pendant ces années fécondes et troublées qui suivirent la révolution de Juillet, l'âge d'éligibilité ayant été abaissé de dix ans, la députation devint le point de mire de presque tous les lauréats universitaires. Ils en parlaient déjà, en 1832, sur les bancs de l'École de droit et du Collège de France; quelques-uns, sans songer à mal, me faisaient confidence de leurs ambitions juvéniles; moi seul ne devais pas, ne pouvais pas y penser!

Et le conseil d'État! et la magistrature assise, mais non muette, où l'on peut être, sans cesse, appelé à présider le jury, à interroger le prévenu et les témoins, à résumer les débats! Et l'épaulette d'officier! Et la marine! Encore une fois, rien! rien! Des circonstances particulières m'ont fait, au cours de ma trop longue vie, maire de mon village, juré, conseiller général et garde national, et, dans ces situations où il me fallait tantôt défendre les intérêts de mon canton auprès de mes collègues, tantôt répondre à l'appel du greffier, tantôt crier à travers la nuit : *Sentinelle, prenez garde à vous!* chaque minute amenait un nouveau coup de poignard ou d'épingle. Le 24 juin 1848, devant la barricade du clos Saint-Lazare, il me sembla que je courais un danger. A mes côtés, le brave caporal Émile Charre tomba pour ne plus se relever. « Ah! me disais-je, pourquoi la mort prend-elle ce jeune homme, qu'attendait une vie heureuse, dorée de millions? Que ne suis-je tombé à sa place! mon martyre serait fini. »

Sauf la grâce divine, qui éclaire et adoucit tout, même pour ce monde, je ressentais une souffrance analogue à celle que doivent éprouver les religieux qui, par excès de piété, portent un cilice. La permanence de ce cilice profane procédait par intermittences, par élancements, comme les rhumatismes et les vieilles blessures, selon que j'avais l'occasion de parler ou le droit de me taire. C'est pour cela que j'ai tant aimé le théâtre, la chasse, la pêche, le whist, tous les plaisirs qui permettent ou commandent le silence.

Mais, hélas! les occasions, les élancements, les pointes impitoyables du cilice revenaient à chaque instant. Ce n'est pas une page, ce n'est pas un volume, c'est une bibliothèque tout entière que formerait le récit des innombrables morsures de ce rongeur. Le même effet ramené continuellement par la même cause! C'est surtout quand j'élevais la voix, quand je donnais libre cours à un accès de mauvaise humeur ou de colère, que je me sentais ridicule. Aussi ai-je passé des années sans gronder un domestique, sans admonester un fermier retardataire ou dire son fait à un ouvrier négligent. J'y ai gagné une réputation de bonté, de douceur, que je ne méritais peut-être pas. D'autre part, sur un autre terrain, la surexcitation perpétuelle de mes nerfs, — toujours pour la même raison, — m'a bien souvent exposé à perdre le sentiment des proportions et des mesures, a mêlé bien des orages ou des bourrasques à ma vie littéraire. L'encre me grisait; je ne me rendais pas compte des conséquences de telle ou telle vivacité de plume. J'y apportais une sorte d'inconscience qui n'excusait pas, mais qui expliquait mes impru-

dences. Je ne voyais pas au delà des puériles
satisfactions que je me donnais en écrivant une
phrase offensante pour un de mes confrères dont
je croyais avoir à me plaindre. Sainte-Beuve, si
fin pourtant et d'une sagacité si sure (avec ou
sans accent circonflexe), signalant dans ma littérature ce défaut d'équilibre, ces allusions ou
ces personnalités fâcheuses, ces allures de pour-
fendeur, de redresseur de torts, qui contrastaient
avec l'ensemble de mon caractère et de ma physionomie, les attribuait à ma particule et à mon
titre ; les gentilshommes de lettres, disait-il,
étant toujours prêts à accepter une discussion
sur un pied d'égalité, puis, quand la discussion
s'aigrit et tourne en querelle, étant toujours
enclins à réclamer leur blason, leurs ancêtres et
leurs privilèges.

Sainte-Beuve, cette fois, s'est trompé. Je ne
crois pas qu'il ait jamais existé, dans la république des lettres, un citoyen plus indifférent
que je ne le suis aux délicates questions de noblesse et de bourgeoisie. A un indiscret qui me
demandait si je descendais des Croisés, j'ai
répondu (je me répète peut-être, mais il faut

bien jeter une note gaie parmi toutes ces tristesses) : « Certainement. Je descends des croisées
par les fenêtres, sans soulever de jalousie ! »

Non! non! ce privilège, toujours le même,
c'était mon infirmité. Rien de plus dangereux
que d'être sur un point, même secondaire, une
exception. Involontairement, instinctivement,
on s'attribue des immunités dont on serait le
premier à s'offenser, si un observateur clair-
voyant nous disait d'où elles nous viennent. Les
bossus ne sont si malins, si caustiques, que
parce qu'ils se croient autorisés à prendre une
revanche contre les tailles droites.

Les bossus! que de fois je les ai enviés!
« Car enfin, me disais-je, ils ont dû avoir un
mauvais moment, lorsque leur intelligence s'est
ouverte, quand, se comparant à leurs voisins,
ils n'ont pu douter des déviations de leur épine
dorsale. Mais leur faculté de souffrir s'est
épuisée d'un seul coup. Rendus à l'évidence, il
n'y a pas eu, dans leurs tourments, ce renouvel-
lement de toutes les minutes qui me rend si
malheureux. On les voit, on sait immédiatement à quoi s'en tenir, et, si on est poli, ou,

plus simplement, si l'on n'est pas un sot, on évite avec soin tout ce qui peut leur rappeler leur difformité. Ils peuvent d'ailleurs évoquer de mémorables exemples : Ésope, Pope, le prince Eugène, le maréchal de Luxembourg, M. Villemain, le Triboulet de M. Victor Hugo. Moi, c'est différent. Quand même je posséderais la science historique, l'érudition de détails de l'excellent comte Adolphe de Circourt, je ne trouverais, ni dans l'antiquité ni dans les temps modernes, un personnage illustre, incapable de se faire entendre à dix pas! »

C'est ainsi que, dans mes promenades solitaires, dans mes chasses peu giboyeuses, je commentais mon infortune; chaque commentaire y ajoutait son amertume; ce qui l'aggravait encore, c'est que je dissimulais ma douleur au public par amour-propre, à ma mère par tendresse. Pauvre mère! Mon père et *l'oncle Joseph* étaient morts; je n'avais plus qu'elle.

Ce que j'ai souffert dans cette première phase de certitude, — c'est-à-dire de vingt et un à trente ans, — nul ne l'a su, nul ne le saura. Un exemple entre mille. J'ai raconté, à la page 278

du premier volume[1], que, pour me distraire
de mon exil en province et pour raviver
quelques-uns de mes souvenirs d'enfance, j'avais
frété un bateau de pêche sur le Rhône, acheté
des filets, des lignes, des hameçons, et attaché à
ma personne, en qualité de pêcheur adjoint,
le brave Bertrand Raffier, type du batelier
ou patron de la rive droite, *carliste* fougueux,
dévoué de père en fils à ma famille, doué
de muscles d'acier et d'une vigueur herculéenne, conservant intactes, aux approches de
la quarantaine, toutes les forces de sa vingtième
année, mais un peu adonné à la boisson et

1. Le premier volume de ces *Mémoires* contenait les
lignes suivantes, p. 223 : « 1832. — Depuis quelque
temps, j'étais rongé par un chagrin personnel, excep-
tionnel, qui s'est étendu sur toute mon existence, qui
m'a fermé toutes les carrières actives, que mes ennemis
ont souvent tourné en ridicule, et que mes amis devi-
neront sans qu'il soit nécessaire de m'expliquer plus
clairement. »

A ma grande surprise, ces quelques lignes ont passé
inaperçues. Personne ne m'en a demandé le sens mystérieux. Il est vrai qu'on a si peu lu ce premier volume,
où j'avais mis pourtant quelque chose de moi-même!
Cette fois, je m'y mets tout entier; la saignée complète
après la piqûre!

ayant, je le crains, sur la conscience quelques-
unes des peccadilles royalistes, si démesurément
grossies par les bonapartistes et les *libéraux*
de 1815.

Il y a, à l'extrémité de notre plaine, — je l'ai
peut-être déjà dit, — un bosquet d'ormeaux,
d'aubes, de trembles, d'aulnes, de peupliers qui
se prêtait merveilleusement à mes goûts de
solitude. Au pied de ces arbres séculaires s'é-
tendait, à demi cachée par la mousse et les gra-
minées, la digue syndicale. Elle dominait de cinq
ou six mètres, en temps de sécheresse, le fleuve
dont les eaux, si impétueuses ailleurs et si rapides, forment en cet endroit une anse où le
Rhône n'a plus qu'un remous imperceptible et
qui est très favorable à la pêche.

Par une brûlante soirée de juillet, en cette
même année 1832, j'avais donné rendez-vous à
Bertrand Raffier sous ces arbres, sur cette digue;
il fut exact; je l'aperçus de loin, debout sur la
chaussée, avec son fils Jean, dit patron Jean,
qui se joignait à nous dans les grandes occasions, et qui, à dix-huit ans, connaissait déjà
tous les secrets du métier. Autant le père était

robuste, athlétique, autant le fils était svelte, leste et découplé.

La journée avait été mauvaise, mes *diables noirs* plus acharnés que jamais. Sous l'influence d'une chaleur caniculaire, mes pauvres nerfs vibraient comme les cordes d'un violon à demi brisé. Depuis le matin, en quelques heures, le cilice avait dix ou douze fois fait sentir ses pointes; je m'assis à un bout du bateau, sur une planche au-dessous de laquelle j'avais caché quelques romans et le *Joseph Delorme*, de Sainte-Beuve, œuvre d'une imagination malade où se complaisaient mes tristesses. Tandis que Bertrand et son fils préparaient les filets, je relus *le Creux dans la vallée*, et je fus de nouveau frappé de sinistres affinités entre les idées du poète et les miennes. Le Rhône était là, mon vieil ami, comme je l'appelais, non pas fougueux, dévorant, terrible, bourbeux, mais calme, limpide, caressant, câlin; une baignoire! Ce serait si vite fait!... Je souffre trop, cela ne peut pas durer! Ces pensées ne se formulaient pas, mais bourdonnaient vaguement dans mon esprit.

« Un suicide! jamais! me disais-je; ma mère en mourrait! Un scandale, une tache sur mon nom, que mon père et *l'oncle Joseph* m'ont transmis si pur!... Mais voyons, Bertrand me semble un peu pris de vin. On a souvent parlé des redoutables violences de son premier mouvement... Sa force prodigieuse est proverbiale dans le pays... Si je lui faisais une scène absurde? Si je l'accusais de m'avoir volé ma montre, d'avoir pris de l'argent dans mon gilet, tandis que je me mettais à mon aise pour jeter à mon tour les filets?... Il m'assommerait d'un coup de poing, ou bien il me saisirait dans ses bras, comme un enfant, et me lancerait dans le Rhône... Oui, mais il est aussi bon que violent; il m'a vu naître; il m'a fait jouer sur ses genoux; il a un culte pour la mémoire de mon père. Il nage mieux qu'un poisson... il se précipiterait dans l'eau; il me repêcherait au risque de sa vie, et le tout se résoudrait pour moi en une émotion pénible, un épisode ridicule, un grand chagrin pour ce brave homme, un bain désagréable, un pantalon abîmé et, probablement, un gros rhume... Et pourtant, je le sens... je n'ai plus le courage de vivre ! »

En ce moment, je m'entendis héler par une voix amie. C'était la fidèle Mariannet. Nous lui conservions ce diminutif, malgré son âge respectable.

— Monsieur Armand ! monsieur Armand !

Elle apportait le panier des provisions, accueilli par Bertrand et par son fils avec des regards de convoitise. Songez donc ! à côté d'un pâté froid, de trois grosses tranches de galantine, d'un demi-saucisson, d'un bocal d'anchois et d'un bocal d'olives farcies, ils remarquaient surtout trois bouteillles de vin de Tavel et un flacon de vieux cognac.

Mariannet m'apportait des provisions d'un autre genre, dont je fus particulièrement ému.

— Monsieur Armand, me dit-elle, votre maman n'est pas tranquille. Vous savez qu'un rien l'inquiète quand il s'agit de vous... Elle vous aime tant ! Voici des bas de laine, une paire de souliers de rechange, un gilet de flanelle...

— Un gilet de flanelle, par une chaleur de 32 degrés ? répliquai-je.

— Justement. Elle est sûre que vous aurez

trop chaud et que vous vous mouillerez les
pieds, ce qui ne vous vaut rien... Oh! elle pense
à tout, la digne femme! Elle vous recommande
de ne pas commettre d'imprudence, de tenir
votre bateau aussi loin que possible du grand
Rhône, de laisser Bertrand jeter les filets et les
lignes, parce que vous pourriez perdre l'équilibre, de ne pas rentrer trop tard... Elle vous
attendra au bout de l'allée des marronniers...
Tâchez de passer par le sentier de Saint-Julien,
afin qu'elle vous aperçoive d'un peu plus loin.
Oh! tenez, monsieur Armand, vous devriez lui
sacrifier ces parties de pêche... Si vous saviez
comme elle est agitée tant que vous n'êtes pas
rentré!... c'est à faire frémir, à faire pleurer...
Ah! on voit bien que la pauvre femme n'a plus
que vous!...

Ce *elle n'a plus que vous!* répondait à mon
je n'ai plus qu'elle! Je repris, à sept heures, le
chemin du logis. Elle m'attendait, en effet, au
bout de cette allée de marronniers, destinée à
devenir plus célèbre que son propriétaire.
Quand elle m'aperçut, son visage prit une expression qui signifiait: « Je n'avais nul sujet

d'être inquiète ; n'importe, je ne suis pas fâchée de te voir. »

— Et cette pêche ?

— Pas miraculeuse, mais satisfaisante. Deux carpes, quatre barbeaux et une friture de *soffies*. (Espèce d'éperlans du Rhône.)

— Ce sera pour ton souper. Et Bertrand ?

— Je les ai laissés, son fils et lui, absolument gris, mais d'une griserie chrétienne, quoique ton vin de Tavel n'ait pas été baptisé. Ils chantaient à tue-tête les noëls de Saboly.

— Tu es bien gentil d'être rentré de bonne heure, me dit ma mère, tout entière à sa pensée.

Elle ne se doutait pas, elle ne se douta jamais que j'avais failli ne pas rentrer du tout.

RÉSIGNATION

Cet épisode ne fut pas sans influence sur l'ensemble de mes sentiments et de ma conduite extérieure. S'il n'est pas vrai, quoi qu'on en ait dit, que, vouloir, c'est pouvoir, on peut du moins une partie de ce qu'on veut. Or, redoublant de tendresse pour ma mère, regardant comme un crime l'idée du suicide, je voulus vivre, je voulus me résigner, je voulus lutter contre cet ennemi invisible que René, l'ingrat René, comblé des dons de la Providence, appelait *le démon de son cœur*. Mais, au fond, ce démon n'y perdit rien. C'est à moi, et non pas à son frère, beau, plein de génie, adoré des femmes, envié des hommes, prédestiné à la gloire, qu'Amélie aurait pu écrire : « Il est si aisé de mourir ! Croyez-en votre sœur, il est plus difficile de vivre ! »

Je retrouve dans un vieux tiroir une page, à peine lisible, qui me rappelle de secrètes souffrances. C'est un tableau synoptique d'une de mes journées à la campagne et d'une de mes journées à Paris (1834).

« JOURNÉE A LA CAMPAGNE. — Je me lève à sept heures, et je vois un chasseur parcourant mon pré, tandis que ses deux chiens abîment corbeilles de fleurs, massifs, plates-bandes, et se délectent des raisins de la treille. L'un d'eux poursuit les canards... Je veux crier, menacer cet impertinent de l'intervention du garde champêtre; impossible.

» Je descends; on m'apporte mon déjeuner. Pour la dixième fois, le café est brûlé, le lait tourné; le beurre sent le rance; je veux gronder, tonner contre une cuisinière négligente... Impossible.

» Le temps est exquis; un peu de bise après

beaucoup de rosée; je vais faire un tour de chasse. Flore, ma jeune chienne, fait lever une caille que je manque, naturellement. Flore s'acharne à sa poursuite, ce qui est un sûr moyen de la perdre. Je veux la rappeler, crier... Impossible.

» Ma mère amène à dîner le vieux curé de notre village. Le saint homme est sourd comme un tapis. Je m'égosille pour me faire entendre, sans y réussir. A la fin, il me dit avec bonhomie: « Je crains que M. le Comte ne se fatigue; » et la conversation en reste là.

» Après dîner, ma mère me propose une promenade avec elle, en cabriolet (il y avait encore des cabriolets en 1834); elle se fait d'avance un vif plaisir de me voir conduire et d'être conduite par moi. J'accepte d'abord avec empressement, puis je me ravise; ne faudrait-il pas crier aux charretiers pour qu'ils se rangent, aux enfants pour qu'ils ne se fassent pas écraser, aux bergers pour que leurs moutons ne se fourrent pas sous les roues?

» J'allègue une forte migraine et je me refuse cette joie.

» Un bon et aimable voisin de campagne, dont le fils vient de se marier, nous fait une visite afin de présenter sa belle-fille à ma mère. Cette jeune femme, jolie, spirituelle, peut-être un peu moqueuse, est Franc-Comtoise; elle n'était jamais venue dans ce pays-ci avant son mariage, et on avait oublié de l'avertir. A ma première phrase, elle a écarquillé de grands beaux yeux étonnés, qui m'auraient fait rire, s'ils ne m'avaient donné envie de pleurer.

» Nous allons avoir des élections. Les petits bourgeois légitimistes de mon canton ne veulent plus de M. Jean-Baptiste Teste, dont les anté-cédents sont, à ce qu'il paraît, trop révolution-naires. Ils m'invitent à un punch pour le soir, afin de nous concerter, quoique je ne sois encore ni éligible ni électeur, — en mémoire de mon père, me disent-ils. Que Dieu me préserve de quelque mauvaise aventure!...

» Mes pressentiments ne m'avaient pas trompé... J'ai trouvé le café de l'Univers bondé de consommateurs qui trouvent moyen de crier et de boire en même temps. La population tout entière, hommes, femmes et enfants, stationne sur la place de la mairie ou se colle aux vitres du café, illuminé *a giorno*. Le punch, un punch gigantesque, est flanqué de toutes les variétés de gâteaux, échaudés, choux à la crème, bis-cuits, éclairs, tartes, massepains, achetés chez l'unique pâtissier de la ville. La bière mousse dans les verres et les gros mots sur les lèvres. La vivacité méridionale, aiguisée par la passion politique, donne un air féroce aux propos les plus ordinaires. Il semble, comme dit Sgana-relle, que tout soit perdu si ce vilain b... de Jean-Baptiste Teste est élu. On lui attribue je ne sais combien d'énormités, sans se douter que, treize ans après, le pauvre homme, pour un délit discutable, sera poursuivi, flétri, déchu de ses dignités et de ses honneurs, déclaré cou-pable et condamné à cinq ans de prison. (Voyez la différence des temps! En 1885, nous connais-sons des politiciens qui ont fait bien pis, et qui n'en sont que de plus grands personnages.)

» En entrant, je fus immédiatement pris à la gorge par cette atmosphère étouffante, asphy-xiante, *sui generis*, où se confondaient 40 degrés de chaleur, la vapeur du punch, la fumée des pipes et des cigares, le grésillement du poêle et un parfum de transpirations collectives, très différent du newmson-hay ou de l'opoponax.

» Mes anxiétés redoublèrent lorsque je me vis appelé à la table d'honneur par le président du comité. (En pareil cas, il y a toujours un président qui ne préside pas et un comité qui fonctionne peu.) Je m'approchai plus mort que vif. Pendant ce temps, la foule, *le populaire*, qui n'était pas encore électeur, mais qui était déjà turbulent, houleux et curieux, força la porte et envahit la salle, où une épingle serait restée perpendiculaire.

» Le président se leva; le bourreau me regardait, son verre de punch à la main. Dans un *speech* laconique, fortement accentué et vivement senti, il vanta les vertus de *notre* candidat, fit justice des nombreux méfaits de M. Jean-Baptiste Teste; puis il ajouta : « Ce que je vous » dis mal, va vous être mieux dit par M. le » Comte, qui est un savant. »

» J'ignore si j'étais un savant. Ce que je sais mieux, c'est que jamais *fiasco* ne fut comparable à celui-là. Je me levai; mes jambes flageo_ laient; mes mains tremblantes laissèrent échapper mon verre dont le contenu aspergea mes voisins; une sueur froide, en dépit de cette température torride, perlait à la racine de mes cheveux et découlait sur mon front. Je balbutiai une phrase inintelligible qu'il me fut impossible d'achever. Le président, excellent homme au fond et vieil ami de ma famille, eut pitié de moi; il me dit tout bas : « Trouvez-vous mal! » Il était difficile, en effet, de se trouver plus mal. On m'entoura, et un de ces anges de compassion, qui sentait horriblement le tabac et l'eau-de-vie, dit à la foule qui commençait à murmurer et à rire :

« — M. le comte était venu très vite pour
» assister à notre réunion. La chaleur l'a sur-
» pris, il est indisposé... ce sera pour une autre
» fois. »

» Journée complète.

» JOURNÉE A PARIS. Vingt ans après. — Je me lève à sept heures. J'ai de la copie à porter à mon éditeur et ami, Michel Lévy. De la rue Saint-Lazare à la rue Vivienne, n° 2 *bis*, il y a loin et il pleut à torrents. Pas un fiacre à la station de la rue Olivier. Je veux héler ceux qui passent. Impossible. Ils ne veulent pas et ne peuvent pas m'entendre; je me crotte, comme Colletet, jusqu'à l'échine.

» Au bout de la rue Richelieu, à l'angle du boulevard, je veux acheter une paire de gants. La demoiselle de magasin, une fine mouche, Parisienne jusqu'au bout des ongles, me demande à quel numéro je gante. Je réponds : « Au 8 1/2, Mademoiselle. » Sourire moqueur de deux ou trois compagnes de la jolie marchande.

» J'arrive — dans quel état, grand Dieu! — chez Michel Lévy. On monte à son cabinet de travail par un large escalier, que nous avons surnommé l'*escalier des géants*. Je demande aux commis si le patron peut me recevoir. Il y a là un monsieur, un client, qui feuillette les volumes récemment publiés. Il se retourne, et je le vois qui chuchote avec les commis. Je devine le dialogue. — « Quel est ce monsieur?
» — M. de P..., auteur de *Causeries littéraires* et de *Contes et Nouvelles*. — Il est enrhumé?
» — Non, Monsieur, c'est sa voix habituelle. »

Je ne veux pas en ouïr davantage, et je grimpe l'escalier des géants.

» De là je vais corriger des épreuves, rue Coq-Héron. Ici, pour me bien comprendre, il faudrait connaître la localité.

» La maison est encore plus laide que la rue. Des murs suinte une humidité écœurante. On ne peut toucher à la rampe sans se noircir les mains comme celles d'un charbonnier. Le bureau — si on a la politesse de lui donner ce nom — est situé au troisième étage. Il occupe un tout petit espace, d'où l'on descend à l'imprimerie par une sorte d'escalier de bois, lépreux, malpropre, affreux, plus raide qu'une échelle. — « Je crois, » me dit le correcteur ou metteur en pages, « que vos épreuves sont » prêtes ; voulez-vous les demander du haut » de l'escalier, sans vous donner la peine de » descendre ? »

» Je réponds : « Voulez-vous me rendre le ser- » vice de les demander vous-même ? »

« — Ah ! c'est vrai, j'oubliais, je vous de- » mande pardon, » réplique-t-il avec une politesse exagérée.

» Il se penche sur l'escalier, et, d'une voix de Stentor que j'aurais achetée volontiers au prix de toute ma fortune, il s'écrie :

« — Les épreuves du feuilleton sur M. Nico- » lardot sont-elles prêtes ? »

» Midi. J'ai bien gagné mon déjeuner. Me voici au Palais-Royal; j'entre au café de la Rotonde, et je me trouve en face du garçon au cou de taureau, aux épaules colossales, dont le *Boum!* est une des célébrités parisiennes. Ce formidable *Boum!* me regarde du haut de sa grandeur. Je demande mon déjeuner habituel, deux œufs à la coque et une tasse de chocolat. Je veux qu'il soit dit que mes voisins de table ne se retourneront pas. J'y réussis; mais, cinq minutes après, *Boum* m'apporte des œufs sur le plat. A mes objections timides il répond : « Ah! c'est que Môsieur parle si » bas! »

» Et il s'éloigne en élargissant son buste, en brandissant sa chocolatière et sa cafetière, — comme Frondebœuf et le templier Boisguilbert brandissaient leur lance et leur hache d'armes; aussi fier de son incomparable *creux* que La-

blache pouvait l'être de son *contr'ut.* — « Ver-
» sez au 4! — *Boum!* — »

» Je contemple cet homme dans l'exercice de
ses fonctions où l'intelligence a bien peu de
part, et je me dis :

« — Voilà un imbécile, un idiot, qui person-
nifie le triomphe de la matière... Que ne ferait
pas, avec cette sonorité d'organe, un avocat, un
député, qui aurait en outre un peu de talent?...
Et moi! Allons! n'y pensons plus!...

» Et j'y pensais toujours.

» Le café de la Rotonde, on le sait, touche
presque au théâtre du Palais-Royal; je regarde
machinalement l'affiche, qui annonce, pour le
lendemain, la première représentation de *Si jamais je te pince!* Je sais que la pièce est de Labi-
che; elle doit être charmante! Ravel, Hyacinthe,
Aline Duval... d'ailleurs, le titre est si drôle!

» J'entre au bureau de location. La buraliste
est une grosse femme connue de tout Paris,
d'un âge plus que mûr, avec un immense bon-
net à fleurs, le visage bourgeonné, le nez bourré
de tabac. A ma grande édification, elle lit *l'Assemblée Nationale.*

» Je lui demande si elle a encore des fauteuils d'orchestre pour la pièce nouvelle.

» — J'en ai deux, répond-elle, le 171 et le 212.

» — Voulez-vous me donner le 171?

» — Tout de suite. »

» Elle griffonne quelques mots sur le carré de papier vert, et me le présente.

» A ma grande surprise, je lus : « Loué à » M. de P...

» — Vous me connaissez? » lui dis-je.

» — Oui, Monsieur. La dernière fois, vous » étiez venu louer un fauteuil pour *le Chapeau* » *de paille d'Italie...* vous étiez avec un ami, » qui vous a nommé... Aujourd'hui, je vous ai » reconnu à votre son de voix...

» Attrape !

» Je sors du Palais-Royal par le perron qui donne sur les rues Vivienne et Neuve-des-Pe-tits-Champs; je me trouve nez à nez avec un de mes confrères, le spirituel Edmond Texier, avec qui je me suis lié chez Joseph Autran.

» — De quel côté allez-vous? » me dit-il.

» — Je rentre chez moi, 51, rue Saint-Lazare.

» — Comme ça se trouve ! je vais rue de la
» Rochefoucauld. Nous ferons route ensemble.
» Le temps s'est remis au beau. Prenons par le
» plus long : la rue Neuve-des-Petits-Champs,
» la rue de la Paix et le boulevard... »

» Et nous voilà, bras dessus, bras dessous.
Arpenter un des beaux quartiers de Paris au
bras d'un homme d'esprit, ce devrait être un
plaisir; pour moi, ce fut une torture. On eût
dit que tous les fiacres, tous les omnibus, tous
les camions, toutes les voitures de déménage-
ment s'étaient donné rendez-vous dans cette infernale rue Neuve-des-Petits-Champs. Edmond
Texier me parlait ; c'est tout au plus si je l'entendais ; j'essayais de lui répondre ; il ne m'en-
tendait pas du tout. Il finit par se sentir gêné
en me voyant au supplice. Nous passions en ce
moment devant la librairie d'Amyot. « — Ah !
» j'oubliais ! » me dit-il, « je suis chargé d'une
» commission pour Amyot... Au revoir ! »

» Enfin, je rentre. Il était temps. Cette série de
secrets déboires — toujours pour la même cause,
— m'avait énervé. Je veux m'assurer quelques
heures d'un repos absolu. Je frappe à la vitre

du concierge, fort bien logé dans un sous-sol très différent des soupentes d'autrefois. Il y avait un piano, et ce piano n'était pas muet. La fille de céans, élève du Conservatoire, gentille blonde de dix-sept ans, mais mal élevée et passablement impertinente, chantait, en s'accompagnant, la romance du *Pré aux Clercs:* « Ren-» dez-moi ma patrie! » Je dis à son père, aussi haut que possible : « — Je n'y suis pour personne. »

» La vitre était restée ouverte; la romance et le piano avaient fait silence ; je m'arrête un instant sur les premières marches de l'escalier, et j'entends cette petite peste de Léontine dire à l'auteur de ses jours :

» — Si ce monsieur du second me parlait sou-» vent et longtemps, je finirais par chanter faux. »

» La malheureuse! elle commençait par là, et elle a toujours continué.

» Ma journée avait été rude, et pourtant elle n'était pas finie. Après dîner, je me souviens qu'un ami doit me présenter, le soir, à madame de G...-M..., femme charmante et parfaite, dont la bonté égalait la beauté, et dont les mardis

étaient fort recherchés par la meilleure compagnie de Paris.

» La soirée commençait bien ; je retrouvais
là quelques amis : M. de Belleval, membre du
Petit Bureau ; le baron de Larcy, le vicomte
d'Yzarn de Freissinet, M. Adolphe de Circourt, etc... Nous nous étions retirés dans un
petit salon, très favorable à la causerie, lorsque
madame de G...-M... vint à moi avec un de ses
plus gracieux sourires et me dit :

» — Une belle dame, dont le nom a retenti
» dans toute l'Europe, veut absolument faire
» connaissance avec vous. »

» Et elle ajouta tout bas :

» -— C'est la comtesse Guiccioli. »

» La comtesse Guiccioli ! Aussitôt tous les
souvenirs éveillés par ce nom magique, lord
Byron, Venise, le Lido, *Manfred, Lara, le Corsaire,* les vers d'Alfred de Musset, s'abattirent
sur moi, non pas pour m'animer d'une noble
ardeur, mais pour me troubler et m'intimider
encore plus. Ce n'était pourtant pas de l'intimi-
dation qu'elle imposait à première vue ; c'était
la plus amère des déceptions.

» Elle touchait à la cinquantaine, si elle ne la dépassait pas. Petite, ramassée dans sa grosse taille, elle possédait pour toute beauté, la blancheur des rousses. Mais cette blancheur d'arrière-saison s'avachissait dans l'épaisseur de la taille et l'épaisseur des épaules. Ce n'était plus de l'embonpoint, c'était presque de l'obésité. Sa grosse tête, encore grossie par son système de coiffure — longues anglaises bouclant jusqu'au bas de son cou, — paraissait disproportionnée avec le reste de sa massive personne. Bref, il était difficile d'imaginer un ensemble plus bourgeois et plus commun. Elle me rappelait cette scène de *la Vieille Fille,* de Balzac, où du Bousquier délace mademoiselle Cormon : Il crut assister à une inondation de la Loire : « Éva-» nouie, là, sur ce lit, vous étiez ravissante. » Les femmes grasses ont cela de bien qu'elles » sont superbes à voir. » Je n'étais pas du même avis que du Bousquier.

» Figurez-vous un homme qui, dans l'espace d'une minute, tomberait de la région des aigles au pays des taupes. Cette chute eût suffi pour paralyser mes moyens, quand même l'obstacle

habituel n'eût pas brouillé toutes mes idées.
Je ne sais trop ce que me dit la Béatrix de lord
Byron, la future épouse du marquis de Boissy.
Elle ne m'entendit pas, et je ne l'entendis guère.
Ce qui est probable, c'est que nous fûmes également désillusionnés l'un et l'autre. Car, à la
fin de la soirée, en remerciant de son aimable
accueil la bonne madame de G...-M..., je lui
dis avec un sourire équivoque :

» — Madame Guiccioli doit penser que
l'on peut écrire des causeries littéraires dans
l'Assemblée nationale et être un franc imbécile.

» — Pas précisément, me répondit finement
madame de G... Les célébrités, masculines ou
féminines, ne sont jamais plus contentes que
lorsqu'elles voient un homme d'esprit ému,
en leur présence, au point de devenir... moins
spirituel... Après cela, je puis vous avouer
qu'elle a éprouvé un léger mécompte.

» — Et moi aussi, » répliquai-je. »

J'ai cru devoir reproduire ce bulletin de
deux journées bien différentes, l'une champêtre,
l'autre urbaine, parce qu'elles suffiront au lec-

teur intelligent et à l'indulgente lectrice pour
reconstituer, jour par jour, heure par heure, les
tristesses de ma vie. Maintenant, à quoi bon
insister encore? A quoi bon délayer ou dé-
tailler? ce serait m'exposer à des répétitions
continuelles. Ainsi j'ai eu l'honneur de faire le
voyage d'Avignon à Marseille avec Alexandre
Dumas, qui, devant lire *les Idées de madame
Aubray*, à la Malle, maison de campagne de
Joseph · Autran, m'avait admis à prendre ma
part de cette fête de l'esprit. Nous sommes dans
un coupé. Ce court voyage aurait dû être un
enchantement : supplice! J'accompagne, de
l'hôtel d'Europe à la gare d'Avignon, Albert
Delpit, dont le talent et la personne me sont
particulièrement sympathiques. Il est charmant,
bien en train de causer, m'adressant des questions sur ma ville natale. Ma voix est couverte
par le bruit de l'omnibus : martyre! Ainsi de
suite. Mais c'est au bal que je souffrais le plus,
pendant ces années de jeunesse qui vont de
vingt-trois ans à trente. Ma danseuse me regardait avec stupeur, cinq ou six fois pendant le
quadrille, parce que, à chacun des *tutti* de

l'orchestre, je m'arrêtais net, hachant la phrase
commencée. On me dit que j'ai passé dans quelques salons pour un causeur agréable. Il faut
vraiment qu'on y ait mis beaucoup de bonne
volonté. Ce que je puis affirmer sans plus de
vanité que de modestie, c'est que, sur vingt traits
plus ou moins heureux (tout est relatif), j'en ai
constamment ravalé au moins dix-huit, parce
que je devinais qu'on ne m'entendrait ou qu'on
ne m'écouterait pas; parce que la peur de
détoner paralysait ma langue; parce qu'un beau
parleur ou même un sot, surtout un sot, ayant
un bel organe et le verbe haut, tenait le dé de la
conversation; parce que, allant dîner chez un
ami et m'attendant à un tout petit dîner d'intimes, je me trouvais en présence d'un festin de
vingt-cinq couverts; parce qu'une maîtresse de
maison, croyant bien faire, me demandait, au
milieu d'une assistance attentive, mon avis sur
le roman en vogue ou la pièce nouvelle... Chose
bizarre, et pourtant logique! Moi, passionnément épris du naturel, je me guindais, je m'em-
pesais; je cachais sous un air doctoral ma timidité et mon embarras. J'étais ridicule, et ce

ridicule, je le ressentais, à moi tout seul, plus vivement que tout l'auditoire...

Je n'en dirai pas davantage sur ce triste sujet. A présent que je me suis dégonflé, que les secrets sont dits, suivant l'expression de madame de Mortsauf dans *le Lys dans la vallée*, il est bien convenu qu'au courant du récit, j'écarterai ces douloureuses images, et que je raconterai mes *Souvenirs*, comme s'il ne s'y mêlait rien d'extraordinaire et d'anormal. D'ailleurs, que pourrais-je ajouter de plus? Maintenant mes amis sauront que, s'ils ont quelquefois souffert pour moi en m'écoutant, je souffrais bien davantage; les indifférents, s'ils ont supposé que cette infirmité passait pour moi inaperçue, seront détrompés. Mes ennemis (il est vrai que je crois n'en avoir plus guère) apprendront que, si, pendant ma période de littérature militante, ils se sont égayés à mes dépens, ils n'ont dit que ce que, cent fois par jour, je me répétais à moi-même.

Pourtant je veux raconter encore un incident qui me servira de transition. A la fin de 1833, mon professeur de réthorique française, le savant et débonnaire M. Alexandre, passa à Avignon, allant en Italie. Je lui avais inspiré une vive sympathie à laquelle n'avait pas nui mon premier prix de discours français au concours général. Il se souvint avoir vu dans le Palmarès que j'étais né à Avignon. Il s'informa, apprit que j'habitais une maison de campagne, proche voisine de ma ville natale. L'excellent homme loua une voiture et vint me voir.

J'étais dans un de ces moments où une douleur profonde, scrupuleusement dissimulée, a besoin d'un confident. Je me jetai dans les bras de M. Alexandre, et les larmes aux yeux, je lui contai mon histoire psychologique pendant ces dernières années.

— Sommes-nous assez loin, disais-je, du jour où je fis parler les envoyés de la ville de Sienne, chargés de haranguer Charles VIII? C'était le sujet du discours français. Vous me dîtes, cher maître, que vous étiez content de moi, et mes juges confirmèrent votre suffrage. A présent, je ne fais plus parler personne, et je suis con-damné à ne plus parler moi-même... Toutes les

3.

carrières fermées, toutes sans exception! Pas
d'autre avenir que le désœuvrement... Le désœuvrement! A Paris, ce peut être le dilettantisme.
En province, c'est le désordre, le plaisir gros-
sier, l'altération graduelle de toutes les facultés
de l'esprit, l'abandon de toutes ses exquises
jouissances... Ah! je le sens, ce malheur sans
précédent et sans exemple m'a cassé le grand
ressort!...

Il me répondit avec une expression d'autorité, de pitié et d'affection quasi paternelles, qui
m'alla au cœur :

— Oh! mon jeune ami! mon cher élève, que
je vous plains! Comme je m'attendais peu à
cette catastrophe, quand j'aimais à vous prédire
un brillant avenir!... Mais voyons! toutes les
carrières vous sont-elles réellement fermées? Il
en est que vous devez regretter : la diplomatie,
le conseil d'État, la députation surtout... Mais
j'en connais une autre, qui, dès le collège, me
semblait être votre véritable vocation...

— Laquelle ?

— La littérature... Vous vous trouvez, pour
exercer et ennoblir le métier d'écrivain, dans

des conditions excellentes... assez riche pour
échapper aux âpretés et aux misères du surnu-
mérariat et des débuts; pas assez pour conqué-
rir la renommée à coups de billets de banque
et de bons dîners. Vous pouvez attendre, et ne
jamais oublier que le temps n'épargne pas ce
qu'on a fait sans lui... Votre nom ne sera pas
tout à fait nouveau pour les Villemain, les
Cousin, les Guizot, les Saint-Marc Girardin,
toujours attentifs à notre mouvement universitaire, quoique les événements en aient fait des
hommes politiques... Travaillez, ne vous laissez
pas abattre... entreprenez bravement un grand
ouvrage, ni trop léger ni trop sérieux, dont vous
publierez les fragments dans une de nos *Revues*.
Allez souvent à Paris... Restez-y longtemps...
Même, puisque vos moyens vous le permettent,
louez un appartement modeste, mais convenable, sur la rive gauche, dans un quartier
classique, entre l'Institut et l'Abbaye-aux-Bois...
Faites-vous présenter dans quelques-uns de ces
salons où se réunissent les célébrités littéraires
et scientifiques... On ne s'y amuse guère, mais
il faut savoir s'ennuyer pour arriver au but... Je

vous recommanderai surtout, le cas échéant, le
salon, j'allais dire la chapelle de madame Réca-
mier. Vous savez quel en est le dieu... Vous
tâcheriez de trouver pour lui un grain d'encens
qui n'eût pas encore servi. L'auteur des *Martyrs* commence à radoter un peu, mais personne ne doit s'en apercevoir... Il n'a rien
perdu de son prestige dans le monde des lettres,
de son influence sur une jeunesse qui lui pardonne Henry V en l'honneur de Béranger, et
qui aime mieux le voir ami d'Armand Carrel
que du duc de Broglie... Sa gloire, si elle paraissait vieillie, serait sans cesse rajeunie par
l'incroyable curiosité qu'excitent d'avance ses
Mémoires d'outre-tombe... Il les retouche et les
remanie avec acharnement; Dieu veuille qu'il
ne les gâte pas!... Soyez bien avec lui! si vous
lui êtes présenté...

— Mais je l'ai été déjà, l'année dernière, au
printemps, au milieu des émotions provoquées
par la tentative de la duchesse de Berri et le
procès du *Carlo-Alberto*[1]...

1. Voir la première série.

— Alors, c'est pour le mieux... Ayez l'air de prendre au sérieux ses brochures, ses romances de vieux troubadour *à la jeune fille, jeune fleur*, et ses quinze heures de prison chez M. Gisquet... A Paris, ne manquez jamais de tenir prêts un habit noir et une cravate blanche et de sacrifier, s'il le faut, à cette cravate et à cet habit votre stalle d'orchestre aux Italiens ou à la Comédie-Française... Les douairières vous sauront gré de vos assiduités... Elles se cotiseront pour vous délivrer un brevet de sagesse et de génie. Publiez peu de volumes, et ne commettez pas de fautes... un peu de talent, beaucoup d'esprit de conduite, et qui sait? entre quarante-cinq et cinquante ans, vous entrerez à l'Académie; sauf de rares et glorieuses exceptions, c'est l'âge réglementaire...

— L'Académie!

Les conseils de M. Alexandre, sa parole si affectueuse et si sympathique, m'avaient de nouveau fait venir les larmes aux yeux; j'avais peine à les retenir. A ce mot magique, — l'Académie! — elles éclatèrent.

— L'Académie! repris-je; l'Académie fran-

çaise! Ah! ce serait mon rêve! la consolation
de toutes mes douleurs... mais, là encore, impossible! Toujours le même obstacle! Le discours!
Ah! j'y suis allé, à ces séances! J'ai assisté à la
réception de Fourrier, de l'abbé Féletz, du
général Philippe de Ségur, et enfin de Lamartine, beau, doué d'un organe sonore, la poésie
faite homme. J'ai entendu, dans cette salle où
les femmes les plus élégantes s'entremêlent aux
hommes les plus spirituels de Paris, où toutes
les aristocraties, toutes les gloires ont leurs
représentants, oui, j'ai entendu ce murmure de
curiosité et d'attente qui précède l'entrée des
récipiendaires. Je sais que, parmi ceux-là, les
mieux posés dans l'opinion du public, les mieux
pourvus de l'apostille du succès, sont émus, trem-
blants, épouvantés : je sais que l'un d'eux, cinq
minutes avant l'ouverture de la séance, disait à
un de ses parrains : « Si j'avais prévu l'émotion,
la peur, qui me coupent la respiration et qui
vont tout à l'heure me couper la parole, jamais,
jamais je ne me serais exposé à cette épreuve. »
Et pourtant il se trouvait dans les conditions
ordinaires... Mais moi, avant de dire un mot,

rien qu'en paraissant devant cette élite de la société française avec la certitude du mécompte que je lui préparerais, je tomberais foudroyé, et la scène serait académique en ce sens qu'elle serait tragique!...

— Calmez-vous, mon pauvre enfant, me dit M. Alexandre.

Je l'entendis à peine, je poursuivis :

— Ce serait une cruauté de vanter à Tantale la fraîcheur de l'eau qu'il ne peut boire, la saveur des fruits auxquels il ne peut mordre... Non, non! même cette carrière des lettres, pacifique et silencieuse, elle est fermée comme les autres à mes ambitions les plus légitimes!...

Effrayé de mon exaltation, M. Alexandre détourna l'entretien; il évoqua, pour me distraire, les souvenirs du collège Saint-Louis, les noms de mes camarades, Armand de Crochard, Emmanuel Richomme, Moïse Retouret, Edouard Laboulaye, Charles de la Bouillerie (voir le 1er volume); une heure après, il me serra tristement la main et repartit. Je ne l'ai plus revu.

Si j'ai retracé cette conversation, qui date de plus d'un demi-siècle, c'est qu'elle m'offre l'oc-

casion de protester contre la légende menson-
gère et railleuse, qui m'a souvent représenté
comme un CANDIDAT PERPÉTUEL A L'ACADÉMIE
FRANÇAISE. Contredire ce mensonge, ce ne serait
pas assez. Tout ce qu'il fallait faire pour ne pas
être de l'Académie, je l'ai fait. On eût dit que je
prenais le contrepied des sages conseils de mon
professeur. Je n'ai pas mis le pied à l'Abbaye-
aux-Bois; j'ai négligé les douairières. J'ai préféré le théâtre, où l'on va en redingote, à la cravate blanche et à l'habit noir des soirées de
haute lice. J'ai publié un livre coupable, méchant, déplorable, gouailleur, tapageur, offen-
sant, qui m'a mis à l'index, pendant de longues
années, auprès des grandes et savantes dames,
arbitres des candidatures. Est-ce tout? Pas
encore. J'ai mis du raffinement et de l'exagération dans mon renoncement. Dès qu'un de mes
amis arrivait à l'Académie, je ne cessais pas de
l'aimer; mais je le recherchais moins. Mes féli-
citations étaient glaciales, tardives, taciturnes;
mon amitié semblait se refroidir; si bien que je
donnais au nouvel immortel le droit d'attribuer
à l'envie ma nouvelle attitude. Et cependant,

pour les spirituels rédacteurs de *l'Événement*, du *Voltaire* et du *Gil Blas*, je suis, à poste fixe, CANDIDAT PERPÉTUEL A L'ACADÉMIE FRANÇAISE !

J'en appelle à vous, qui me faites l'honneur de me nommer votre ami, Cuvillier-Fleury, X. Marmier, Camille Doucet, Caro, Camille Rousset, Émile Ollivier ; et vous aussi que la mort nous a pris, si vous étiez là, vous me serviriez de témoins, Jules Sandeau, Saint-René Taillandier, Laprade, Montalembert, Joseph Autran, vous dont l'admirable veuve me suppliait d'accepter la candidature, parce qu'elle croyait — bien à tort — que nul n'était mieux que moi en mesure de louer son mari ; comte d'Haussonville, Loménie, P. Gratry, et vous le plus grand, le plus vénéré de tous, illustre évêque d'Orléans, qui, n'ayant plus, hélas ! que quelques mois à vivre, me disiez, à Hyères, ces paroles inoubliables : « Si vous vous présentez, j'irai voter pour vous ! »

Ces témoignages ne me consolent pas ; mais ils me suffisent.

En me quittant, le dernier mot de M. Alexandre, aussi ému que moi, avait été *Résignation*.

Résignation ! je dirais que c'est la plus belle
parole de la langue chrétienne, si elle n'était
contenue dans ces trois autres :

Foi, Espérance, Charité.

III

COMMENT JE DEVINS HOMME DE LETTRES (1834-1835).

En juin 1851, mourait obscurément, à Boni-
facio (Corse), un Avignonais qui, dans un autre
cadre, ou, comme dit M. Taine, un autre milieu,
aurait pu se faire un grand nom ou pour le
moins arriver à l'Académie des sciences. M. Requien n'était pas seulement un botaniste de premier ordre, marchant de pair avec les Jussieu,
les Mirbel, les Candolle. Il possédait le génie
ou l'instinct de toutes les sciences : géologue,
numismate, archéologue, lisant à livre ouvert
dans le livre de la Nature, il était de ceux qui

...res un pétale. une

... ...e architecture

... ...pres une

... u un nez.

... est que sa

... ...antes-

... ...ière-

... ...eque

... ...eur: il

... ...sible.

Martial — jardin botanique d'Avignon, — un lunch fort appétissant, sont restées un des bons souvenirs de ma jeunesse.

Comme classificateur, il n'avait pas de rival. Son coup d'œil était infaillible. MM. de Mirbel, de Jussieu et de Candolle, déjà nommés, étaient les premiers à reconnaître les immenses services qu'il leur avait rendus pour leurs nomenclatures, leurs herbiers et leurs cours. Collaborateur anonyme, il ne leur demandait en retour que leur amitié. Sous ce rapport, il était servi à souhait, non seulement par les botanistes ses confrères, mais par toutes les célébrités qui passaient à Avignon. Il faut dire que son hospitalité égalait son savoir. J'en ai peu connu de plus expansives, de plus cordiales, de plus avenantes, de plus absolues. On se croyait chez soi quand on était chez lui, et, comme sa table était excellente, ses dîners du dimanche, auxquels il me conviait souvent, avaient un succès universel. J'ai vu à cette table hospitalière le duc de Luynes, Horace Vernet, Paul Delaroche, Marmier, Méry, Ampère, Fauriel, M. de Mirbel, nommé pour la troisième fois, Champmartin, Liszt,

Castil-Blaze et son fils, mon brillant ami Henry
Blaze de Bury, etc., etc., sans compter l'écrivain
célèbre dont je vais parler. Si j'ajoute que sa
cuisinière était sa mère, c'est pour le rehausser
encore plus dans l'opinion des gens d'esprit.
La brave et digne femme, dont vous pouvez
voir, dans la galerie de notre Musée, un bon
portrait, peint par Bigand, ne se négligeait pas
plus les jours où son fils n'avait que ses hôtes
ordinaires que dans les grandes occasions où il
traitait un duc, un savant, un poète, un artiste,
un pair de France, un romancier ou un membre
de l'Institut. Aussi, après ces plantureux dîners,
il m'arrivait parfois de sourire en voyant ces
bons bourgeois, presque tous marguilliers de
leur paroisse, dodeliner de la tête dans le mystérieux travail d'une digestion de boa, lutter un
moment contre le sommeil et renoncer à la
lutte, tandis que je payais mon écot en anecdotes parisiennes et en calembours par à peu
près. Remarque essentielle, en ce qui me con-
cerne : nous n'étions jamais plus de huit.

Avec toutes ses qualités, tous ses talents, et
toutes ses sciences, Requien était un naïf. Il

m'aimait beaucoup, non seulement parce qu'il avait été l'ami intime de l'*oncle Joseph*, son élève en botanique, et parce qu'il se savait placé très haut dans l'estime et dans les sympathies de ma famille, mais parce que, à ses yeux, sept prix et dix accessits au concours général suffisaient à constituer une *Illustration Vauclusienne*. Dans ce genre, tout lui était bon. Il y avait quelque chose d'amusant et de touchant à l'entendre expliquer aux étrangers qui n'en avaient jamais ouï parler le génie et la gloire de tel ou tel indigène dont la renommée avait à peine dépassé le clocher — sans jamais sonner la cloche.

Un jour, il m'écrivit le billet suivant :

« Après-demain, il y aura une lecture, rue des Tanneurs, après le dîner hebdomadaire. L'auteur,— qui sera peut-être un jour une illustration vauclusienne, désire garder l'anonyme. Je tâcherai que le dîner soit bon, dans le cas où la lecture serait ennuyeuse. L'un compensera l'autre. A midi, heure militaire... »

Je fus exact, plus encore par curiosité que par gourmandise. Je flairais un mystère.

La demeure de Requien — je ne dis pas la maison, — était certainement une des plus originales que pût rêver une imagination fantaisiste ; elle occupait le coin — et quel coin ! — d'une ruelle qui n'était en réalité qu'un cul-de-sac, que l'on appelait la rue *de l'Ombre*, et qui me rappelait la rue Soly, de *Ferragus*, — *Histoire des treize*. Le rez-de-chaussée n'existait pas. Ce n'était qu'un hangar, où l'on entassait les produits de la tannerie, administrée par un régisseur. On montait par un escalier de bois (*scilicet* échelle) aux appartements du maître. Sa chambre donnait sur un tout petit jardin, dont le principal ornement était un immense figuier, connu et presque célèbre dans toute la ville. Une seule de ses feuilles aurait suffi à rassurer les pudeurs subites d'Ève après le péché, et un seul de ses fruits incomparables aurait justifié la désobéissance d'Adam.

Requien avait convoqué la fleur des lettrés du pays : le proviseur du lycée, auteur d'une tragédie en cinq actes, en vers, reçue *à corrections* à la Comédie-Française ; le professeur de rhétorique ; le président de l'Académie de Vaucluse; le général Lenoir, gouverneur de notre succursale des Invalides, ayant à son actif une jambe de bois et une traduction d'Horace, égalment en bois; et enfin un lettré pour tout de bon celui-là, lettré à Paris s'il l'avait voulu, l'excellent docteur Yvaren, l'élégant traducteur d'Anacréon et de Virgile.

Quant au principal personnage, au mystérieux étranger, il m'apparut dans une situation moins académique que pittoresque. Il s'était assis sur une natte, les jambes croisées à la turque, et il tenait entre ses genoux un panier plein de ces bienheureuses figues, qu'il croquait à belles dents. Il en mangeait tant, que Requien crut devoir lui dire :

— Ce n'est pas pour vous les disputer; mais vous m'avez dit ce matin que vous étiez un peu souffrant, et ces figues...

— Elles me font mal, répondit l'inconnu avec un sang-froid qui semblait être un de ses traits caractéristiques; mais elles me font tant plaisir!

Inconnu! il ne l'était pas pour moi; ce n'est pas pour rien que j'avais assidûment fréquenté, de 1827 à 1830, les cours de la Sorbonne et du

Collège de France. Je ne voulus pas gâter la petite surprise que le bon Requien avait évidemment arrangée pour ses convives ; mais je n'ai pas les mêmes raisons vis-à-vis de mes lecteurs : c'était Prosper Mérimée, récemment nommé inspecteur des monuments publics dans notre zone méridionale. C'est à ce propos qu'Alexandre Dumas disait : « Mérimée va commencer par apprendre ce qu'il sera censé nous enseigner. »

Mérimée avait alors trente-deux ans, étant né, comme Victor Hugo, Dumas, Vitet, Sacy, Cuvillier-Fleury, Saint-Marc Girardin, l'Evêque d'Orléans, le Père Lacordaire, lorsque *ce siècle avait deux ans*. S'est-il peint dans le capitaine Georges, de la *Chronique du règne de Charles IX*, que les fureurs et les désordres des catholiques et des protestants ont fait verser dans l'athéisme ? dans Auguste Saint-Clair, du *Vase étrusque ?* dans le Darcy de *la Double méprise ?* Mystère. Probablement il s'est emprunté quelque chose pour se reconnaître dans le portrait de chacun de ces trois personnages. On le sait, peu d'hommes célèbres ont été, suivant sa propre

expression, plus *boutonnés*. Ses relations amicales avec Requien, ses voyages fréquents
dans le Midi, un article que j'écrivis sur son
ennuyeuse *Guerre sociale*, me mirent en mesure
de le voir souvent. Plus tard, je le retrouvai à
Paris, lors de ma lune de miel avec haute et
puissante dame *la Revue des Deux Mondes*. J'ai
essayé de l'étudier. Il a constamment déjoué
mes velléités d'analyse. Dumas et lui représentaient les deux extrêmes contraires. L'auteur
des *Mousquetaires* avait toujours l'air de nous
dire : « Me voilà ! regardez-moi bien ; de face, de
profil, de trois quarts ; vous ne pouvez me faire
plus de plaisir qu'en *tirant* mon portrait à cent
mille exemplaires, en pied, en buste, à cheval,
en blouse, en uniforme, et, s'il le faut, sur la
corde roide, les planches ou le tremplin. » Mérimée se dérobait à mesure qu'il se sentait
observé. L'un, nature expansive, démonstrative,
théâtrale, tout en dehors ; l'autre contenu, renfermé, craignant tellement de se livrer, qu'il ne
se prêtait même pas ; tout en dedans. Qu'y avait-
il en *ce dedans ?* un double fond plein de contrastes. On l'aurait bien étonné, si on lui avait

dit qu'il n'était pas le type parfait du *gentleman*, et, en effet, Cousin a dit de lui ce mot peu explicable : « La différence entre Mérimée et Sainte-Beuve, c'est que Mérimée est gentil-homme. » Cinq minutes après, il vous faisait tomber à la renverse par des obscénités grossières, débitées avec un flegme britannique. Sur lui, comme sur son ami Victor Jacquemont et quelques-uns de leurs camarades, lord Byron avait déteint. Mais Prosper Mérimée, tout en subissant son influence, l'avait émondé, *francisé*, dégagé de son lyrisme sombre, de ses ironies sinistres, de son caractère fatal, de ses attitudes de révolté, de désespéré, d'*outlaw*. Dans les clairières de ce bois peu sacré, dédié aux divinités infernales, il avait cueilli des contes, des nouvelles, qui sont des chefs-d'œuvre : *l'Enlèvement de la Redoute, Matteo Falcone, le Vase étrusque, Tamango, la Partie de tric trac, la Double Méprise*, — en attendant *Colomba* (1840).

Là encore une contradiction. Ces recits, qui feront vivre son nom, Mérimée affectait de les dédaigner. Il n'aimait pas qu'on lui en fît compliment. En revanche, il attachait de l'importance à ses ouvrages historiques qui distillent l'ennui : *la Guerre sociale*, *Histoire de don Pèdre*, *le Faux Démétrius*, *les Cosaques d'autrefois*... Ce qui lui eût été le plus désagréable, c'est d'être traité en homme de lettres ; ce qu'il eût le mieux aimé, c'est de passer pour un homme du monde, un diplomate en disponibilité, marchant de plain-pied avec toutes les aristocraties, très au courant des commérages de salon, surtout quand ces commérages étaient des scandales de *haulte graisse ;* absolument étranger au cabotinage littéraire, érudit plutôt que romancier, dilettante plutôt qu'auteur, et, de temps à autre, laissant tomber de sa plume quelques pages dont il faisait ses parchemins ; tout cela, sans préjudice de l'Académie française, mais d'une Académie fidèle à ses traditions, et se plaisant à associer aux supériorités du talent toutes les distinctions sociales.

Dans la vie ordinaire, dans ce mélange de raideur, de froideur et de cynisme, mêmes disparates. On pouvait facilement le prendre pour un égoïste, un épicurien, absolument dépourvu de ce qui s'appelait autrefois la *sensibilité*, retran-

ché dans ce qu'on appellerait aujourd'hui sa
personnalité, incapable d'un dévouement quel-
conque, si ce dévouement devait troubler sa
quiétude et son bien-être; et cependant, était-il
toujours le contraire d'un *bon enfant?* Peu de
temps avant notre rencontre chez Requien,
il avait fait (pour quarante-huit heures) la con-
quête de madame Sand, par la crânerie avec
laquelle, bravant tout respect humain, il s'était
montré à tout le Paris élégant, au haut du grand
escalier de l'Opéra, portant sur son épaule la
petite Solange, endormie au dernier acte de
Robert le Diable. A cette époque, Gustave
-Planche, avec une de ses formules pédantes-
ques, disait de lui : « Tenez pour certain que
Prosper a beaucoup pleuré. » — Vingt ans
après, quinquagénaire, académicien, avec le
Sénat en perspective, il se *dévouait* dans la plus
complète acception du mot. Avec une bravoure
digne d'une meilleure cause, il plaidait pour
son ami Libri, écumeur de bibliothèques,
essayait, à ses risques et périls, de prouver
l'erreur judiciaire, et se faisait condamner
à passer deux mois « dans un lieu où il

·n'avait pas à redouter les coups de soleil ».

N'y a-t-il pas eu aussi quelque chose de touchant dans ses relations avec Napoléon III et l'Impératrice? Ce n'est pas de la courtisanerie; c'est une franche et respectueuse amitié. Si son amour-propre est flatté, son cœur est pris. Un soir, ses augustes hôtes lui annoncent qu'il est nommé grand officier de la Légion d'honneur; le lendemain, il écrit à son *Inconnue* : « A quoi bon ? ils auraient dû *placer* cette faveur d'une façon plus utile. Moi, ils savent bien que je ne puis pas les aimer davantage. » — Le 4 septembre 1870, n'ayant plus que quelques jours à vivre, envahi déjà par les affres de l'agonie, cet égoïste, cet épicurien se traîne chez M. Thiers, et il le supplie d'user de son influence pour que, dans cette effroyable débâcle, la couronne soit maintenue sur la tête du prince impérial, dont l'adolescence est bien innocente de nos malheurs. A quoi, M. Thiers répond qu'il ne peut rien, absolument rien, que la Révolution le déborde, qu'il s'attend à voir son hôtel saccagé par l'intelligente population de Paris. Cinq mois après, M. Thiers, élu dans vingt-six dépar-

tements, était maître de la France. Le prince impérial, maintenu sur le trône, l'aurait bien gêné.

Et, ce jour-là même, 1ᵉʳ septembre 1834,
Mérimée ne se montrait-il pas simple et *bon
enfant* en payant de son mieux la cordiale hospitalité de Requien à l'aide d'une lecture qu'auraient enviée les plus fins gourmets parisiens,
d'une primeur dont il faisait hommage à un
groupe de lettrés de province? Plus tard, Requien eut entre ses mains, durant une quinzaine, le manuscrit original de *Carmen*, cette
nouvelle qui n'était qu'admirable et que la musique de Georges Bizet a rendue populaire.
Enfin, — mais ici je voudrais me voiler la face
et donner pour couverture à un recueil épisto-
laire, rabelaisien et indécent, celle que *bordè-
rent* Sem et Japhet, afin qu'on ne vît plus que
le nez de leur père, — Mérimée entretint jusqu'au bout, avec son ami le botaniste avignonais, une correspondance tellement gauloise,
qu'on dirait que la Gaule prend cette fois pour
bête emblématique un pourceau au lieu d'un
coq...

. . .... *Epicuri de grege porcum.*

S'il n'était pas si triste de voir deux esprits supérieurs se complaire dans ce *naturalisme* anti-
daté, j'ajouterais que ce recueil au poivre de
Cayenne donne lieu parfois à des épisodes comiques. On n'ose pas le détruire, et on ne veut
pas le montrer. Je crois que, dans une séance
récente, les administrateurs du Musée héritier
de Requien, tous âgés de soixante-dix-sept à
quatre-vingt-huit ans, ont décidé qu'on ne lais-
serait lire ces lettres que par des chevaliers
de Saint-Louis et des médaillés de Sainte-
Hélène.

Maintenant, comment se fait-il que Mérimée,
qui donnait à Requien de telles marques d'amitié et de confiance, ait, à plusieurs reprises,
daté d'Avignon des lettres où il disait à made-
moiselle·Daquin et à Panizzi : « Les provinciaux
sont horriblement ennuyeux... Comment peut-
on vivre en province? » Pierres jetées dans le
jardin dont il savourait les figues, dans la cui-
sine dont il goûtait en fin connaisseur les gra-
tins d'aubergine, les chartreuses de poisson, les
salmis de bécassines aux truffes et les soufflés
au chocolat! Encore un mystère! Ses deux

vieilles Anglaises de Cannes étaient-elles plus
amusantes ?

Donc, après le dîner, qui fut exquis, il nous
lut *les Ames du Purgatoire*, récit qui débute à
peu près ainsi :

« Il n'y a pas une ville de Grèce un peu
célèbre qui n'ait eu son Jupiter. De tous ces
Jupiter, on en a fait un seul à qui on a attribué
toutes les aventures de chacun de ses homony-
mes. C'est ce qui explique la prodigieuse quantité de bonnes fortunes qu'on prête à ce dieu.
La même confusion est arrivée à l'égard de don
Juan, personnage qui approche de bien près de
la célébrité de Jupiter. Séville seule a possédé
plusieurs don Juan, sans compter ceux qui ont
vécu ou vivent ailleurs. Chacun avait autrefois
sa légende séparée. Elles se sont fondues en une
seule. »

Don Juan ! Dès que Mérimée eut prononcé
ce mot magique, je ne l'écoutai plus que d'une
oreille distraite, malgré le vif intérêt de sa nouvelle.

Heureux les poètes qui ont pour premier public une génération poétique ! « Ah ! le bon pu-

blic! » ont-ils pu dire. Certes, je ne conteste le génie, ni de Gœthe, ni de Byron; mais voyons, à quoi se réduit, en somme, ce don de séduction universelle, irrésistible, magnétique, attribué au héros de tant d'aventures galantes et apocryphes? A une liste, à un catalogue lu par son valet. En scène, dans son contact immédiat avec le spectateur, nous tournons dans un cercle étroit, qui ferait rire de pitié le moindre Lovelace de province. Doña Anna, qui est peut-être victime, mais qui n'est assurément pas complice; Zerline, une coquette de village, telle qu'en récoltent par douzaines, dans les bals champêtres des environs de Paris, les commis et les chefs de rayon; et enfin, la triste et maussade Elvire, l'épouse légitime, délaissée, promenant tout le long du drame son deuil de veuve anticipée et sa jalousie mélanco'ique. Franchement y a-t-il là de quoi tresser cette couronne dont chaque fleur est fournie par Bélial ou par Vénus Astarté; de quoi composer ce type de fascination et de puissance fatale, qui garde son prestige jusque sous la griffe de Satan, jusque sous la poignée de main du Commandeur?

Sauf le dénouement imposé par la légende, le don Juan de Molière n'est qu'un élégant libertin, un homme de cour, d'une immoralité profonde, d'une incrédulité radicale, hypocrite quand la circonstance l'exige, contempteur de Dieu et des hommes quand il peut se donner libre carrière, précurseur de Tartufe, mais d'un Tartufe grand seigneur, élève de Vardes, de Lauzun et du chevalier de Gramont, un de ces personnages qui devançaient leur temps et qui expliquent le mot de Sainte-Beuve, « qu'on est surpris, en y regardant de près, de la veine d'incrédulité qui a traversé tout le dix-septième siècle ». Les contemporains de ce don Juan et de Molière n'y ont pas vu autre chose. Le rôle du Commandeur et de la statue vengeresse n'a été à leurs yeux qu'affaire de tradition, comme qui dirait une de ces féeries, un de ces ballets que Molière intercalait dans ses pièces.

C'est que le grand siècle n'avait pas l'imagination poétique, du moins telle que nous l'entendons ; guettant l'œuvre du poète, la faisant sienne à l'aide d'une incubation mystérieuse qui fait peu à peu disparaître le texte primitif sous d'exubérantes et fantastiques broderies. Ainsi pour don Juan, ainsi pour Faust, ces deux types qui ont dominé la grande école de 1830. Un vieux docteur qui, désolé de n'avoir vécu que pour la science, s'apprête à boire du poison, puis, se ravisant, se donne au diable; un diable qui, en échange de son âme, le rajeunit et lui promet la possession de Marguerite; une blonde Gretchen qui succombe à cette séduction diabolique et qui paye de son honneur et de sa vie cette heure de faiblesse, qu'y a-t-il là de si original et de si extraordinaire? Mais le poème dramatique de Gœthe (plus alexandrin qu'homérique, a dit M. Villemain) est arrivé à son moment; d'autre part, la légende de don Juan s'est transfigurée sous le divin clavier de Mozart. Aussitôt, toute une génération assoifée d'idéal, incapable de produire, mais capable de féconder les productions d'autrui, s'est jetée à la tête de ce don Juan, de ce Faust, de cette doña Anna, de cette Marguerite, qui s'accordaient mieux avec nos rêveries maladives, avec notre *modernité* d'alors que Polyeucte, Pauline, Chimène, Cinna, Oreste, Andromaque, Iphigénie, Britannicus et

Joad. Ceux-ci avaient une netteté de lignes, une fermeté de contours, qui ne nous laissaient rien à faire. Imaginez, si vous le pouvez, une Pauline plus héroïque, un Polyeucte plus sublime, une Chimène plus dramatique, un Cid plus intrépide, une Iphigénie plus exquise, un Oreste plus fatal, une Phèdre plus émouvante, une Esther plus touchante! Avec les autres, nous avions beau jeu.

Lord Byron et Hoffmann donnèrent le branle; puis Alfred de Musset; puis nous tous; car il n'est pas un de nous, dût-il avoir le bon esprit de jeter son manuscrit au feu, qui ne se soit escrimé sur ces deux personnages, essayant de les associer, de les opposer l'un à l'autre: don Juan, le triomphe des sens; Faust, l'abus du savoir; punis tous deux d'avoir manqué à la grande loi morale, à la grande loi humaine; don Juan en sacrifiant tout à son voluptueux égoïsme; Faust en immolant aux stériles plaisirs de la pensée les devoirs, les joies et les tendresses de la vie ordinaire. Nous voilà tous assiégeant, par un froid de 12 degrés (hiver de 1829-1830), le parterre des Italiens pour applaudir doña Anna et Zerline, mademoiselle Sontag et madame Malibran. Un peintre de génie, Eugène Delacroix, *illustre* en maître les principales scènes de *Faust*, et peint son admirable *Barque de don Juan*. Ary Scheffer s'assimile les Marguerites. Henri Blaze, à dix-neuf ans, publie *le Souper chez le Commandeur ;* un poète de talent, mais qui eut le tort de se croire du génie, parce qu'il s'appelait Dumas, comme l'auteur d'*Antony*, et avait un pied-bot, comme le poète de *Manfred*, Adolphe Dumas se fait refuser par le Théâtre-Français un immense drame humanitaire et visionnaire, intitulé : *Faust et don Juan ou la Fin de la comédie.* Qui encore? Laverdant, Gounod arrive le dernier, par rang de date. Mozart nous avait donné la sensation du divin. Gounod et madame Carvalho nous donnent la sensation de l'exquis. George Sand a parlé quelque part de l'ivresse des champs. Telle est, parmi nous, l'ivresse de don Juan, que nous apprenons par cœur les fameux vers de *Namouna*, sans nous apercevoir qu'ils ne sont pas bons :

Deux sortes de roués existent sur la terre :
L'un beau comme Satan (?), froid comme la vipère,

Hautain, audacieux, PLEIN D'IMITATION (???)
Ne laissant *palpiter* sur son cœur solitaire
Que *l'écorce d'un homme*, et de la passion
Faisant un manteau d'or à son ambition...

C'est du galimatias pur. *Plein d'imitation* n'a aucun sens. Satan n'est pas beau ; *l'écorce d'un homme* soit ! mais cette écorce ne palpite pas. Musset est plein de ces impropriétés de langage, où il se complaisait peut-être par dandysme, afin de mieux ressembler à un gentilhomme qui ferait des vers par distraction, ou pour taquiner M. Hugo, qui *en composait de fort beaux*, suivant l'expression de l'insouciant Chapelle, parlant des vers de Boileau [1].

Telles étaient les pensées, tels les souvenirs

1. Voy., dans les *Études* de Louis Veuillot sur Victor Hugo, la page 316, où il juge Alfred de Musset. Juste, mais sévère. « Des poètes célèbres, il y a trente ans, quel est aujourd'hui le plus vieux ? Est-ce Casimir Delavigne, ou Vigny, ou Beranger, ou Lamartine, ou Alfred de Musset ? Le pauvre et charmant Musset, l'éditeur Charpentier le soigne. Musset *va* toujours. Mais Charpentier, en le réimprimant, le momifie. Je suis tombé sur de grands diables d'alexandrins, tels que les aurait pu faire Chênedollé ou même Baour... Cependant Musset est poète. Il est flandrin, vaurien... mais du moins il lui reste *d'avoir pleuré*, et souvent son vers, plein d'arome, s'enfonce dans la mémoire. »

qui m'assaillaient, tandis que se déroulaient devant un auditoire attentif, mais un peu dépaysé, les étonnantes aventures de don Juan de Marana, de don Garcia, de doña Teresa et de doña Fausta de Ojeda. La lecture se termina au milieu d'applaudissements bien mérités, et alors Requien se décida à révéler le vrai nom de son hôte. Les applaudissements redoublèrent; chacun de nous remerciait de sa condescendance l'homme célèbre, le Parisien, qui n'avait pas dédaigné un groupe de lettrés de province. Quant à moi, je n'étais pas au bout des surprises et des émotions de la journée.

Requien, qui me *gâtait*, m'avait placé, à table, à côté de Mérimée, assis à sa droite. Pour faire comprendre à l'auteur de *la Double méprise* que je le reconnaissais, je m'étais emparé d'un détail gastronomique et culinaire. On venait de servir un pilau aux moules et aux cailles grasses, d'un aspect fort appétissant. « Je suis sûr, dis-je tout bas à mon illustre voisin, que ce pilau est encore supérieur à ceux que confectionnait le cuisinier mingrélien de *la Double méprise*. »

Mérimée m'avait regardé d'un air fin; la glace était rompue.

— Vous avez percé à jour, me dit-il, mon transparent *incognito*; cela se trouve bien, car je suis chargé d'une commission pour vous.

— Pour moi?

— Oui, mais je ne m'en acquitterai qu'après cette lecture... que je vous autorise à ne pas écouter... Vous retrouverez ces *Ames du purgatoire* dans le prochain numéro de la *Revue des Deux Mondes*.

On a vu comment je profitai de la permission. Ma rêverie s'était mis la bride sur le cou; le seul nom de don Juan m'avait ouvert des horizons infinis. J'étais remonté sur mon *dada*; j'avais donné audience à mes *Diables noirs*, et renouvelé les *Souvenirs et Regrets*, du vieux père Dubufe. *Semper ego auditor tantum?* me disais-je. Comparse à perpétuité! J'ai vingt-trois ans passés... Musset, à cet âge, avait déjà fait les *Contes d'Espagne et d'Italie*, le *Spectacle dans un fauteuil*, *Andréa del Sarto*, les *Caprices de Marianne;* Alphonse Karr, *Sous les tilleuls;* Henri Blaze, mon cadet, est déjà in-

stallé à la *Revue des Deux Mondes*... Et moi,
rien! Des parties de baccarat où je perds bêtement mon argent... Des camarades, très
aimables d'ailleurs, mais pour qui tout se
résume dans le chœur de *Robert le Diable :*
« Le vin, le jeu, les belles. » Encore deux ou
trois ans de cette vie de polichinelle, et le fruit
de mes études, déjà bien compromis, sera à
jamais perdu!

On servit un punch; nous bûmes à la santé
de l'éminent auteur des *Ames du purgatoire;*
après quoi, Mérimée me prit à part et me dit :

— La commission dont je me suis chargé
pour vous est de la part de mademoiselle Mélanie Double, actuellement madame Collin.

— Mélanie! une compagne, une amie d'enfance! Quel charmant esprit!

Et à l'instant me revinrent en foule les souvenirs de la rue des Petits-Augustins et du quai
Voltaire, de ce salon hospitalier où j'étais traité
comme un enfant de la maison, et où mon émulation de *fort en thème* était sans cesse excitée
par la vue de personnages célèbres : Arago, Gay-
Lussac, Poisson, Guizot, Villemain, Libri,

Pradier, Paul Delaroche, madame de Mirbel, et vingt autres...

— Je sais, reprit Mérimée, que vous êtes au courant des péripéties qui firent manquer le mariage de mademoiselle Mélanie Double avec M. Villemain... Elle vient d'épouser un M. Collin, qui n'est pas un aigle. Dieu veuille que ce ménage tourne bien! Voici ce qu'elle vous fait dire : Elle a beaucoup d'amitié pour vous, ainsi que son père et son frère... Mais elle n'en aura plus, si vous vous laissez abêtir par la lourde atmosphère de province, si vous ne donnez pas suite à vos succès universitaires, si vous vous abandonnez à l'oisiveté, qui est la mère de tous les vices...

— Elle doit avoir une jolie famille! dis-je en essayant de sourire.

— Écoutez ses conseils! Je lui ai été présenté, cet hiver, par mon ami Libri... Vous dites vrai! un esprit charmant... Que lui répondrai-je de votre part?

— Qu'elle a raison, cent fois raison, et que je la remercie de me garder un peu de son amitié... Mais que puis-je? Je suis fini avant d'avoir

·commencé. Des affaires de famille, la mort de
mon père et surtout la santé de ma mère me
retiennent dans le Midi, à la campagne et à
Avignon, sauf quelques rares échappées, trop
courtes pour me mener à quelque chose...
Est-il possible d'écrire, de travailler, de faire
de la littérature, sans être ni encouragé ni soutenu? L'isolement n'est-il pas funeste à toutes
les facultés de l'intelligence? Vous voyez ici les
fortes têtes de la ville : le général Lenoir a de
beaux états de service, mais c'est une héroïque
ganache. Croiriez-vous que, voulant couvrir
les murailles du jardin des Invalides d'inscrip-
tions rappelant les dates glorieuses pour notre
armée, il a supprimé le duc d'Angoulême pour
le Trocadéro et le maréchal de Bourmont pour
la prise d'Alger?

— C'est petit.

— Le proviseur du collège, le professeur de
rhétorique, le président de l'Académie de Vaucluse en sont encore à l'abbé Delille et à
Bitaubé...

Ici, Mérimée m'interrompit, et me demanda,
avec son air de *pince-sans-rire.*

— Avez-vous la vocation?

— Oui, je le crois... j'en suis sûr... D'ailleurs, puis-je en avoir une autre?

— Eh bien, si vous avez la vocation, vous aurez tôt ou tard l'occasion.

Puis une grosse *rabelaisiade* :

— Voyez les filles... Quand elles ont la vocation, l'occasion ne leur manque jamais... A présent, ma commission est faite. J'ai idée que nous nous reverrons un jour au bureau de la *Revue des Deux Mondes,* chez Buloz, dans cette singulière maison de la rue Saint-Benoît, qui a un jardin au premier étage.

En sortant, je ruminais chaque détail de cette conversation. J'étais ébranlé, surexcité, mais non persuadé : « Une occasion ! c'est bientôt dit... Il en parle à son aise, lui, Parisien, conteur à la mode, vivant au milieu des artistes et des beaux esprits... Mais moi, l'occasion? où la rencontrer? comment la faire naître?

En ce moment, je passais devant un hôtel qu'habitait un des adjoints à la mairie. Mon attention fut attirée par une immense affiche, qui s'étalait sur le mur, à gauche de la porte cochère. Je m approchai et je lus :

GRAND THÉATRE D'AVIGNON

REPRÉSENTATIONS DE Mme ALLAN-DORVAL

ARTISTE DU THÉATRE-FRANÇAIS, DE L'ODÉON
ET DE LA PORTE-SAINT-MARTIN

MARDI PROCHAIN

Clotilde ou la Vengeance, drame en cinq actes, par M. Frédéric Soulié

JEUDI

Antony, ou Adultère et Assassinat, drame en cinq actes,
par M. Alexandre Dumas.

Madame Dorval jouera le rôle de Clotilde et celui d'Adèle d'Hervey, qu'elle a créé à Paris

— Voilà peut-être l'occasion dont me parlait Mérimée ! me disais-je en rentrant chez moi.

L'OCCASION

Extrait d'un cahier de notes, âgé de cinquante et un ans :

« Si toutes mes journées ressemblaient à celle-ci, je ne maudirais pas mon isolement littéraire ; je ne me plaindrais pas de vivre dans un milieu qui me décourage. Dîné avec Mérimée. Madame Dorval sur l'affiche de notre théâtre. »

Grâce à une longévité bien peu prévue et bien peu désirée, j'ai pu voir quatre grandes actrices, dont chacune a tour à tour personnifié une des innombrables variations de notre malheureux siècle ; mademoiselle Mars, madame Dorval, mademoiselle Rachel, madame Sarah Bernhardt.

Mademoiselle Mars, c'est la perfection. A peine pouvait-on reprocher à cette perfection exquise de manquer un peu d'ampleur : « Les coudes trop serrés à la taille », disait mademoiselle Contat. — Malgré son injuste antipathie contre la Restauration, mademoiselle Mars lui appartient. Elle en a la distinction aristocratique, l'élégance incomparable, ce parfum de délicatesse et de grâce qu'une société mourante semble avoir exhalé avant de disparaître, comme ces fleurs rares qui embaument l'air en se fermant. Louis XVIII, qui l'applaudissait avec enthousiasme, aurait dit d'elle ce qu'il disait de sa Charte et de lui-même; qu'elle renouait la chaîne des temps. Son talent délicieux, fidèle à la tradition, mais susceptible d'inspirations nouvelles, servit de trait d'union entre l'ancien régime et l'esprit moderne; elle tenait de celui-ci par les idées, de celui-là par les manières

Son art, savant et profond, consista surtout à paraître naturelle. Amie des académiciens dont elle avait joué les pièces, — Alexandre Duval,

Baour-Lormian, Andrieux, Jouy, Étienne, etc.,
— le hasard la plaça au point de rencontre et de
heurt où la jeune école se prit corps à corps
avec la routine. Récalcitrante au romantisme,
elle donna ce noble exemple de servir loyale-
ment ce qu'elle n'aimait pas. Personne n'a joué
comme elle la duchesse de Guise, le cinquième
acte d'*Hernani*, la Clotilde de Frédéric Soulié,
la Tisbé d'*Angelo*. Quelques années auparavant,
elle avait fait pleurer tout Paris dans un médiocre mélodrame, imité de Kotzebue : *Misan-
thropie* et *Repentir*. Elmire avait le don des
larmes; Célimène avait des éclairs de passion.
Henriette ne savait pas le grec, mais elle savait
attendrir; Silvia réussissait à exciter la terreur
et la pitié. Pourtant le répertoire de Molière et
de Marivaux reste le domaine, le *chez soi* de mademoiselle Mars. Ailleurs, elle apporte tout ce
qu'une aimable invitée peut offrir de séduction,
de frais d'esprit et d'agrément; mais on sent
qu'elle n'est pas chez elle. Depuis sa retraite, j'ai
vu au Théâtre-Français le *Misanthrope*, *Tartufe*,
les Femmes savantes; il me semblait que les
trois merveilleux rôles de Célimène, d'Elmire et

d'Henriette étaient joués par des écolières ou des comédiennes de province. Née en 1778, fille de Monvel, élève de son père et de mademoiselle Contat, elle avait pu voir passer, comme dans un songe, les dernières grandes dames de Versailles et de Trianon. Elle en gardait quelque chose.

Dans sa vie privée, si elle ne fut pas toujours une vestale ou une ingénue, elle sut observer ce qui a le plus manqué à ses héritières, la décence. Libre de tout lien officiel, n'ayant de compte à rendre à personne, elle se dit qu'elle avait à s'en rendre à elle-même, et que, lorsque la vertu s'en est allée, il reste encore la pudeur. Cette Célimène-modèle n'ignorait pas que le public passe bien des faiblesses à ses idoles, mais qu'elles perdent de leur prestige en le mettant dans leur confidence; que, dans ces délicates matières, il accorde tout au mystère, rien au scandale, et qu'il récalcitre, si les amours ou les amourettes des actrices, au lieu de se cacher dans des coulisses, s'étalent sur un théâtre. D'autres grandes artistes ont pensé et agi différemment. Elles se sont fait un tort énorme, non seulement au point de vue de leur bonne renommée, mais pour l'exercice de leur art. Lèvres impures ne sauraient parler une belle langue exprimant des sentiments nobles, sans que l'on devine une solution de continuité ou une soudure entre la bouche qui parle et les sentiments qu'elle exprime.

Mademoiselle Mars eut le tort ou le malheur de trop durer, — hélas! n'est-ce pas aussi un malheur ou un tort en littérature? — Ce n'est pas impunément qu'un artiste ou un écrivain, — un critique surtout, — contemporain d'une génération disparue, se trouve en présence d'une génération nouvelle, qui demande de nouvelles figures, des jugements nouveaux, et à laquelle il ne messied pas de brûler ce qu'ont adoré ses devanciers. Mademoiselle Mars, lorsqu'elle joua *Mademoiselle de Belle-Isle*, avait soixante ans; elle en avait cinquante-deux, quand elle joua doña Sol. Madame Roger de Beauvoir (mademoiselle Doze), dans ses *Souvenirs de mademoiselle Mars*, nous dit que sa beauté ne battit son plein que vers quarante-cinq ans. C'est possible; mais, sept années plus tard, ce plein était vide. L'organe restait enchanteur; la figure, malgré le secours d'un habile maquillage, n'était plus enchanteresse. Cinq ou six fois, un parterre de jeunes gens mal élevés lui fit impoliment sentir qu'il était temps de songer à la retraite.

N'importe! pour moi et pour les rares survivants de cette époque lointaine, mademoiselle Mars, quoique bonapartiste et libérale, représente admirablement la Restauration, cette phase fugitive où les optimistes purent croire que, sous le règne de nos souverains légitimes, allaient renaître l'urbanité, l'art des nuances, le goût, l'élégance du ton et du langage, victimes de la Révolution.

Avec madame Dorval, il faut baisser d'un cran :

> Des mélodramés la séquelle
> Placent Dorval un cran plus bas ;
> Mais que ne pardonne-t-on pas
> Pour Kitty Bell et pour Adèle ?

Madame Dorval (notez qu'elle était ardente légitimiste), c'est la révolution de Juillet, non pas avec la modération relative que lui imposèrent, au bout de quelques années, la sagesse de Louis-Philippe et les intérêts bourgeois, mais la révolution des barricades, de la première heure, impétueuse, primesautière, fougueuse, populaire, telle que l'a décrite Auguste Barbier dans son absurde *Curée*, telle que l'a dépeinte Eugène Delacroix (qui n'en pensait pas un mot) dans son merveilleux tableau de la *Liberté guidant le peuple*. Madame Dorval fut surtout un tempérament, et je ne crois pas qu'il y en ait eu de plus dramatique ; une artiste d'inspiration ; et souvent son inspiration lui révéla ce que son éducation théâtrale lui avait laissé ignorer. Cette femme qui avait débuté par l'*Orpheline de Genève*, *la Femme à deux maris*, etc., sur le théâtre où Mazurier jouait le singe Jocko, s'éleva peu à peu jusqu'à Kitty Bell, rôle tout en chastes demi-teintes, où la passion, constamment contenue, ne se trahit que dans l'explosion du dernier acte. La passion ! ce mot tant de fois profané aurait pu servir de synonyme au nom de madame Dorval. Elle en vécut, elle en est morte, morte insolvable, naturellement. Ce fut M. de Falloux, alors ministre de l'instruction publique, qui se chargea des frais de son

enterrement. Dans *Marie-Jeanne*, qu'elle joua
sur le tard, cette passion était maternelle. Il me
semble que je la vois encore, fouillant nerveuse-
ment son tiroir, n'y trouvant plus les quinze
francs destinés à payer le premier mois de nourrice, et portant son enfant à un autre tiroir,
celui de l'hospice, celui où s'enferme le cœur
des mères trop épuisées pour nourrir, trop pauvres pour payer. Dans *Marion Delorme*, les
scènes avec Louis XIII, avec Laffemas, changeaient l'illusion scénique en réalité. Elles nous
montraient, non pas madame Dorval, non pas
Marion, mais le type de la courtisane amou-
reuse, gardant de son métier l'effronterie dési-
rable pour parvenir à ses fins, et se prostituant
pour sauver celui qu'elle aime. Seulement,
lorsqu'elle disait que l'amour lui avait refait
une virginité, on songeait, à part soi, qu'il avait
eu beaucoup à faire ou à refaire.

Cette passion, madame Dorval la transportait
dans sa vie. Je l'ai vue, à Avignon, où elle avait
amené sa fille, se jeter sur cette enfant comme
une lionne sur ses petits, dévorer de baisers son
pâle visage et ses tresses blondes en me disant :

« C'est ma fille, Monsieur, c'est ma fille !...»
Chez toute autre comédienne, cette tendresse si
démonstrative eût semblé théâtrale ; chez madame Dorval, elle était sincère ; sincérité, spon-
tanéité, qu'elle appliquait à des passions d'un
autre sexe. Un homme charmant, que je n'ai pas
besoin de nommer, qui avait tour à tour aimé
madame Sand et madame Dorval et qu'elles
avaient trahi toutes les deux avec un entrain
inouï, me disait que la trahison de l'une avait
été cruelle et la trahison de l'autre ravissante.
Il y avait jadis à Marseille un homme de beaucoup d'esprit, M. S. B., dont la manie était de
montrer à tout le monde des lettres de madame
Dorval. Ces lettres passionnées, mais d'une
passion empreinte de spiritualisme, étaient admirablement éloquentes et poétiques ; contrastes perpétuels qui faisaient le charme et le *montant* de cette bizarre créature ! Elle se calomniait
lorsqu'elle disait d'elle-même : « Je ne suis ni belle
ni laide, ni bonne ni mauvaise ; je suis pire ! »

Ce qui nuisit à sa carrière dramatique, ce
qui l'empêcha de s'arrêter au Théâtre-Français
autrement qu'un oiseau de passage, c'est qu'elle

fit partie d'un groupe où la consigne était, non
pas de ronfler, mais de se moquer de l'Académie, de la Comédie-Française et de l'âge anté-
diluvien de mademoiselle Mars. Ce groupe
avait pour poète Alfred de Musset, pour romancier George Sand, pour actrice madame Dorval
et pour critique (sans émoluments) Gustave
Planche. Bien que la *Revue des Deux Mondes*,
à laquelle il tenait par tous les bouts, ait fini
par devenir une solide et opulente maison, il
n'en était pas tout à fait ainsi pendant sa première période. Quelques-uns de ses écrivains,
— et ce ne furent pas les moindres, — George
Sand, Musset, Théophile Gautier, Gérard de
Nerval, Philarète Chasles, Planche, avaient
leurs entrées à la *Revue* et leurs sorties dans la
verte Bohème. M. Buloz m'a souvent conté que
madame Sand, qui devait finir en châtelaine et
en grand'mère, eut, à cette époque, une crise
de *bohémiennerie*, que l'on retrouve d'ailleurs
à chaque page des *Lettres d'un Voyageur*, si
éloquentes en 1834, si démodées en 1885. Elle
disait à Musset, dont le dandysme essayait de se
révolter : « Je veux être bohémienne !... Donne-

moi des coups de cravache ! » C'est cette *bohémiennerie* dont madame Dorval ne put jamais
se défaire. Grâce à une remarquable faculté
de transformation et d'interprétation, elle fit illusion dans des rôles chastes ou aristocratiques :
Kitty Bell, Lucrèce (pas Borgia), Agnès de Méranie, Catarina Bragadini. En réalité, elle oscilla
toujours entre Adèle d'Hervey et Jeanne Vaubernier. De même, la monarchie de 1830 flotta
constamment entre son origine révolutionnaire
et ses instincts conservateurs.

Nos malheurs se sont tellement accumulés,
aggravés et envenimés, que nul aujourd'hui ne
songe aux nuances, aux épisodes secondaires,
qui furent les entr'actes des grandes catastrophes.

Pourtant, ceux qui ont suivi avec attention
les diverses phases du règne de Louis-Philippe
savent que l'année 1838 ne fut pas insignifiante.
Pas tout à fait une réaction ; un peu plus qu'un
temps d'arrêt dans la sape révolutionnaire et
démocratique. Le grand mouvement romantique
de 1830 avait fini par la dispersion des chefs
et la défection des soldats. La plupart retiraient
leur enjeu, et, si cet enjeu valait encore quelque

argent, ce n'était plus que la monnaie du lingot d'or. Le comte Molé était premier ministre : nul ne fut plus digne d'inaugurer un parti bravement français, qui, tout en se ralliant à la dynastie nouvelle, aurait été le contraire d'un parti révolutionnaire. Ce ne fut pas sa faute si on ne lui en laissa pas le temps, si une coalition fatale prépara de nouveaux désastres en montrant le vice capital du gouvernement parlementaire. Il y eut alors un retour au bon sens, aux grandes vérités politiques et sociales, parmi les lettrés et les classes dites dirigeantes. La *Revue des Deux Mondes*, qui en était à sa huitième année et dont le succès allait croissant, édulcora sa politique. De républicaine, elle se fit ministérielle et n'y perdit rien de son autorité. Tandis que le *Ruy Blas* de M. Victor Hugo, malgré de merveilleuses beautés et le talent de son principal interprète, rencontrait un public glacial et se jouait dans le désert, concurremment avec les opéras de Grisar, sur un théâtre d'occasion prédestiné à la faillite, Corneille et Racine allaient revivre. Lamartine négligeait de répondre à l'admirable épître d'Alfred de Musset ; mais tous deux s'entendaient pour rompre avec le romantisme.

C'est à ce mouvement de réaction, bientôt accentué par l'avènement de Ponsard, que répondit mademoiselle Rachel.

Je ne prétends ni la juger ni la peindre. D'autres l'ont essayé, sans compter le pinceau et le ciseau. Je doute qu'ils aient attrapé l'exacte ressemblance. Parmi ces portraits à la plume, celui de Philarète Chasles est d'un réalisme brutal, une eau-forte! ceux de Théophile Gautier et de Paùl de Saint-Victor, écrits d'un style magique, mais où la convention se fait un peu trop sentir; celui d'Arsène Houssaye, aimable comme son auteur; mais n'y a-t-il pas mis un peu de complaisance et de gratitude?

Jamais grande actrice, au milieu des rumeurs hostiles qui grondaient autour d'elle, ne me fit mieux apprécier le plaisir de n'avoir à m'en préoccuper que, à travers la rampe, comme d'une œuvre d'art. Je ne la rencontrai qu'une fois, dans le salon de M. Buloz, alors administrateur du Théâtre-Français (novembre et décembre 1847). Il vivait avec elle sur le pied d'une paix armée, dans de perpétuelles alternatives de rupture et de raccommodement. Ils échangeaient des lettres aigres-douces où il l'appelait : *ma chère tragédienne*, et où, par parenthèse, je n'aperçus pas, du côté de Rachel, une seule faute d'orthographe. Généralement, les paroles de réconciliation provisoire étaient apportées par une femme énorme qui ressemblait à madame Thierret, du Palais-Royal, et offrait le type le mieux réussi de *la Femme voilée*, des comédies espagnoles. J'ai oublié son nom. C'est d'elle qu'il s'agissait, lorsque mademoiselle Rachel, protestant contre le vers d'*Hernani* :

... « Quoi, seigneur Hernani, ce n'est par vous!... »

s'écriait : « Quand je la vois entrer, je ne dis pas : Quoi ! duc de Noailles, ce n'est pas vous ?_. » Dans l'hiver de 1850, Jules Janin me conduisit chez elle. Nous voulions la décider à jouer *la Fille d'Eschyle*, de Joseph Autran, encore une victime de la révolution de Février, rôle digne de son talent. Elle nous répondit poliment et évasivement que, renseignée par la chute ou la demi-chute de *Judith*, de *Cléopâtre*, du *Vieux de la Montagne*, de *Catherine II*, elle était déterminée à ne plus créer de rôle nouveau dans des pièces modernes.

Je viens de nommer le duc de Noailles. De concert avec MM. Molé, Pasquier, Duchâtel, de Rémusat, avec la société polie et le faubourg Saint-Germain, il inventa, au début, une Rachel qui n'était pas la vraie. Parce qu'elle leur restituait, dans toute la pureté de la ligne classique, Pauline, Émilie, Camille, Chimène, Hermione, Phèdre, Monime, Bérénice, Esther, Roxane, Athalie, ils crurent qu'elle allait prendre l'initiative d'une régénération morale dans la société et dans l'art, et prouver qu'il est impossible de vivre dans l'intimité de Corneille et de Racine sans y ennoblir ses propres sentiments et faire marcher de front le génie et la vertu. Il fallut en rabattre. Rachel ne tarda pas à se lasser de cette espèce de moralisation par la tragédie, de ce sacerdoce trop lourd pour ses frêles épaules. Elle reprit sa liberté, et passa peut-être d'un extrême à l'autre.

Il y avait en elle de la grande artiste, de la

gamine, de l'enfant terrible, de la fantaisiste, de la juive, de la courtisane et de la parvenue ; oui, de la parvenue. Car on ne saute pas, en quelques mois, de la misère noire aux traitements princiers, des petits sous cueillis dans une sébile, à la porte des cafés, à l'aide d'un maigre filet de voix et d'une guitare, jusqu'aux sommets de la hiérarchie théâtrale, jusqu'aux splendeurs d'une situation unique, sans être prise d'un vertige, qui n'a, d'ailleurs, rien de commun avec la vulgaire bouffissure d'un nouvel enrichi. Ce vertige explique les incroyables dissonances de cette physionomie de zingara-duchesse, jouant les Gavroche et les Cabrion, après avoir joué les Pauline et les Hermione ; tantôt distinguée, sobre de geste, étonnante de tact, au point de ne pas faire tache dans un salon du noble faubourg, tantôt jurant comme un crocheteur (au surplus, le suave Lamartine jurait aussi, dans ses accès de verve et de colère contre les ministres de Louis-Philippe, qui lui refusaient la réforme électorale), aujourd'hui follement prodigue et offrant à ses amis des dîners à 150 francs par tête ; demain, tombant en syncope

parce qu'un convive indiscret demande à enta-
mer un ananas loué chez Chevet; adorable et
insupportable, ravissante et exaspérante, à quelques heures de distance...

Celui qui a le mieux parlé d'elle, c'est Alfred
de Musset : « Mademoiselle Rachel est plutôt
petite que grande. Ceux qui ne se représentent
une reine de théâtre qu'avec une encolure mus-
culeuse et d'énormes appas noyés dans la pourpre, ne trouveront pas leur affaire; la taille de
mademoiselle Rachel n'est guère plus grosse
qu'un des bras de mademoiselle Georges... »
Ailleurs, il nous la montre, dans un modeste
cabriolet de régie, tenant sur ses genoux un volume de Racine ou de Corneille dont la lecture
l'absorbe, et ceci m'amène à dire combien il est
peu probable que cette jeune fille, incomparable
dans le rôle de Camille, ne sût pas de qui était
le *Qu'il mourût!* Elle le savait du moins à la
fin de 1847, époque de ma grande faveur à la
Revue des Deux Mondes. M. Buloz m'avait
prié, pour m'acclimater, disait-il, de l'accompa-
gner au foyer du théâtre. On donnait *Horace,* et
j'entendis mademoiselle Rachel féliciter Ligier

de la façon magistrale dont il avait dit le *Qu'il mourût !* — « Il y a toujours, répondit le tragédien, un peu de hasard dans cette explosion cornélienne. Il faut que ça sorte ou que ça *rate*. Aujourd'hui, c'est sorti. »

Un vieil habitué de la Comédie-Française me disait que Rachel était plus intelligente que Talma. Talma, pour arriver à la perfection de son art, avait passé par de laborieuses études, nécessairement abrégées chez cette jeune fille de dix-huit ans. Rachel a manqué de ce qui fut une des gloires de Talma, la faculté de vivifier ou du moins de galvaniser des tragédies mortes avant de naître, ou destinées à mourir avec lui; *Sylla, Léonidas, Régulus, Charles VI*, etc., sans compter les gallicismes shakspeariens du bon Ducis. Les admirateurs de la jeune tragédienne auraient pu répliquer que, en 1838, si Corneille et Racine n'étaient pas morts, ils dormaient depuis bien longtemps, et qu'elle les avait réveillés. Quant aux œuvres des modernes, la responsabilité l'effrayait. Elle se sentait assez forte pour se mesurer avec Racine et Corneille, pas assez pour faire réussir Ponsard, Hippolyte.

6.

Romand, Latour de Saint-Ibars, Scribe, Legouvé ou madame de Girardin. Dans cette partie
de sa tâche, elle aurait eu à intervertir les rôles,
donner au lieu de recevoir ; elle ne se trouvait
pas assez riche. A la première représentation de
Charlotte Corday, la loge de la *Revue* avoisinait
la sienne, et la sienne avait pour voisin M. de
Lamartine. Ils causèrent ; je saisis au passage
quelques bribes de leur conversation. « Vous
n'avez donc pas voulu être Charlotte ? lui dit
le grand et malheureux poète. — Je n'ai pas
osé, répondit-elle finement. Corneille ne me
pèse pas trop ; Ponsard m'aurait écrasé. Judith
tuera bien mieux Holopherne. »

Judith, chargée du rôle de Charlotte, était
une comédienne de talent, juive comme Rachel ;
on assure qu'elles se disputaient souvent, et en
termes peu académiques. Je ne veux pas le savoir. J'aime mieux relire la jolie page de Musset : *Un souper chez mademoiselle Rachel*. Dix
ans après, il vint me remercier, au bureau de la
Revue, de n'avoir pas trop maltraité sa pauvre
Louison, enfant d'un jeune vieux, ce qui est
pire peut-être, pour les conditions de vitalité,

que d'être l'enfant d'un vieillard bien conservé. En même temps, il voulait me reprocher la mésaventure que je lui avais attirée fort innocemment. Voici ce qui s'était passé. La princesse de Beauvau, née de Comar (voy. les *Souvenirs d'un vieux mélomane*), parente d'un de mes amis intimes, avait une fantaisie de princesse et de jolie femme : elle s'était mis dans la tête de jouer en travesti le rôle de Perdican, dans *On ne badine pas avec l'amour*. Elle avait chargé son parent, le marquis Charles de C..., de me demander si Musset consentirait à venir diriger les répétitions. Musset, de bonne humeur ce jour-là, m'avait prié de lui donner l'adresse de la princesse, et, fidèle à ma malechance, je l'avais désastreusement fourvoyé en lui indiquant l'adresse d'une autre princesse de Beauvau qui, au moment de la visite du poète, était en train d'accoucher. Tableau. « Lucine avait détrôné Thalie », aurait dit un poète de 1810.

Pour se rendre favorables les oracles de la rue Saint-Benoît, l'auteur de *Louison* nous apportait ses discutables vers *Sur trois marches de marbre rose*, que Sainte-Beuve a rudement tancées. Je profitai de l'occasion pour lui demander quelles avaient été, en réalité, ses relations avec mademoiselle Rachel.

— Celles d'un ami, d'un camarade, sans aucune arrière-pensée galante, me répondit-il simplement. Nous *gaminions* ensemble (*sic*). Je partageais ses escapades ; je la soutenais dans ses gentilles révoltes contre l'autorité maternelle; je favorisais son goût d'école buissonnière. Elle commençait à s'ennuyer de l'engouement des grandes dames, qui la prenaient trop au tragique et la maintenaient dans une atmosphère de vertu asphyxiante pour ses poumons. Je représentais pour elle une liberté qui n'était pas encore de la licence. Je me suis toujours félicité de n'avoir pas dépassé cette limite. Notre liaison, très amicale, n'a pas eu d'orages et a survécu, pour elle et pour moi, à des passions à grand orchestre. Si j'avais demandé et obtenu davantage, ce paradis de neige, comme dit la grande Delphine, serait devenu un enfer. J'aurais eu à être jaloux de... et de... et de... (ici un dénombrement homérique). Elle m'appelle son ami et son poète. En effet, je ne veux pas mourir sans avoir écrit une tragédie pour elle... »

Pauvre garçon! nous la connaissons, cette tragédie... *Frédégonde, la servante du roi...* Il n'est pas allé au delà de la première scène, et il aurait mieux fait de ne pas se mettre en route; — de même que son frère, ses admirateurs, ses amis, auraient mieux fait de ne pas grever de ces précoces sénilités la belle édition *illustrée* par Bida.

Mon sujet et mes souvenirs m'ont entraîné bien loin du 1ᵉʳ septembre 1834 et de l'affiche gigantesque qui me promettait madame Dorval. Pourtant, je ne veux pas finir cette page, devenue presque un chapitre, sans rappeler le monstrueux épisode qui contribua peut-être à hâter la fin de mademoiselle Rachel. Un jour, pendant l'hiver de 1855, la plus spirituelle des capitales s'aperçut ou crut s'apercevoir que sa tragédienne favorite avait comblé la mesure en fait de caprices, d'incartades et d'impertinences de toute sorte. On voulut lui opposer, — que dis-je? — lui préférer une actrice exotique qui réunissait toutes les conditions désirables pour rendre l'affront plus poignant. Tandis que notre Rachel jouait des chefs-d'œuvre, avec le concours d'artistes de premier ordre, — Joanny, Ligier, Beauvallet, Geffroy, — celle qui devait servir à l'humilier se produisait dans des pièces exécrables, — *Myrrha, Camma, Pia di Tolomei,* escortée d'acteurs ambulants dont n'eût pas voulu un directeur de banlieue. Aussitôt ce fut un délire, qui gagna la cour, la ville, les salons et les académies. Depuis les tables tournantes, on n'avait rien vu de pareil. Il n'était pas bon de résister à l'entraînement universel, de montrer quelque tiédeur au milieu de cette effervescence; on avait à craindre à la fois les foudres des connaisseurs, les sarcasmes des beaux esprits et le stylet des Italiens patriotes; car l'illustre étrangère, aux poses de statue, aux gestes de mélodrame (le mot est de M. Guizot), personnifiait tout ensemble une leçon à mademoiselle Rachel et un appel (trop entendu hélas!) à nos armes pour la délivrance de l'Italie. Madame Ristori était à Rachel ce que Canova est à Phidias, ce que les Carraches sont à Raphaël. Encouragée par cette vogue insen-

sée, elle voulut jouer une pièce française. Son
accent ne fut plus ni du français ni de l'italien, mais du plus pur auvergnat. Rachel était
vengée trop tard. Blessée au cœur et à la poitrine, elle languit un an ou deux, et s'en alla
mourir au Cannet, dans une villa sépulcrale.
Toutefois, morte à trente-sept ans, elle avait
assez duré pour que son règne trop court restât
une date significative. Selon moi, son nom est
associé à l'apogée de la royauté de 1830, renonçant à ses origines révolutionnaires pour
renouer la grande tradition monarchique.

Sarah Bernhardt... oh! celle-là, c'est la République, c'est l'anarchie, c'est le communisme,
c'est le désordre des finances, c'est le déficit,
c'est la névrose, c'est la morphine. Rachel a été
la Melpomène grecque de l'époque de Périclès,
d'Alcibiade et de Sophocle. Sarah est la Melpomène byzantine du temps de Justinien et de
Théodora. Il y a dans son talent — que nous
ne prétendons nullement contester — un je ne
sais quoi de fébrile, de maladif, de précaire, qui
inquiète l'admiration et la fait ressembler à un
malaise. On se demande, en l'applaudissant, si

elle sera demain de ce monde, ou plutôt si elle n'habite pas déjà un monde intermédiaire entre le domaine des vivants et le royaume des ombres. Sa maigreur même, exagérée et raillée par les plaisants, la sert dans ces concessions du réel au fantastique. Inférieure à Rachel dans *Phèdre*, à mademoiselle Fargueil dans *Dalilah*, à la pauvre Desclée dans *Froufrou*, à mademoiselle Mars dans *Mademoiselle de Belle-Isle*, et même à Eugénie Doche dans *la Dame aux Camélias*, il a fallu à cette irrégulière des cadres spéciaux pour y développer librement son originalité à tous crins. Il a fallu qu'un merveilleux cuisinier de décadence lui servît dans des coupes d'or un vin capiteux et frelaté, et, dans des plats d'argent, un mélange du *fricot* des sorcières et du *ragoût* des impératrices. Elle est affreusement endettée, comme la République; elle fait, à travers des crachements de sang, tout ce qu'il faudrait pour tuer raide une femme robuste, de même que la République fait — et au delà ! — tout ce qui suffirait à occire un bon et honnête gouvernement. Elle vit pourtant, et la République s'obstine à ne pas être tout à fait morte. Il existe, dans son charme indéfinissable, le quelque chose qui distingue, de la saine odeur des fleurs naturelles, les parfums artificiels et la senteur cosmopolite des fleurs de serre chaude. C'est, à vrai dire, une magie plutôt qu'un charme ; Alcine plutôt qu'Angélique, un philtre qui grise plutôt qu'une boisson qui désaltère. On dit qu'elle ne croit pas en Dieu ; je suis sûr qu'elle croit au diable. Ce ressort inouï, ce don prodigieux de vitalité dans la fièvre, d'activité dans la névrose, de locomotion dans l'anémie, de force dans la faiblesse, de renouveau dans l'épuisement, feraient supposer un pacte avec Méphistophélès, si nous ne savions que certaines femmes n'ont pas besoin de signer leur feuille de route infernale pour avoir le diable au corps. Sylphe, lutin ou démon, disparaîtra-t-elle dans une trappe ? s'évanouira-t-elle dans la brume matinale, comme les lavandières bretonnes ? sera-t-elle dévorée par ses créanciers, auxquels il semblera que le régal est un peu maigre? Une seule chose pourrait nous consoler de son évanouissement : ce serait si la République athée dont elle est, sur bien des points, l'emblème embelli, s'évanouissait avec elle.

II.

Si je voulais donner plus de réalité, de relief et de vie à ces quatre médaillons si imparfaits, je dirais que je me figure mademoiselle Mars peinte par Gérard, madame Dorval par Eugène Delacroix, Rachel par Ingres et Sarah Bernhardt par Henri Regnault.

Il est bien entendu que je n'écris ici que des appréciations d'après coup; d'abord, parce que Sarah Bernhardt n'était pas née, ensuite parce que Rachel n'avait pas encore paru; enfin, parce que, dans cette soirée du 1ᵉʳ septembre 1834, j'avais, sinon une tempête, au moins un léger *grain* sous le crâne. Je me couchai, et je dormis mal; j'eus des rêves baroques; je voyais en songe tantôt Mérimée perché sur le figuier de Requien et consommant sa centième figue; tantôt Antony assassinant Raphaël Bazas, tantôt Christian poignardant Adèle d'Hervey; puis madame Dorval me présentant un cahier de papier blanc et m'apportant les clefs du bureau de la *Revue des Deux Mondes*.

Le lendemain, de fort bonne heure, on m'annonça une visite. Le visiteur était un vieil original, nommé Joudou. Son innocente manie était de fonder des journaux qui vivaient, en moyenne, trois mois ou six semaines Il m'annonça qu'il allait créer un nouveau journal, intitulé *le Messager de Vaucluse.*

— Mais, mon cher Monsieur, lui dis-je, vous n'avez pas de chance. Vos fondations pèchent par la base.

— C'est vrai, me répondit-il avec un sourire philosophique; j'ai eu, tués sous moi, *le Phare du Ventoux*, *l'Éclaireur du Luberon*, *l'Abeille de Vaucluse*, *la Sentinelle du Comtat;* mais, cette fois, j'espère que ce sera plus solide... .

En effet, il me montra des lettres fort encourageantes, signées des noms les plus honorables.

— J'ai, reprit-il, cinquante abonnements assurés; M. le préfet m'accorde son patronage tacite, pourvu que je ne parle pas politique... J'aurai les annonces judiciaires; mais ce qui rendrait mon succès encore plus certain...

Il hésita un instant, me regardant en dessous avec un petit air insidieux.

— Ce serait?

— Ce serait, si vous vouliez bien vous charger du feuilleton.

J'affectai plus de surprise que je n'en éprouvais réellement.

— Moi? mais je n'ai jamais essayé.

— Raison de plus. Une occasion unique se présente. Madame Dorval nous promet une série de vingt représentations. Il n'y a pas bien longtemps que vous l'avez vue à Paris, dans ses plus beaux rôles. Personne, mieux que vous, n'est en mesure de juger cette grande artiste qui va passionner nos citoyens et nos concitoyennes... Vous partagerez son succès...

Un moraliste — à moins que ce ne soit un casuiste — a dit que le meilleur moyen de se débarrasser d'une tentation était d'y succomber. Je me fis un peu prier pour la forme, puis je dis au brave Joudou :

— Eh bien, j'accepte, mais à deux conditions : que je ne signerai pas et que vous me garderez le secret le plus absolu.

Il s'y engagea solennellement.

Madame Dorval joua d'abord *Clotilde*. Elle me parut inférieure à mademoiselle Mars, qui avait créé le rôle (mesdames Mars, Mante, Ligier, et, plus tard, Bocage, Desmousseaux,

Menjaud, Geffroy, Samson); mais je me gardai bien de le dire ou de l'écrire. D'ailleurs, le surlendemain, dans *Antony*, elle fut si admirable, que je pus, sans flatterie et même sans exagération, laisser déborder mon enthousiasme. A dater de cette soirée, elle s'empara de notre public et fit, chaque soir, salle comble.

Ce diable de Joudou m'avait si bien gardé le secret, que toute la ville savait à quoi s'en tenir. La veille du jour où parut mon premier feuilleton, je fus mystérieusement prié de passer chez la marquise de D...

La marquise de D... était une autorité plus vénérable et plus respectée que le préfet. Sa naissance et ses parchemins se perdaient dans la nuit des temps. Être admis à son whist équivalait à un titre de noblesse. Ce qu'il y avait de plus beau et de plus jeune dans son salon, c'étaient deux portraits de famille, AUTHENTIQUES, signés Raphaël. Chez elle, pendant l'automne et l'hiver 1830-1831, les brevets de fidélité royaliste s'échelonnaient ainsi : ceux qui affirmaient que Charles X allait, la semaine suivante, rentrer à la tête de cinquante mille hom-

mes dans sa bonne ville de Paris étaient les
purs. Ceux qui penchaient à croire qu'on en
avait probablement pour jusqu'au printemps
étaient les *tièdes*. Ceux qui osaient dire que
cela traînerait peut-être jusqu'à 1832 étaient les
jacobins. C'est un de ses habitués, excellent
homme, portant un nom illustré dans la chaire
chrétienne, qui perdit 12 pour 100 sur ses fonds
« parce que, disait-il, voyant où ces *scélérats*
nous menaient, il s'était empressé de vendre ».
Ces *scélérats* s'appelaient Martignac, Hyde de
Neuville et la Ferronnays.

Balzac, avant d'écrire son *Cabinet des Anti-*
ques, n'aurait pas rêvé trois têtes comparables
à celles qui s'étaient rassemblées dans ce salon
de haute lice, à l'appel et sous les auspices de
la marquise. Ces figures archéologiques avaient
pris pour la circonstance une expression solen-
nelle qui ne les rajeunissait pas. Immédiatement, je compris que je n'étais pas assis sur une
chaise, mais sur une sellette. Je comparais tout
bas mes trois juges à Minos, Éaque et Rhadamante. Ils avaient à eux trois deux cent quarante-sept ans. Minos, le doyen, — le président,

— était nonagénaire. Il avait conservé du costume d'ancien régime tout ce qui pouvait se
garder sans attrouper les gamins : la petite queue,
frétillant sur le collet de l'habit à la française ;
par-dessus cet habit, la douillette de soie puce ;
œil de poudre, culottes courtes et souliers à
boucles. Songez que nous sommes en 1834, et
que, à cette époque, Larrey, venu à Marseille
pour étudier le choléra, arpentait la Cannebière
exactement habillé comme le jour de la bataille
d'Aboukir, tandis que Spontini, la même année,
se montrait aux passants ébahis, vêtu comme le
soir de la première représentation de *la Vestale*.

Avec tout cela, Minos avait fort grand air. De
haute taille, de haute naissance, il était parvenu
à son âge sans dévier un instant du droit chemin.
Sous Louis XVI, il avait maudit Turgot et vitu-
péré Necker. Émigré de la première heure,
enrôlé dans l'armée des princes, il s'était signalé
par des prodiges de valeur, quoiqu'il ne fût
plus bien jeune en 1792. Il avait refusé de rentrer
en France, tant que régna Napoléon, qu'il appelait M. Buonaparte. Malgré ses soixante-onze
ans, il s'était battu comme un lion pendant les

Cent-Jours. La Restauration l'avait comblé de joie, mais d'une joie qui ne fut pas sans mélange. Il n'était pas content de Louis XVIII, se méfiait de la Charte, tonnait contre M. Decazes, et, plus tard, attribuait nos malheurs à l'ordonnance du 5 septembre. En apprenant la chute de Charles X, il offrit un spectacle imposant et pathétique. Escorté de ses fils, de ses filles, de ses petits-enfants et de ses domestiques en grande livrée, il monta à Notre-Dame des Doms, s'agenouilla sur la dalle, et, les larmes aux yeux, murmura cette plainte : « Mon Dieu! pourquoi m'avez-vous laissé vivre jusqu'à ce jour de calamité? » Il y avait quelque chose d'émouvant dans l'alliance de ses grandes vertus et de ses petits ridicules; quelque chose de saisissant à voir ce vieillard, qui avait gémi de la scandaleuse fortune de madame Du Barry, assailli dans la rue par les pauvres qui ne le quittaient jamais les mains vides, et interrompant ses inépuisables charités pour demander la tête de Louis-Philippe, du général Bugeaud et du duc de Broglie.

Éaque avait sept ou huit ans de moins que Minos, qui le traitait en petit garçon. Ils ne s'étaient que très rarement séparés pendant l'émigration et depuis le retour de la branche aînée des Bourbons. Éaque, dont la bravoure dans les rangs de l'armée de Condé avait égalé celle de Minos, et qui était, comme lui, un modèle de fidélité royaliste, portait cependant un costume moins retardataire. Atteint d'un léger défaut de langue et peut-être d'une certaine lenteur d'idées, il avait peu à peu pris l'habitude de se faire l'écho de son *ancien* et d'achever ses phrases. Minos, qui n'avait pas tardé à s'apercevoir de cette innocente manie, se faisait un malin plaisir de s'arrêter au moment où sa phrase devenait significative, et il arrivait quelquefois au fidèle Éaque de se tromper en l'achevant. Il en résultait des querelles comiques. Au whist de la marquise, lorsque Éaque, qui était distrait, ne répondait pas aux invites de Minos, nouvelles disputes, qui n'ôtaient rien, bien entendu, à leur amitié quasi séculaire.

Rhadamante était chevalier de Malte. Les mauvaises langues prétendaient que, en dépit de ses soixante-quinze ans, il se dédommageait de son célibat réglementaire par de furtives galanteries, et que nos jolies grisettes en savaient quelque chose.

Naturellement, ce fut Minos qui prit la parole. Il y était, d'ailleurs, autorisé par des souvenirs de famille et par les nombreuses marques de sympathie qu'il m'avait données lors de mon retour à Avignon.

— Monsieur, me dit-il, on fait courir un bruit sur lequel nous vous prions de nous édifier. On dit que vous allez écrire dans les *gazettes*.

Ce mot de *gazette* prenait dans sa bouche l'expression de mépris incommensurable que pourrait avoir le mot *cabotin* sur les lèvres d'un sociétaire de la Comédie-Française.

J'hésitais à répondre; mon feuilleton devait paraître le lendemain matin.

— Monsieur, reprit-il d'un ton plus sévère, j'ai beaucoup connu votre grand-père. C'était un officier de mérite, bien vu de madame de Pompadour; on l'aurait fort étonné, si on lui avait dit que son petit-fils se ferait folliculaire...

— Quand j'étais capitaine au Royal-Champagne, dit Éaque, en 82, un officier de mon régiment, bon gentilhomme, mais un peu vif, rossa d'importance un gazetier, qui s'était permis quelques allusions méchantes contre la femme d'un de nos camarades. Ce maraud demanda raison de l'insulte; le tribunal d'honneur décida que l'on n'avait pas à se commettre avec un *quidam* exerçant un aussi vilain métier.

— Mon enfant, reprit Minos en se radoucissant, je ne dirai pas que je vous ai vu naître, puisque je ne suis rentré en France qu'après la chute de l'usurpateur; mais je vous ai fait jouer sur mes genoux. Lorsque vous êtes revenu de Paris les mains pleines de livres à tranches dorées et le front couronné de lauriers, bien des gens m'ont demandé : « Pense-t-il bien? » J'ai répondu de vous, et j'ai dit : « Il a échappé à la contagion parisienne et au *virus* universitaire; oui, il pense bien! » Ce qui n'a pas peu contribué à vous faire accueillir à bras ouverts par notre respectable amie, la marquise de D...

Ici, la marquise, qui lévigeait une forte prise de tabac, la laissa retomber dans sa tabatière, et fit un signe d'assentiment.

— Me ferez-vous mentir? continua Minos, redoublant de gravité.

J'étais partagé entre une violente envie de rire et le chagrin d'entendre radoter ce vieillard digne d'admiration et de respect. Je répondis timidement :

— Vous faire mentir, monsieur le marquis! vous qui m'avez comblé de bontés! vous qui êtes à mes yeux le plus pur modèle des vertus chevaleresques et chrétiennes! A Dieu ne plaise! non! mille fois non! mais je ne croyais pas commettre un si grand crime en profitant de mes antécédents parisiens pour rendre compte, dans un journal inoffensif, des représentations d'une actrice célèbre, qui, en outre, est fervente légitimiste...

— Comment! elle se donne les airs d'être légitimiste, cette madame Dor... Dor...?

— ... bigny, se hâta de dire Éaque, qui n'était pas très au courant de nos célébrités théâtrales.

— Non, Dorval, reprit Minos impatienté. Baron, vous me soufflez mal, vous êtes insupportable.

Grâce à cet incident, Minos et son *écho* perdirent un moment de vue le but de la réunion. Rhadamante, qui n'avait pas encore ouvert la bouche, profita de ce *hiatus* pour dire d'un air égrillard :

— Ah ça! mes chers collègues, je m'étonne que vous qui fûtes, dans le temps, de grands chasseurs devant le Seigneur, vous suiviez une fausse piste, au risque de faire buisson creux... Si notre jeune ami se fait gazetier, s'il tient à publier un panégyrique de cette dame Dorval, c'est comme moyen d'arriver jusqu'à elle et...

— Allons, taisez-vous, mauvais sujet! interrompit Minos avec un sourire de bon augure pour le futur gazetier... Vous n'avez pas honte, à votre âge? A tout pécheur miséricorde! Vous dites, Armand, que cette comédienne est tendrement dévouée à la cause de nos rois en exil?...

— Oui, monsieur le marquis..., fougueuse légitimiste, et, de plus, Vendéenne...

— Eh bien, nous vous pardonnons, mais à condition que vous imprimerez ce que vous venez de me dire, et... que vous ne vous ferez pas payer...

L'idée d'être payé par le pauvre Joudou, dont

l'habit noir et le feutre endolori attendaient, depuis cinq ou six hivers, des remplaçants, me parut si drôle, que, malgré mon respect pour Minos, Éaque et Rhadamante, je ne pus m'empêcher d'éclater de rire.

On le voit, j'en étais quitte à bon marché. Si je rappelle cet incident de peu d'importance, c'est que j'y rencontre un détail caractéristique, fixé dans ma mémoire par cinquante ans d'expérience.

Depuis 89, depuis qu'elle a le plus besoin d'être défendue, la noblesse française, l'ex-noblesse de cour, a presque toujours opposé à la littérature et à la presse, sinon beaucoup de mépris, au moins un peu de dédain et de méfiance. On dirait que les plumitifs, même en plaidant pour les bonnes causes, sont à ses yeux responsables des méfaits commis par ceux de leurs confrères qui se sont constitués les avocats du mal, du mensonge, du désordre et du vice. Ceux-ci mêmes, s'ils ont du talent, et si, libres des scrupules qui nous retiennent, ils payent d'audace et assaisonnent leurs plaidoyers de curiosités lascives, de malpropretés *voulues* et d'excitations à la luxure, ont chance, non seulement de grossir leur public, mais de nous dérober le nôtre. C'est l'éternelle histoire du fruit défendu, de la femme pervertie qui passe tout à son amant, rien à son mari. Comme la société aristocratique s'arrache les journaux démolisseurs et les livres pestilentiels sans se croire obligée d'estimer les auteurs, elle est sujette à nous envelopper dans cette mésestime, à se dire que, en fait de journalistes et d'écrivains, le meilleur n'en vaut rien, et que les *autres* ont du moins le mérite d'être amusants. J'exagère à dessein ; mais ce qui est positif, c'est que, à moins de s'appeler Chateaubriand, le gentilhomme qui écrit se déclasse ; il devient un être hybride, ni tout à fait homme du monde, ni tout à fait artiste ; les hommes du monde sont enclins à le regarder de haut, et les artistes, l'ironie aux lèvres, l'appellent *M. le Comte*. La presse, cette puissance moderne, n'a jamais été regardée par les grands seigneurs et les grandes dames plus ou moins royalistes que comme une auxiliaire de troisième ordre, trop équivoque, trop suspecte, et parfois trop dangereuse pour avoir le droit de se faire payer cher. On lui permet de vivoter, on s'inquiète peu de la faire vivre. Comment expliquer autrement que le parti le plus riche de France ait toujours laissé ses journaux périr d'inanition et ses journalistes mourir de faim ? Que des ducs et des duchesses vingt fois millionnaires dépensent un demi-million pour leur écurie, trois cent mille francs pour leur *vautrait* et trouvent bon que les champions des principes qui protègent contre les communistes et les partageux leurs chevaux, leurs meutes, leurs hôtels et leurs châteaux, aillent dîner dans les crèmeries de la rue Coquillière ou de la rue Coq-Héron, tandis que les écrivains du *Voltaire*, de *l'Événement* et du *Rappel* dînent chez Bignon ou au café *Anglais?* que ces nobles châtelains et ces élégantes châtelaines reçoivent par devoir *la Gazette de France* ou *le Français*, dont la bande reste intacte, et, par plaisir, *le Figaro*, que tout le monde dévore, depuis la maîtresse du logis jusqu'aux cameristes et aux marmitons ?

Le marquis de B..., le baron de R... et le galant chevalier de S... (Minos, Éaque et Rha-

damante), n'étaient que les précurseurs incon-
scients de cette société dont je me plains. Eux
du moins avaient une excuse ; ils dataient de cette
fin du XVIIIe siècle, où le rang des hommes de
lettres n'était pas encore fixé, où ils étaient à la
fois omnipotents et subalternes, à la tête des
idées et à la solde d'un financier de leur temps.
Ils dominaient l'opinion et flagornaient La Po-
pelinière ; Arouet était passible de coup de
bâton, et Voltaire susceptible d'apothéose. En
outre, témoins et victimes de la Révolution,
qu'ils avaient crue morte et qui venait de renaître sous leurs yeux, ils en accusaient, non sans
raison, les philosophes, les encyclopédistes,
les auteurs, les brochuriers, les écrivassiers
de toute sorte ; il leur semblait qu'il n'y avait
pas eu de proportion entre l'attaque et la défense, et que Voltaire et Rousseau avaient
fait plus de mal que Mallet du Pan et Champ-
cenetz n'avaient fait de bien. Ils ajoutaient tout
bas que l'opposition de Chateaubriand, sous le
ministère Villèle, était pour beaucoup dans la
Révolution de Juillet, et que ses éloquentes brochures ne réparaient rien.

Au surplus, j'eus pour moi, dans cette circonstance, la jeunesse armoriée qui donnait le ton,
le cercle du *Commerce*, ainsi nommé parce
qu'il comptait parmi ses membres vingt gentilshommes pour un commerçant, et les belles
dames qui se disputaient les loges, se passion-
naient pour Adèle d'Hervey, lui empruntaient
même ses intonations les plus dramatiques.
Une de ces dames, une duchesse, s'il vous plaît,
ayant eu maille à partir, au bal, à propos d'un
vis-à-vis dans un quadrille, avec la maman un
peu bourgeoise d'une *demoiselle* un peu massive, s'était écriée : « Mais que lui ai-je donc fait,
à cette femme? »

Enfin parut, le 1ᵉʳ octobre, le premier numéro
du *Messager de Vaucluse*. Mon feuilleton était
son plus bel ornement. On l'attendait avec
une certaine impatience. J'étais encore, pour
quelques-uns de mes compatriotes, le *Monsieur
de Paris;* une de mes valseuses, dont le pied
avait été tuméfié, pendant quinze jours, par la
pression maladroite de mes escarpins, avait
dit ironiquement: « Nous allons voir s'il écrit
mieux qu'il ne danse. » Le fait est que, si Gil

Blas, dans la mémorable soirée qui précéda sa disgrâce, fut pris pour un élève de Terpsichore, pareil honneur ne m'était jamais échu.

M'accuserez-vous de vanité si je constate, après cinquante ans, que mon article eut du succès ? Toute proportion gardée entre la *capitale* et un modeste chef-lieu de département, il fit plus de bruit que n'en fait aujourd'hui mon dix-sept millième feuilleton. On en parla depuis Cavaillon, patrie de la famille Blaze, jusqu'à Murs, berceau du brave Crillon. Joudou y gagna treize nouveaux abonnements, ce qui fit un total de soixante-trois ; chiffre imposant auquel il n'était jamais parvenu. L'héroïne de la fête envoya le journal à Paris, et Charles Maurice en reproduisit quelques lignes dans le *Courrier des théâtres ;* ce qui ajouta à l'éclat de mon triomphe.

J'avais habilement mélangé, dans ce *maiden-speech*, la prose doctorale de Gustave Planche, les gentilles paillettes de Jules Janin et mes souvenirs personnels du théâtre de la Porte-Saint-Martin. J'exprimai le plus fougueux enthousiasme et je citai un passage de la *Revue des*

Deux Mondes, d'où il résultait que mademoiselle Mars n'allait pas à la cheville de madame Dorval. C'était la prendre par son faible.
Elle fut enchantée et désira me voir. Je ne me
le fis pas dire deux fois.

Elle occupait, à l'hôtel du *Palais-Royal*,
l'ppartement tragique (voir les *Impressions de
voyage* d'Alexandre Dumas) d'où une multitude
furieuse avait arraché le maréchal Brune pour
l'assassiner et le jeter dans le Rhône, malgré
l'héroïque défense de l'hôtelier, M. Moulin, doué
d'une force herculéenne, mais incapable de
lutter seul contre mille.

Dire que madame Dorval me remercia chaleu-
reusement et que son accueil fut excessivement
cordial, ce ne serait pas assez. Naturellement
expansive, sujette à forcer la note, — comme
presque toutes les actrices, — elle se précipita
dans mes bras avec une effusion extraordinaire
en s'écriant : « Ah ! merci, Monsieur ! Il a fallu
que je *vienne* à Avignon pour qu'on me *dédom-
mage* des vilenies du Théâtre-Français et des
odieuses intrigues de cette vieille momie de
mademoiselle Mars... Cinquante-six ans, Món-

sieur, cinquante-six ans, et ça s'obstine à jouer
les ingénues, à dire, dans *le Misanthrope*, à une
Arsinoé, de vingt-cinq ans plus jeune qu'elle :
« Ce n'est pas le temps d'être prude à vingt ans ! »

Dès les premières minutes, nous fûmes camarades ; cette camaraderie *bon enfant* excluait
absolument les projets machiavéliques et ana-
créontiques que m'avaient attribués Rhadamante, le chevalier de Malte. Madame Dorval,
à cette date, n'avait pas cinquante-six ans,
mais elle touchait à la quarantaine. Grâce à sa
vie accidentée, à ses années de mélodrame et
de boulevard, à ses excursions en province et à
ses habitudes plus passionnées encore que ses
rôles, elle ne pouvait plus se passer de l'optique
et de l'illusion théâtrales. Elle n'avait rien
changé, pour me recevoir, à son négligé du
matin, qui était, en effet, prodigieusement négligé. Aussi, ce fut sans-trouble et sans embarras que je lui dis :

— Vous ne vous doutez pas, Madame, que je
viens chercher ma récompense ?

— Votre récompense ? répliqua-t-elle avec un
bon rire.

— Oui... je suis exilé de Paris, où j'avais passé dix bonnes années... J'ai été un des plus obscurs claqueurs d'*Hernani*, de *Christine*, d'*Antony*, de *Marion Delorme*... Depuis lors, le léger fil qui me rattachait à la littérature nouvelle s'est brisé; j'entends prononcer des noms inconnus avant mon exil... je vois poindre de jeunes gloires, mais je ne sais rien de positif, rien de personnel... Voulez-vous me renseigner?

— A vos ordres, me dit-elle gaiement.

— Voyons! madame Sand?

— C'est mon amie.... elle me promet des rôles pour le temps prochain où cette *sacrée* (*sic*) mademoiselle Mars crachera sa dernière dent dans son dernier catarrhe... Je ne veux pas en médire... Vous connaissez, par la rumeur publique, ses aventures, dont les victimes et les héros ne sont d'ailleurs ni résignés ni muets. Ce n'est pas moi, pauvre pécheresse, qui lui jetterai la pierre; je n'ai pas droit au rigorisme; son tort est de se croire ou de se dire, à chaque nouvelle expérience, sur le point d'aimer pour toujours; puis, lorsqu'elle est détrompée, de punir par un brusque abandon les complices de son erreur, qui ne sont pas encore désillusionnés au moment où elle se désabuse. De là des blessures qui font crier les patients, mais qui ne seront peut-être pas perdues pour la poésie et le roman... Pas un mot de plus!

— Et Gustave Planche?

— Oh! celui-là, je puis en parler tout à mon aise. C'est un critique à formules solennelles et pédantes, qui me semblerait bien ennuyeux, s'il n'était mon panégyriste. Il a des manies, des *tics*. Il ne dira pas : « La statue de M. Pradier a la jambe droite trop courte; » il dira : « Ma conscience, d'accord avec la vérité et l'évidence, me force d'affirmer que cette jambe est trop courte. » Il est sincère, honnête; il se croit impartial, parce qu'il repousserait avec horreur les présents d'Artaxerce... et puis, il est par trop malpropre... Vous savez ce qui m'est arrivé avec lui?

— Non, Madame, dis-je fort affriandé.

— Oh! rien de voluptueux, reprit-elle en riant; il y a de bonnes raisons pour cela... Je l'avais invité à dîner... C'est le seul genre de séduction qu'il accepte; mais, ces jours-là, il se

rattrape de ses jeûnes forcés... Le dîner était
pour sept heures ; il arrive à six... Dans quel état,
grand Dieu! je remarquai surtout ses mains,
qui semblaient passées au cirage. « Planche,
mon ami, lui dis-je, je ne suis pas habillée ;
nous avons encore une heure devant nous...
J'attends Alexandre (Dumas), Frédérick et le
Comte (le Comte, c'était Alfred de Vigny); tenez,
il y a, tout à côté, un établissement de bains;
voici un cachet... Vous reviendrez dans une
heure. » Il ne fait aucune objection, prend le
cachet et sort. A sept heures précises, il rentre
impassible et serein... Je regarde ses mains...
elles sont exactement dans l'état où je les avais
perdues de vue. « Planche, mon ami, lui dis-je,
vous n'avez donc pas pris votre bain?—Pardon !
me répond-il d'un air triomphant. — Et vos
mains? — Ah ça ! est-ce que vous croyez que
je suis homme à perdre une heure sans rien
faire?... Je me suis fait donner une planchette
avec pupitre. J'ai lu un livre que j'avais apporté,
et j'ai eu soin de tenir constamment mes mains
au-dessus du niveau de l'eau, pour ne pas
mouiller le volume. » — J'ai ri, et j'ai été dé-

sarmée ; mais M. le Comte, qui est d'une délicatesse féminine et d'une sensibilité séraphique,
n'a pas pu dîner. Planche m'est si dévoué, que
je lui pardonne tout... Pourtant, même sur ce
terrain, il est immodéré et maladroit. Dernière-
ment, j'ai joué au Théâtre-Français, une vraie
panne (ce sont les créations auxquelles on me
condamne), *Lord Byron à Venise*, d'Ancelot et
Comberousse ; une horreur ! J'étais ennuyée,
énervée, et je crois bien que j'avais été presque
aussi mauvaise que la pièce. Planche ne voulut
pas en avoir le démenti. Il oublia la maxime de
M. de Talleyrand : « N'ayez pas de zèle! » et,
dans un article d'autant plus ridicule qu'il lui
avait donné ce titre pompeux : *Histoire et philosophie de l'art*, il déclara que j'avais découvert
dans cette pièce ce que les auteurs n'y avaient
pas mis, la passion, le drame, la poésie, le
lyrisme, — et que j'avais *transfiguré* Margarita
Cogni. Qu'y avons-nous gagné tous les deux?
Le lendemain, au foyer de la Comédie-Française, je fus accueillie par les quolibets de ces
satanées pimbêches, qui ne m'appelaient plus
que *Notre-Dame de la Transfiguration ;* — et

mademoiselle Mars, à qui l'on annonça que Gustave Planche avait la gale, répliqua : « Le malheureux ! il se sera mordu. »

— Et Sainte-Beuve ?

Ici, avant de reproduire l'opinion de madame Dorval, je dois rappeler ce que fut la dernière manière de Sainte-Beuve. Dans ses *Cahiers*, dans sa correspondance avec Lausanne, dans les notes et les appendices de ses *Causeries du Lundi*, il s'acharna à dénigrer presque tous les auteurs contemporains : Chateaubriand, Victor Cousin, Villemain, Gustave Planche, Balzac, Alfred de Vigny, Ampère, Charles Nodier, Alfred de Musset, Lamartine, etc., etc. Il ne passa sous silence que M. Victor Hugo ; nous savons aujourd'hui pourquoi.

Or voici ce que m'en dit, en 1834, madame Dorval, soufflée par son ami Gustave Planche :

— Sainte-Beuve est doué d'une abnégation bien rare en ce temps-ci. Quoiqu'il ait pratiqué bien des amitiés passagères et qu'il croyait durables, « bien qu'il ait *foulé aux pieds des cendres qu'il ne prévoyait pas*, il ne recule, Dieu merci ! devant aucune ingratitude. Il se plaît à populariser les noms dédaignés par l'ignorance ou la frivolité, sans trop se soucier du *destin* réservé à son dévouement. Le témoignage qu'il se rend à lui-même d'avoir bien fait, et courageusement, suffit à le contenter et à le soutenir dans les luttes nouvelles. Chaque fois qu'il agrandit pour la foule curieuse, moins prodigue de louanges que de railleries, le cercle de la famille littéraire, il s'applaudit et se repose sans réclamer *un prix plus glorieux* et plus pur (?), sans demander aux disciples qu'il initie, aux dieux nouveaux qui n'avaient pas d'autels avant ses *prédications*, une longue reconnaissance, une solide amitié... » — Ouf! il y en a, comme cela, quatre grandes pages, me dit la grande actrice en me tendant la *Revue* du 15 juillet. C'est du Gustave Planche de derrière les fagots...

— Êtes-vous bien sûre que les fagots n'aient pas cheminé avec lui au lieu de rester à leur place? Ces lignes sont diablement amphigouriques...

— Eh bien, je vous dirai plus simplement : Sainte-Beuve est une belle âme, pure, généreuse

et sans fiel; il se réjouit des succès d'autrui plus
encore que des siens; tendre, pieux, un peu
mystique, doué d'une sensibilité qui le rend
parfois bien malheureux; car la nature l'a traité
en marâtre... Incapable de faire mal à une
mouche; incapable de chercher des armes pour
se venger d'une offense. En un mot, il est BON ;
je voudrais le voir plus souvent; mais nous
logeons aux deux extrémités de Paris, et il est
trop pauvre pour prendre un fiacre...

O clairvoyance des contemporains!

Nous passâmes ainsi en revue toute la jeune
littérature, depuis le cèdre jusqu'à l'hysope,
depuis le demi-dieu jusqu'aux *fruits secs;* Victor Hugo, Dumas, Frédéric Soulié, Musset,
Alfred de Vigny, Émile Deschamps, Auguste
Barbier, Fontaney, Ulric Guttinguer ; après
quoi, madame Dorval me dit bravement:

— Vous me croirez si vous voulez..., mais,
parmi tous ces hommes de talent ou de génie,
le plus spirituel, le plus amusant, le plus gai,
c'est encore mon mari...

— Vous êtes mariée? fis-je avec une expression de stupeur qui redoubla son hilarité.

— Un peu, mon neveu! devant M. le curé et M. le maire, avec M. Merle, critique dramatique de la pudique *Quotidienne*... le plus aimable des hommes et le plus commode des maris...

— Un merle blanc alors?

— Très joli, mais un peu vieillot... A présent, cher Monsieur, il faut que je vous congédie... J'ai à repasser ma duchesse de Guise. Vous savez que c'est pour demain soir... J'aurai encore besoin de votre appui.

Cette troisième représentation n'alla pas comme sur des roulettes... Le duc de Guise, atteint d'un coryza, parlait effroyablement du nez; Henri III ne savait pas son rôle. Saint-Mégrin, louchant d'un œil et légèrement cagneux, justifiait assez mal l'amour de la duchesse, et Catherine de Médicis avait une énorme fluxion. Pourtant madame Dorval s'en tira, et fut fort applaudie dans les scènes de passion. Elle devait jouer, le surlendemain, Jeanne Vaubernier, où je la savais merveilleuse de verve, de *brio* et d'entrain; ce fut donc sans la moindre appréhension que je taillai ma plume

8.

pour un second article. Je n'apercevais pas de
points noirs. Il y en avait pourtant.

La Révolution de Juillet et le règne du *juste
milieu*, aujourd'hui si regrettable et si regretté,
avaient peuplé nos villes de province, Aix surtout et Avignon, d'un certain nombre de jeunes
gens charmants, dont les pères avaient été, sous
la Restauration, députés, conseillers d'État,
gentilshommes de la chambre, préfets, pairs de
France ou officiers supérieurs. Ces beaux jeunes
fils de famille, sortis récemment de Saint-Cyr,
de Saumur ou de l'École navale, auraient été
d'excellents militaires ou d'admirables lieute-
nants de vaisseau; braves comme leur épée, ils
l'avaient brisée, après *les glorieuses*, pour rester
fidèles à des convictions héréditaires. C'était
noble et grand; mais le diable, dans ce triste
monde, sait toujours se faire sa part; sans quoi
il ne serait pas le diable. En mer ou sur les
champs de bataille, ces démissionnaires de
vingt ans, dont quelques-uns s'étaient déjà distingués à la prise d'Alger, auraient été des chevaliers d'Assas ou des baillis de Suffren. Sur le
pavé, ils étaient oisifs, et, si l'oisiveté est la

mère de tous les vices, on sait qui lui fait ses enfants. Ces brillants oisifs n'acceptaient ni patiemment ni humblement le rôle de vaincus. Ne sachant que faire de leur vaillante et bouillante jeunesse, ils rongeaient leur frein, toisaient le bourgeois, parlaient tout haut dans leur avant-scène au théâtre, lorgnaient les jolies femmes, hantaient la salle d'armes et se montraient, en toute occasion, *friands de la lame*.

Or, tandis qu'ils se dépensaient sans compter, les négociants, les chefs d'usine, les grands industriels, antidatant le précepte de M. Guizot, s'enrichissaient de façon à se préparer un douloureux terme de comparaison avec nos détresses actuelles. Leurs fils, élégants, élevés à Paris, ayant le vent en poupe, régnant dans les salons de la préfecture, avaient peine à supporter les airs de supériorité qu'affectaient à leur égard ceux que, en petit comité, on appelait *hobereaux* ou *noblions*. De là un antagonisme qui restait encore à l'état latent, mais que la moindre crise pouvait faire éclater. Il suffisait que madame Dorval fût devenue l'idole de la *première société* (style d'alors) et de la jeunesse légitimiste, pour que ces messieurs missent une sourdine à leur admiration. Dans *Antony*, elle avait excité un tel enthousiasme, qu'ils n'avaient pas osé protester contre l'entraînement universel. Mais la soirée de *Henri III* avait été plus froide, et on avait entendu un d'entre eux, récemment revenu de Paris, dire que, dans le rôle de la duchesse de Guise, madame Dorval, avec sa voix rauque et ses allures triviales, avait l'air d'être la cuisinière de mademoiselle Mars.

J'ignorais ce détail quand je m'attelai à mon second article; mais je me souvenais des recommandations du grand marquis, et je résolus de faire bonne mesure. Après avoir porté aux nues la grâce, la distinction, l'élégance, l'intensité de passion dont madame Dorval venait de donner une nouvelle preuve, je m'emparai d'une phrase célèbre du troisième acte de *Henri III*, et j'écrivis : « Que dirait la noblesse de France ? » s'écrie la duchesse de Guise, dont son mari vient de meurtrir le poignet. — « Elle dirait, cette fois, qu'elle reconnaît comme sienne la grande actrice qui, non contente de l'avoir émue jusqu'aux larmes, partage tous ses sentiments, s'associe à ses regrets, à ses espérances, et conserve, comme elle, le culte des royautés tombées. » C'était raide dans un journal qui ne payait pas de cautionnement; mais je n'étais pas pour rien le neveu du député influent.

Je remis mon manuscrit à Joudou, et je m'absentai pour trois jours, *Jeanne Vaubernier* ne devant se jouer que le lundi de la semaine suivante. Or voici ce qui se passa pendant mon absence.

Il y avait à Avignon un petit journal démocratique, comme qui dirait aujourd'hui radical. Son existence était intermittente; il paraissait de temps en temps, il s'appelait *la Ruche vauclusienne;* type complet de la feuille de chou, mais d'une feuille et d'un chou qui pouvaient envelopper une nichée de scorpions et de guêpes. Il recrutait ses rédacteurs (gratuits, bien entendu) parmi les buveurs de chopes du café des *Trois glorieuses* (et d'une infinité de *glorias*), ou dans un certain nombre de correspondances qui lui donnaient les nouvelles locales

De plus en plus exaspérés de l'attitude hautaine et des airs goguenards du faubourg Saint-

Germain avignonnais, les *dandys* du tiers état eurent l'idée de faire venir de Paris un de ces *ratés*, comme il en existe à toutes les époques et sous tous les régimes, qui, de cinq à sept heures, entre le boulevard Montmartre et le boulevard du Temple, font la chasse à l'écu de 5 francs ou au cachet du dîner à 32 sous. Fabrice Dervieux — c'était son nom — ne se fit pas prier et ne marchanda pas son concours. Il se dit que ce dîner, toujours douteux à Paris, serait certain en province. Il arriva le samedi, et eut, pour ses débuts, à écrire un article sur la représentation de *Henri III* et sur madame Dorval.

Fabrice ne manquait pas d'esprit, ou plutôt de métier. Il s'était exercé dans les bas-fonds du journalisme à personnalités et à scandales, et il savait trouver les défauts de la cuirasse. Cette première fois, il ne me mit pas en cause, mais il prit à partie la duchesse de Guise. Il rappelait que madame Dorval, malgré les influences romantiques, n'avait jamais pu s'acclimater à la Comédie-Française. Il insistait sur l'effet qu'avait produit, dans la bouche de mademoiselle

Mars, ces mots que faisait valoir sa voix au timbre d'or : « Vous ! mais pourquoi vous ? Ce n'est pas vous que j'étais habituée à voir à mon réveil !... Malheureuse que je suis !... mon amour s'est éveillé avant ma raison ! » — « Avant-hier, disait Fabrice, ces mots ont passé inaperçus, grâce à un enrouement qui menace de devenir chronique. » Puis, faisant allusion à ma phrase, il ajoutait : « On a essayé récemment d'établir je ne sais quelle communauté entre cette singulière duchesse de Guise et la noblesse légitimiste. Hélas ! c'est justement la noblesse qui manque le plus à madame Dorval, incapable de se défaire de ses habitudes et de ses antécédents mélodramatiques. Nous conseillons à la noblesse de France et d'Avignon, si noblesse il y a, de chercher ailleurs ses alliances ; sans quoi, elle risquerait de se trouver en assez médiocre compagnie. »

Je ne fis qu'un bond de mon cercle à l'hôtel du *Palais-Royal.* J'y trouvai madame Dorval en proie à un accès de colère qui ne l'embellissait pas. Le numéro de *la Ruche vauclusienne,* envoyé par une main officieuse, était étalé sur la table. Je pus observer là cette double nature de l'actrice, qui, même en ses crises les plus sincères, les plus violentes, garde toujours quelque chose de théâtral. Dans sa fureur, madame Dorval se pillait elle-même, et lançait au plafond des lambeaux de ses rôles. « Je suis fatale et maudite!... Mais que leur ai-je donc fait, à ces traîtres, à ces méchants?... Et dire que je suis une pauvre femme, seule, sans défense, n'ayant auprès de moi ni époux ni frère! Oh! malheur à l'abandonnée! malheur!» Puis, se tournant vers moi et changeant de ton :

— Savez-vous, monsieur le parfait gentil-homme, que vous n'êtes pas gentil?... Qu'aviez-vous besoin de parler de mes opinions royalistes? Est-ce qu'une *cabotine* (*sic*) a le droit d'avoir des opinions politiques?... Qui vous le demandait? Mes opinions, ce sont mes rôles. Après tout, je suis du peuple, moi! Je n'ai rien de commun avec vos marquises et vos comtesses!... Elles m'avaient adoptée, applaudie... Votre *sacrée* (*sic*) politique n'y était pour rien... Et maintenant, vous m'avez mis à dos tout ce qui n'a pas un *de* devant son nom, c'est-à-dire l'immense majorité du public... Après-demain, on me sifflera peut-être... Pourquoi pas? Talma et Bocage ont été sifflés à Rouen, Lockroy à l'Odéon, Frédérick à la Porte-Saint-Martin... Ah! si j'étais riche, comme je planterais là les Avignonnais et les Avignonnaises! Avec quel plaisir je leur montrerais *la couture de mes bas !* mais il faudrait payer un dédit, et je n'ai pas le sou... pas plus que mon panier percé de mari!! »

Elle s'arrêta tout essoufflée; je profitai de ce moment de répit pour lui faire un profond salut et m'esquiver.

Ses frayeurs étaient d'autant moins fondées que, la veille, elle avait merveilleusement joué Jeanne Vaubernier, et que, malgré l'article de *la Ruche vauclusienne,* la soirée n'avait été qu'une longue ovation. Ce fut le texte de mon troisième article, aussi enthousiaste, aussi empanaché que les deux premiers. Je le terminais ainsi :

« *P.-S.* — On m'assure qu'un journal, qui, dit-on, s'appelle *le Guêpier vauclusien,* et qui trouve moyen de vivre, non, — de végéter sans argent, sans lecteurs, sans abonnés et surtout

sans esprit, refuse à madame Dorval la distinction et la noblesse. Pour constater cette découverte, il a pris la peine de faire venir de
Paris un rédacteur spécial. Nous demanderons
à ce monsieur si c'est dans les estaminets de la
place Maubert ou dans les *cavaliers seuls* de la
Grande-Chaumière qu'il a appris à connaître
la noblesse et la distinction des manières et du
langage. Jusqu'à ce qu'il nous renseigne, nous
nous obstinons à croire que la société d'élite qui
se dispute nos loges s'y entend mieux que lui. »

Fabrice, dans sa réplique, dépassa toute
mesure. Chose bizarre! il fut beaucoup plus
dur pour madame Dorval que pour moi. Mon
paquet fut tout entier contenu dans ces mots :
« *Mòssieu le Comte*, porte-plume des *noblions*,
des *hobereaux* et des comtesses d'Escarbagnas
du Comtat Venaissin. » Si bien que M. Émile
Zola, quarante-six ans après, quand il m'écrasa
sous le même pavé, copiait à son insu un enfant
perdu de la bohème, un journaliste de quin-
zième ordre, un de ces affamés que l'on flatte en
les appelant *fruits secs*, vu que nous pouvons
encore prendre quelque plaisir à manger une

figue sèche, des raisins secs ou une poire tapée, et qu'ils auraient droit au titre de fruits pourris. Madame Dorval était bien plus maltraitée. Fabrice la criblait d'allusions venimeuses à ses antécédents, à son étrange mariage, à de prétendues intrigues tolérées par son mari, à la légende des *Vendanges de Bourgogne,* où, après le dîner de noces, Merle aurait dit à Alexandre Dumas : « Fais-moi le plaisir de reconduire ma femme... Moi, je vais faire un tour au Théâtre-Français. » Puis, il concluait :

« A présent, nous nous empressons d'avouer que, dans *Jeanne Vaubernier,* madame Dorval a été parfaite. C'est tout simple : Jeanne Vaubernier, c'est madame Du Barry ; or la nature et l'art ont bien mieux prédestiné madame Dorval à dire : « La France, ton café f... le camp ! » qu'à réclamer une place dans les rangs de la noblesse française. »

Cette fois, je me gardai bien de retourner à l'hôtel du *Palais-Royal,* où j'aurais été probablement dévoré par la lionne en colère. Je n'en fis, comme papa Crevel dans *les Parents pauvres,* ni *une ni deusse,* je courus à mon cercle ;

j'y trouvai deux de mes meilleurs amis, Guy d'A... et Jules de S... Hélas! Guy n'est plus de ce monde; mais Jules, Dieu merci! est encore vivant, bien vivant, et c'est un ami qui en vaut cent.

Je les priai de se rendre de ma part auprès de Fabrice Dervieux, de lui dire que je prenais pour moi les injures adressées à madame Dorval, d'abord parce que c'étaient mes articles qui les lui avaient attirées, ensuite parce qu'elle était seule à Avignon, sans un parent ou un ami pour la défendre ou la venger. (Se souvenir que, en 1834, nous n'étions pas encore bien loin de la phraséologie d'*Antony*, de *Térésa*, de *la Tour de Nesles* et d'*Angèle*.)

Guy et Jules acceptèrent la mission que je leur confiais, avec d'autant plus d'empressement que *la Ruche vauclusienne*, ses patrons et son rédacteur leur inspiraient plus d'antipathie. Je savais que, entre leurs vaillantes et loyales mains, l'affaire marcherait vite et bien. Pourtant ils revinrent, une heure après, ne sachant pas s'ils devaient se fâcher ou rire. Fabrice refusait de se battre, sous prétexte qu'il n'avait pas de pantalon.

— Pas de pantalon! répliquai-je; je lui en donnerai un; je l'habillerai de pied en cape... L'essentiel est d'en finir, de couper court à cette mauvaise guerre. Ce drôle a commencé par une actrice; il finirait par nos femmes et nos sœurs!

La seconde ambassade réussit mieux que la première. Après une longue hésitation, Fabrice consentit à se battre; seulement, il demanda un délai de trente-six heures pour chercher et trouver des témoins. Rendez-vous fut pris, pour le surlendemain matin, dans une charmante île du Rhône, protégée contre les regards indiscrets par un fouillis de peupliers, de vergnes, d'oseraies, d'érables, auxquels s'était cramponnée tout une forêt de plantes grimpantes: vigne sauvage, vigne vierge, bignonia, clématite à l'odeur de miel, lierre, pariétaires, etc., etc. En 1834, cette île appartenait encore au département du Gard, ce qui nous assurait contre l'intervention des gendarmes.

Nous fûmes exacts, mes témoins et moi, et même nous arrivâmes un peu avant l'heure. La matinée était délicieuse. Notre climat passe aisément d'un extrême à l'autre. Les jours de grand

mistral, ou plutôt de tempête, — ceux qui,
d'après Strabon, désarçonnaient Gaulois et
Romains, — on dirait un sauvage ivre, un bar-
bare en délire, un taureau furieux, ou quelque
mystérieuse puissance, acharnée à faire pleuvoir
sur les passants tuiles, cheminées, vitrages,
plâtras, pots à fleurs et branches d'arbre. Puis
la tourmente s'apaise, et nous avons — en
septembre surtout et même plus tard — des
journées paradisiaques, que nous envierait le
ciel de Cannes ou de Naples. C'est un bien-
être qui ressemble presque à de la langueur,
une détente inexprimable, une douceur exquise,
une senteur vague, composée des parfums de
toutes les plantes agrestes et s'exhalant dans
chaque goutte de rosée. La brise matinale a le
charme d'une caresse; les rayons du soleil se
baignent dans la brume avant d'arriver jusqu'à
nous. De chaque buisson s'envole une fauvette;
sur les terres grasses, fraîchement labourées,
plane une légère fumée (aucune puissance
humaine ne me ferait écrire *buée*) qui semble
sortir des naseaux des bœufs et des mulets. Les
ânes mêmes ont l'air plus spirituel qu'à l'or-

dinaire. M. Victor Hugo, s'il vivait encore, ne dédaignerait pas de les prendre pour secrétaires.

L'île où nous étions, créée et fertilisée par les crues du Rhône, s'accordait admirablement avec cette symphonie pastorale. Elle semblait se prêter à l'idylle plus aisément qu'à la tragédie. Un cours d'eau limpide servait aux ébats des canards qui pullulaient en cet endroit, et qui nageaient parfois jusqu'au milieu du grand fleuve. L'unique ferme était abondamment pourvue de pigeons, de poules, de pintades, de coqs et de gallinacées de toute sorte. Le reste de la population se réduisait à une guinguette où les bons bourgeois d'Avignon venaient, le dimanche, jouer aux boules ; à une laiterie, dont les vaches, paissant dans l'herbe drue, donnaient à ce coin de l'île un aspect de métairie normande, — et à la maisonnette d'un jardinier-fleuriste.

Fabrice et ses deux témoins se firent attendre ; enfin ils arrivèrent. Fabrice les avait recrutés à grand'peine au café des *Trois Glorieuses.* C'était sans doute la première fois que, dans un duel, un des deux adversaires habillait l'autre, mais il

l'habillait mal. Je suis long, et j'ai toujours été
mince. Fabrice, gros, court, trapu, sanglé dans
ma redingote et mon pantalon, donnait l'idée
d'une carotte de tabac beaucoup plus que d'un
raffiné du Pré-aux-Clercs. Ses témoins donnèrent
le signal, et nous nous mîmes en garde. Mais,
au moment où j'allais me fendre, Fabrice laissa
tomber son fleuret, et déclara que, décidément,
il ne se battrait pas. « Je suis trop pauvre, dit-il ;
la législation est sévère, et, s'il arrivait malheur,
je n'aurais pas, comme M. le Comte, qui est
riche, de quoi m'enfuir et me cacher. — Soit !
répondit Jules avec une expression de mépris
peu déguisé, qui signifiait : « Vous ne feriez pas
mal de vous cacher tout de suite; soit! mais
alors, vous allez vous engager, par écrit, devant
ces messieurs et devant nous, à ne plus dire un
mot de madame Dorval et à ne plus écrire dans
la Ruche vauclusienne.

— C'est d'autant plus facile, répliqua-t-il, que
la Ruche cesse de paraître, faute de fonds.

Nous entrâmes dans la guinguette; Fabrice
écrivit et signa tout ce que nous voulûmes. Je
lui conseillai de garder ma défroque, sauf à

l'échanger contre une friperie mieux assortie à sa taille. Nous lui donnâmes quelque argent. Il partit le soir pour Marseille, et oncques ne l'avons revu. On m'a assuré que, après la révolution de Février, il avait été un moment sous-préfet ou commissaire extraordinaire. Je le crois mort; car, s'il vivait encore, il serait probablement ministre de la troisième République.

Vous le voyez, je triomphais à peu de frais; j'aurais été parfaitement ridicule, si je m'étais posé en héros; mais, du moins, il m'était permis de prendre une modeste revanche auprès de madame Dorval. Je mis dans ma poche la déclaration du sieur Fabrice; je passai chez le jardinier-fleuriste; je me fis faire un bouquet convenable pour la saison, un peu trop avancée; puis, muni de ce double trophée, je m'acheminai vers l'hôtel du *Palais-Royal*.

Ici je suis forcé de faire un peu de topographie locale.

L'île qui venait de servir de théâtre à ce duel pour rire est reliée par une chaussée au pont du petit Rhône (car il y en a deux). Ce pont conduit à la porte de l'Oulle, laquelle ouvre sur la place Crillon, où était situé l'hôtel du *Palais-Royal*. Lorsque, au lieu d'entrer dans la ville, on tourne à gauche, on est sur la route de Vaucluse.

Au moment où j'allais franchir la porte de l'Oulle, je faillis être écrasé par une calèche découverte, menée par deux postillons en veste de gala et attelée de quatre chevaux de poste, dont les grelots carillonnaient gaiement ; au fond de la voiture, madame Dorval et sa fille ; sur le devant, deux messieurs, dont la figure ne m'était pas inconnue, d'après mes souvenirs parisiens. Ils riaient aux éclats, et madame Dorval leur donnait joyeusement la réplique.

J'arrivai à l'hôtel ; je trouvai l'hôtelier rayonnant.

— Ah ! Monsieur, me dit-il, quel honneur pour ma maison !

Il me présenta son registre ; je l'ouvris et je lus : « Joseph Méry. — Alexandre Dumas. »

— Ils viennent de partir pour Vaucluse, me dit le bon M. Moulin ; demain, ils vont au pont

du Gard. — Et il ajouta, d'un air encore plus
triomphant : — M. Dumas va me nommer dans
ses *Impressions de Voyage*.

Tel fut mon début dans la littérature.

V

DEUX AVOCATS... HENNEQUIN ET BERRYER

En cette même année 1834, la politique de province, — surtout dans notre Midi, — fut curieuse à étudier ; c'est une de ces études que je vais essayer de rattacher à mes souvenirs personnels.

A cette époque, le marquis de C... [1] était l'homme le plus important du département de Vaucluse. On sait que le bourgeois de Paris, qui est un sot, aime à donner des leçons au pouvoir, leçons dont il paye presque toujours les cachets. Le marquis de C..., qui avait beaucoup d'esprit, était, par position et par tempérament,

1. Le marquis de Cambis.

.un homme de gouvernement. Grand propriétaire, lettré, savant helléniste, heureux en ménage, heureux dans sa charmante famille, il avait de vives raisons pour désirer le maintien de tout ce qui l'assurait contre les révolutions. Il avait fallu des circonstances particulières et de fâcheux malentendus, pour le jeter dans une opposition mitigée, prête. à se désister s'il eût prévu que, au bout de ses amitiés de Sorbonne et de ses spirituelles épigrammes contre les ministères Villèle et Polignac, il y avait la chute d'une monarchie.

Singulier effet de l'engrenage, en un temps où les passions se chargeaient d'envenimer et de frelater les opinions! Un royaliste sincère, amoureux de beau style et de beau langage, croit rester dans le droit chemin en préférant la politique de *la Quotidienne* à celle de la *Gazette de France* et la prose de Chateaubriand à celle de M. de Corbière. L'auteur illustre de *Buonaparte et les Bourbon*s, irascible, vindicatif, affamé de popularité, ne voulant pas s'entendre dire qu'il est du parti du passé, dupe de son imagination et de son orgueil, enclin à croire

que les Bourbons sont revenus et règnent sous
la tutelle de son génie, se fait le courtisan de la
jeunesse libérale pour le plaisir d'en être l'idole
et devient encore plus offensif qu'il n'a été
offensé : son admirateur, son ami, a subi son
prestige, comme nous tous; il lui reste fidèle.
On lui marque, en haut lieu, un mauvais point,
et, lorsqu'un de ses neveux, portant son nom,
protégé de madame la Dauphine, va à Paris
solliciter une sous-préfecture, on lui demande,
au ministère, s'il est parent du *libéral* qui habite
Avignon. Voilà le marquis de C... *libéral malgré lui.*

La situation se précise de plus en plus. Viennent les élections. Le marquis de C..., réunit
toutes les conditions qui font un bon député. Il
est riche, indépendant, actif, serviable, doué
d'une intelligence supérieure, et il a le rare
mérite de joindre à un goût très vif et très
éclairé pour les jouissances de l'esprit, toutes
les aptitudes pratiques d'un *député d'affaires.*
Le gouvernement lui oppose un brave officier
de la garde royale, qui est nommé. Nouveau
coup d'épingle. La Chambre vote la fatale

adresse, dite des 221. Un journal de la localité, beaucoup plus *avancé* que le marquis, publie ces lignes : « M. de C..., écarté de la députation par d'odieuses intrigues, n'a pu voter la courageuse adresse ; mais il l'aurait votée, avec tous ses amis politiques. » Ce journal n'est pas démenti : encore un pas à gauche ; et c'est ainsi que le plus pacifique, le moins révolutionnaire des hommes et des marquis se trouve, un beau matin, en position d'accepter, sinon avec enthousiasme, au moins avec résignation, la révolution de Juillet.

En octobre, il fut élu, à la suite du refus de serment de l'officier de la garde. Cette fois, il était à droite de son compétiteur, candidat républicain, beaucoup moins rassurant que lui. Les légitimistes ne s'y trompèrent pas, et allèrent tous voter pour le marquis de C... Dès lors il s'imposa la plus honorable, la plus chrétienne de toutes les tâches ; adoucir la secousse, empêcher ou raréfier les destitutions, ménager la transition d'un régime à l'autre, tempérer la réaction, se mettre en travers des intrigants, des solliciteurs endiablés qu'Auguste Barbier a stigmatisés dans *la Curée;* faire, en un mot, que, dans le département de Vaucluse, ce changement de dynastie ne différât pas trop d'un simple changement de ministère.

Pour y réussir, — et il réussissait souvent, — il n'épargnait ni courses dans les bureaux, ni colloques dans les couloirs de la Chambre, ni démarches auprès de ses collègues influents, ni fiacres à l'heure, ni aucun des expédients que lui suggérait sa bonté aiguisée d'esprit. Il aimait mieux être importun qu'inutile. Maintes fois, un fonctionnaire, dénoncé par une lettre anonyme, suspect à une Excellence, menacé en vertu de l'adage cher à toutes les révolutions : « Ote-toi de là, que je m'y mette! » fut sauvé par une anecdote finement racontée. J'ajoute, pour expliquer ce fait qui semblerait aujourd'hui peu explicable, que, généralement, les ministres d'alors avaient de l'esprit.

Je citerai un exemple entre mille. Un jour, le marquis de C... apprend que le percepteur d'Avignon, le respectable M. Valayer, catholique sincère, frère d'un évêque, allait être révoqué. Aussitôt, il court chez le ministre des finances,

qui semblait décidé à cette exécution, tout en
souriant du style de la lettre anonyme, où on
lui dénonçait le percepteur comme adonné à
des pratiques superstitieuses, telles que d'aller
à la messe le dimanche et de faire maigre le
vendredi. — « Monsieur le ministre, dit le
» marquis, je vous fais juge. J'étais, un matin,
» en visite chez M. l'archevêque d'Avignon ; je
» m'y trouvais en même temps que M. Valayer.
» En ce moment, on vient annoncer au prélat
» qu'un des plus gros bonnets de la bourgeoisie
» libérale et voltairienne est mort dans la nuit ;
» qu'il a refusé de recevoir un prêtre ; que l'on
» est fort embarrassé, et que l'on ne sait pas
» s'il convient de lui accorder les prières de
» l'Église. » L'archevêque se tourne vers le
percepteur, et lui dit : — « Qu'en pensez-vous,
» mon cher monsieur Valayer ? — Monsei-
» gneur, tout ce que je puis vous dire, c'est que
» le défunt payait fort exactement ses contribu-
» tions. — Il payait exactement ses contribu-
» tions ? alors qu'on l'enterre ! conclut l'arche-
» vêque, qui était spirituel. — Vous voyez
» bien, monsieur le Ministre, que Votre Excel-

» lence ne peut pas destituer un comptable
» aussi plein de son sujet! » — L'Excellence
rit; elle fut désarmée, et M. Valayer resta percepteur.

Après avoir admirablement rempli, pendant
plus de trois ans, ce noble rôle de sauveteur
oublieux des offenses, de conciliateur généreux
entre les exigences des vainqueurs et les rancunes
des vaincus, le marquis de C... pouvait s'attendre à ne pas avoir de concurrent, quand vinrent
les élections de 1834. Nous fûmes tous un peu
étonnés, lorsque nous apprîmes que le comité
légitimiste avait écrit à M. Hennequin (rien du
Procès Veauradieux), pour lui offrir la candidature, et que maître Hennequin avait accepté.

Maître Hennequin! ce nom, oublié aujour-
d'hui, réveillait en moi tout un essaim de souvenirs. Il y avait, sous la Restauration, place de
l'Estrapade, dans le quartier le plus austère du
pays Latin, une vaste salle qui servait aux
séances de la Société monarchique et catholique des *Bonnes Études*, fondée par M. Bailly.
Ces séances, bi-mensuelles, étaient présidées
tour à tour par M. Hennequin et par M. Ber-

ryer. Chose singulière, quoique fort explicable !
Hennequin y obtenait plus de succès que son
illustre collègue, qui n'avait pas encore fait ses
preuves de grand orateur politique (1825-1830).
C'est que Berryer n'était qu'éloquent, et qu'Hennequin était disert. L'un, improvisateur *quand
même*, homme de plaisir, arrivait aux séances
sans avoir préparé une seule phrase de son discours. L'autre y mettait un soin, une coquette-
rie dont on lui savait gré. Il arrondissait savam-
ment ses périodes, et y *allait* quelquefois de la
petite larme qu'un bon avocat a toujours à sa
disposition, tantôt pour attendrir les honnêtes
gens, tantôt pour sauver la tête de messieurs les
assassins.

Tous les ans, la Société distribuait des prix de
poésie et d'éloquence. Le lauréat était admis à
lire lui-même son poème ou son discours. C'est
une de ces lectures qui me fit connaître Flayol,
de Saint-Maximin, jeune avocat royaliste, auteur d'un panégyrique du duc d'Enghien, qui
fut couronné par acclamations. Les applaudissements éclatèrent surtout à cette phrase qui
était *peut-être* belle : « Napoléon Bonaparte vou-

lut tremper dans le sang d'un Bourbon sa robe
consulaire, pour en faire la pourpre impériale. »
—Pauvre Flayol! il avait le culte de ses rois légitimes; le 21 janvier, il scellait ses lèvres, ce qui
coûte toujours à un avocat, et il jeûnait stricte-
ment jusqu'après le coucher du soleil, ce qui devait coûter encore plus à son prodigieux appétit
Pauvre Flayol! A l'époque où il obtint si-bril-
lamment ce prix d'éloquence, on lui promettait
et il se promettait un magnifique avenir : c'était
en 1826. Vingt-cinq ans après, je l'ai retrouvé
dans l'aimable salon de madame Janvier, qui
occupait un rez-de-chaussée dans l'immense
pâté de maisons connu sous le nom de cité d'Orléans, au bout de la rue des Trois-Frères. Ce
salon, dont la souveraine a depuis lors publié
de charmants récits sous le pseudonyme de
Gennevraye, réunissait une élite d'écrivains et
d'artistes : Hippolyte Romand, Joseph d'Ortigue,
Müller, Decaisne, Daguerre, Appert, Latour de
Saint-Ybars, Berlioz, etc. Flayol y était très
aimé, très estimé, mais avec cette nuance d'affectueuse commisération dont notre vanité s'accom-
mode mal. Ni la fortune ni la gloire ne lui étaient

venues. Il avait dépassé la cinquantaine, et à ceux qui lui demandaient ce qui l'avait empêché de se marier, il répondait : « Quatre monosyl- labes : vieux, laid, gueux, gros » (en effet, il était énorme). Aujourd'hui, qui se souvient de Flayol? Ah! l'Ogre et le Minotaure sont d'une sobriété d'anachorètes, si on les compare à la mort et à l'oubli.

Cette Société catholique des *Bonnes Études*, qui offrait tant d'avantages aux jeunes gens de famille et d'éducation chrétiennes, — pension, bibliothèque, conférences, jeux, refuge contre les tentations vulgaires de la Grande-Chaumière et autres lieux, — avait pourtant un inconvé- nient. Elle se rattachait par un fil invisible à la Congrégation, qui, quoique très vertueuse, fit beaucoup trop parler d'elle. Que faut-il croire ou ne pas croire de cette Congrégation légen- daire, que le parti libéral nous lançait en plein visage, lorsqu'on lui reprochait son *Co- mité directeur* et sa Société *Aide-toi, le Ciel t'aidera?* Elle a existé, c'est sûr; elle a fait plus de mal que de bien, c'est probable. Sous le règne de Charles X, le bruit s'était accrédité

que, dans toutes les carrières, même dans la
carrière militaire, il n'y avait plus de faveur et
d'avancement que pour les membres de la Congrégation. C'était comme un mystérieux réseau
qui s'étendait sur toute la France, et qui prenait
dans ses mailles médecins, magistrats, préfets,
maîtres des requêtes, députés, officiers de terre
et de mer, conseillers généraux, stagiaires,'sur-
numéraires, etc., etc. Qu'y avait-il de vrai dans
tout cela? Sans doute beaucoup d'exagérations
et de calomnies. Je me bornerai à deux détails
qui, dans le temps, me parurent assez amusants.

Le même marquis de C..., à qui nous revien-
drons tout à l'heure, alla, vers la fin du carême
de 1827, recommander une affaire à un personnage très haut placé. Ce personnage passait
pour affilié à la Congrégation. Pour ne pas
faire attendre M. de C..., il le reçut en déjeu-
nant. C'était le dernier vendredi avant le vendredi saint. On causa politique; le grand personnage termina l'entretien en disant : « Savez-
vous, monsieur le marquis, quel est notre
malheur? C'est qu'il n'y a plus de religion en
France ». Il prononçait ces paroles sententieu-

ses entre deux bouchées de pâté de foie gras, en face d'une poularde truffée. Or la marquise de C..., qui était très pieuse, avait, ce jour-là même, soumis son mari à une collation sévère, uniquement composée d'une salade de haricots. M. de C..., en contant cette histoire, ajoutait gaiement : « Moi, qui sentais ma religion grouiller dans mon estomac, je fus fort édifié, et je répondis : « Monseigneur, vous avez raison. » (En 1827, il n'y avait encore ni brigadier ni Pandore.)

L'autre anecdote s'accorde mieux avec mes attributions et mes goûts. On sait (voy. le premier volume de ces *Mémoires*) tout le bruit qui se fit, en février et mars 1830, autour du drame de *Hernani* et de ses premières représentations, si orageuses et si discutées. J'avais eu l'honneur, ce même hiver, de me lier avec un jeune homme de la plus haute distinction, de quelques années plus âgé que moi, lauréat du concours général, admirablement posé dans la société sérieuse des environs du Luxembourg, et n'ayant assurément besoin d'aucun appui supplémentaire pour faire rapidement son chemin;

il se nommait Jules C... de M... et il était, en
attendant mieux, conseiller auditeur à la Cour
royale de Paris.

Un soir, je lui demandai étourdiment s'il avait
vu *Hernani* et ce qu'il en pensait. Il me répondit d'un ton sec : « Je ne vais pas au spectacle. »
Je me souvins alors qu'il était de la Congrégation, dont les statuts interdisaient le théâtre.
Très bien ! mais, vingt mois après, en octobre 1831, je revins à Paris ; le lendemain de mon
arrivée, j'allai aux Italiens. La première figure
que j'aperçus, aux fauteuils d'orchestre, ce fut
celle de Jules C... de M... Je le revis, la semaine
suivante, à l'Opéra-Comique et à l'Opéra, en
face d'un ballet fertile en jolies jambes. La Révolution de Juillet l'avait navré, destitué... et libéré.
Pas un mot de plus !...

La candidature presque improvisée de maître
Hennequin ne troubla que fort peu la sérénité du
marquis de C... Le digne homme avait une illusion : passionnément épris du *train-train* parlementaire, heureux d'y trouver un moyen d'être
utile à ses électeurs, fier d'avoir fait partie du
groupe que Casimir Perier appelait son *petit*

paquet et qui l'aida à sauver la France, il se figurait que sa vraie vocation était de rentrer dans son beau château de Sauveterre, et là, sous des ombrages centenaires, au *chant* des cigales qui lui rappelaient la Grèce, de relire Homère qu'il avait traduit, Virgile qu'il savait par cœur, et de redire avec le divin poète de Mantoue :

Flumina amem, silvasque inglorius; o ubi campi?...

Le jour de l'élection, le marquis était dans sa bibliothèque, qui lui servait aussi de cabinet de travail. En ce moment, il était seul à Avignon ; il avait eu, un an auparavant, la douleur de perdre sa chère femme. Son fils aîné, Henri, était à Vienne, troisième secrétaire d'ambassade ; son second fils, Alfred, en garnison à Provins. M. de C... n'avait que moi auprès de lui, et, si l'on me demande pourquoi et comment cette intimité, je répondrai : « Par une raison bien simple : c'est que le marquis de C... était mon oncle, le frère de ma mère, et que, depuis la mort de mon père et de *l'oncle Joseph,* je le regardais comme le chef de la famille.

J'admirais son enjouement, sa présence. d'esprit, son spirituel badinage dans cette journée où il aurait eu le droit d'être ému, inquiet et de mauvaise humeur contre certaines ingratitudes. Il plaisantait avec une grâce légère, exquise, où l'on reconnaissait la tradition du xviii° siècle, transmise à cet aimable esprit par son oncle, le chevalier de Grave', ami des Vaudreuil, des Boufflers, des Lauzun, des Bezenval, des prince de Ligne, et autres enchanteurs, prédestinés à charmer les dernières. saisons de la société française, et surtout à l'enterrer.

Une belle Italienne, venue à Avignon par hasard, et dont les yeux noirs avaient, pendant l'hiver, énamouré tous nos jeunes premiers, s'apprêtait à repartir pour Florence : « C'est la faute du *juste milieu!* disait mon oncle. Si tu perds à la bouillotte et au baccara, c'est la faute du *juste milieu...* Si les gelées blanches ont brûlé nos vignes, compromis notre feuille de mûriers, privé nos desserts de prunes, de pêches et d'abricots, c'est la faute du *juste...* »

En cet instant, la porte s'ouvrit brusquement,

et, à notre immense surprise nous vîmes paraître... maître Hennequin.

Le marquis ne se déconcerta pas. Il s'avança vers le visiteur, lui tendit franchement ses deux mains et s'écria :

— À la bonne heure! voilà ce que je voudrais voir dans tous nos collèges électoraux!... Les deux adversaires se donnant la main... Un tournoi à armes courtoises ..

— Armes courtoises! armes courtoises! répéta maître Hennequin, qui, par extraordinaire, bredouillait. — Alors seulement nous nous aperçûmes du bouleversement de ses traits, de la pâleur de son visage, de l'angoisse qui se trahissait dans toute son attitude. Il reprit :

— Armes courtoises!... Des sabres de cavalerie!

— Qu'y a-t-il? Que voulez-vous dire? s'écria mon oncle, en proie, lui aussi, à une violente émotion.

— Il y a, monsieur le marquis, qu'à l'heure où je vous parle, deux braves jeunes gens sont en train de se couper la gorge pour les beaux yeux de ma candidature et de la vôtre !

Maudite candidature! pourquoi l'ai-je acceptée?

— Et moi, dit M. de C... j'aimerais mieux cent fois être battu, n'avoir qu'une minorité ridicule, qu'apprendre ce que j'apprends; mais de grâce, expliquez-nous ce qui se passe...

— Voici tout ce que je sais... Un magistrat, grand Dieu, un magistrat! un procureur du roi faisant prévaloir les armes contre la toge! Où allons-nous? Ah! je reconnais bien là l'effet des révolutions...

— Mais enfin?...

— Oui, M. Eugène Clavel...

— Clavel! j'en étais sûr... Lui seul était capable de cette folie... Quel dévouement! mais quelle cervelle à l'envers!

— M. Eugène Clavel, en apprenant que l'on vous opposait un concurrent, a perdu la tête; il a lancé un défi collectif aux jeunes légitimistes, qui ne se le sont pas fait dire deux fois... Ils ont tiré au sort, et le sort a désigné un gentilhomme de la ville, récemment revenu du régiment, le vicomte Ernest d'Honor... d'Honor...

— Ernest d'Honorati! dis-je en tressaillant; un de mes meilleurs amis, mon camarade d'en-

fance, et de jeunesse! Mais ce n'est pas possible !
Il n'a d'autre opinion que celle d'un bon et
brave soldat. Il a beaucoup d'amitié, mon cher
oncle, pour votre fils Alfred... ils se tutoient...
Et puis il est myope au point de tirer sur son
chien, croyant tirer sur un lièvre .. Encore une
fois, c'est impossible !

— C'est impossible, mais c'est vrai! répliqua
M. Hennequin.

Le marquis de C... se tourna vers moi :

— Armand, me dit-il, aie pitié de notre inquiétude! va aux nouvelles.

Puis, à M. Hennequin, avec la gracieuse
politesse qui ne l'abandonnait jamais :

— Vous, mon cher ennemi, vous êtes mon
hôte. Nous allons attendre les nouvelles dans
ma bibliothèque. Je vous offrirais bien de relire
ensemble le *De officiis*, de Cicéron, qui doit
être votre auteur favori; mais je vous avoue que
je suis sur le gril...

— Et moi sur les tisons, répondit Hennequin; maudite candidature!...

Je pris mes longues jambes à mon cou, et je
sortis en courant. J'allai d'abord au cercle, où

10.

je ne trouvai personne; puis à la salle d'armes,
où l'on put me donner quelques détails. Arranger
l'affaire, il n'y fallait pas songer... Ce n'était
pas, tant s'en faut, un de ces duels où l'on plume
les canards... Les combattants et leurs témoins
étaient partis depuis plus d'une heure. On avait
choisi le sabre, parce que l'endiablé Clavel
disait que toutes les armes lui étaient bonnes,
pourvu que l'on se battît. « Un magistrat! »
aurait répété M. Hennequin avec un geste oratoire, en levant les yeux au ciel. Amère dérision!
comme il fallait, pour plus de sûreté, changer de
département, le rendez-vous avait été fixé sur la
rive droite, dans un verger d'oliviers (en Provençal *olivette*) dont j'étais le propriétaire.
Ainsi l'arbre pacifique, l'arbre de Minerve, allait
abriter cette scène, qui serait peut-être sanglante,
et c'était moi, lié avec Clavel, ami intime
d'Ernest d'Honorati, qui fournissait le terrain !

Je pris, à tout hasard, une voiture de remise,
et je me dirigeai vers la montagne dite de la
Justice, dont le contrefort surplombe mon
olivette. En 1834, le grand pont de bois, dont
quatre arches avaient été emportées par la

débâcle, lors du terrible hiver de 1830, n'était
pas encore rendu à la circulation. On l'avait pro-
visoirement remplacé par un pont de bateaux,
qui ajoutait au pittoresque, mais qui était très
incommode et qui doublait la distance; sans
compter que, dans un intérêt de sûreté publique,
les gardiens de ce pont étaient impitoyables.
Comme il n'avait pas de garde-fous et ne
s'élevait pas de plus d'un mètre au-dessus du
niveau du Rhône, ils nous forçaient, valides ou
malades, de descendre de voiture et de passer le
pont à pied.

Que le trajet me parut long! et pourtant je
n'en fis que la moitié. A l'entrée du pont de
bateaux, du côté de Villeneuve, j'aperçus deux
calèches arrêtées, tandis qu'un médecin, témoin
de Clavel, parlementait avec le gardien. J'ac-
courus et j'entendis ces mots qui me firent frissonner : « Mais il est dangereusement blessé,
mortellement peut-être; le moindre mouvement
aggraverait la fièvre... Vous voulez donc l'achever ? »

Après une longue résistance, le gardien se
laissa fléchir. Je m'approchai à la hâte. Le

blessé, — mortellement peut-être, — c'était Clavel. Son adversaire avait aussi reçu une blessure, mais beaucoup moins grave. On ramenait les deux blessés dans la même calèche, dont les ressorts étaient plus doux. Clavel s'était évanoui ; mais Ernest d'Honorati n'avait pas perdu connaissance ; rien de plus attendrissant que de le voir se soulever, se pencher sur son antagoniste et lui prendre la main d'un geste amical qui m'allait au cœur. Comme sa blessure était légère, — une égratignure, disait-il, — le docteur, sensible à mes prières, me permit de le faire transporter dans ma voiture, convenablement suspendue. Pendant l'opération, j'eus le temps de lui demander avec angoisse, en lui montrant la calèche où gisait le pauvre Eugène Clavel : « Mortellement? — Non, me répondit-il à demi-voix ; gravement, mais sans danger sérieux, à moins de complications que je ne prévois pas ; mais il fallait bien vaincre les résistances de cet animal de gardien. »

— « Animal! » ce fut le premier mot que je dis à Ernest quand nous fûmes installés en tête à tête dans la voiture. Fou! imbécile! qu'avais-tu

besoin de te fourrer dans cette sotte affaire, toi
qui ne t'es jamais occupé de politique et qui
n'as aucune raison pour vouloir être désagréable
à M. de C..., dont le fils est ton ami?

— Il le fallait, me répondit-il, sans se douter
qu'il copiait, un an d'avance, Odry dans le Bil-
boquet des *Saltimbanques;* j'avais donné mon
nom, j'avais tiré au sort; je devais faire honneur
à ma signature... D'ailleurs, au régiment, c'était
une vraie partie de plaisir de se rafraîchir d'un
coup de sabre!...

Que pouvais-je répondre à un logicien de
cette force? Je l'embrassai fraternellement. Nous
approchions de sa maison; il me donna quelques instructions pour épargner à ses parents le
souci d'apprendre qu'il s'était battu avant de
savoir qu'il en était quitte moyennant une esta-
filade. Une heure après, j'étais installé auprès
de lui, et, pendant quinze jours, je ne le quittai
guère.

Tous les matins, j'allais de sa part savoir des
nouvelles d'Eugène Clavel, dont la convales-
cence fut plus rapide que nous ne l'avions
espéré. Puis il y vint avec moi, et c'était plaisir

de voir ces deux adversaires, qui avaient failli s'égorger, devenir peu à peu une paire d'amis. Au bout d'un mois, Clavel était complètement guéri, et ce fut une des rares joies de ma vie, de les réunir à déjeuner avec quelques bons compagnons, et mon oncle pour président. « Mes amis, dit-il aux deux héros de la petite fête, vous avez mis un mois à faire plumer les canards; ne vous semble-t-il pas que l'honneur le plus pointilleux n'en demandait pas davantage? »

Hennequin avait été battu, mais avec une minorité des plus honorables, imposante ou consolante à votre choix. C'était un excellent homme. Il fit très convenablement les choses. Il laissa chez son concurrent sa carte, après y avoir écrit ces mots : « Que Cicéron plaide pour moi ! » Il finit son très court séjour par une visite à chacun des deux blessés. Il dit à Eugène Clavel en lui tendant la main : « Vous, j'ai quelque peine à vous pardonner, non pas parce que ma candidature vous a mis le sabre à la main, mais parce que vous avez ensanglanté la toge. Qu'aura dit le législateur Dupin ? »

Cinq ou six mois après, il fut élu député dans un arrondissement du Nord-Ouest ; il était précédé, à la Chambre, par une réputation assez brillante.

Dans la semaine qui suivit son admission, Hennequin monta à la tribune. Son *maiden speech* commença ainsi ? « Messieurs, je ne puis me défendre d'une émotion profonde en prenant pour la première fois la parole dans cette AUGUSTE ENCEINTE. » A ces mots, toute la Chambre partit d'un immense éclat de rire.

Hennequin fut *coulé*.

Ah ! j'allais oublier un détail. Notre déjeuner eut lieu le 6 juin 1834. Ernest d'Honorati ne prévoyait pas, ce jour-là, que, quarante-sept ans après, il me donnerait sa fille pour mon fils.

BERRYER

A Berryer maintenant[1] !

Cette même année 1834 me fit faire connaissance avec l'illustre *leader* de la droite. Seulement, cette connaissance faillit tomber dans l'eau.

1. Voir la note A à la fin du volume.

Au cœur de l'été, Berryer vint recevoir dans nos murs (il serait plus exact de dire dans nos remparts) une de ces ovations dont il était friand, à condition pourtant qu'elles ne le brouilleraient pas trop avec les gendarmes; car Berryer, puissant orateur, n'était pas un héros. Le 16 juillet 1834, par une chaleur caniculaire, j'étais, avec deux ou trois amis, chez le baron de M..., dont le château dominait la plaine entre Roquemaure et Sauveterre, et dont 'le parc, admirablement planté, s'étendait jusqu'au Rhône.

Le baron de M... avait été maire de notre ville pendant les six dernières années de la Restauration. Son affabilité, sa bonté, sa générosité sans bornes, le charme de ses manières l'avaient rendu populaire dans toutes les classes de la société avignonnaise, depuis nos jolies grisettes, qui souriaient au nom de l'aimable *Ugène*, jusqu'aux antiques douairières, dont l'austérité se laissait fléchir, disaient-elles, par les grâces de cet *enjôleur*. On l'avait surnommé le *maire-modèle*, et le titre lui était resté. Quand le budget de la ville était menacé d'un *déficit*, ou lorsque son conseil municipal reculäit devant une grosse dépense, il avait, pour le décider et rétablir l'équilibre, une méthode que je recommande à nos maires républicains. Il payait de ses propres deniers de quoi combler la lacune. C'est ainsi que, à l'inauguration de la nouvelle salle de spectacle, il avait recruté à ses frais une troupe que lui enviaient Lyon et Marseille, et dont, vingt ans après, parlaient encore mes *anciens;* car, le croirait-on? j'ai eu des *anciens.*

Comme homme du monde, rien dans nos mœurs *modernisantes* ne saurait donner une idée de l'agrément que le baron de M... savait répandre sur les moindres détails de la sociabilité. Une partie de campagne semblait triste et terne s'il n'en avait pas pris l'initiative et s'il ne l'organisait pas. Il possédait un tact merveilleux pour s'apercevoir du moment où on était sur le point de s'ennuyer, et, grâce à lui, on ne s'ennuyait jamais. Il chantait gentiment la romance sentimentale, jouait à merveille la comédie à ariettes, déclamait sans broncher des scènes de tragédie, d'après les leçons du Commandeur de Chatauneuf, qui fut l'Achille Ricourt de ce temps-là. Figurez-vous le Leone Leoni de George Sand, un Leone loyal et honnête homme jusqu'au bout des ongles, avec toutes les qualités du séduisant aventurier, sans un seul de ses vices ou de ses défauts.

Je me trompe, le baron de M... avait un défaut. Comme Gusman, il ne connaissait pas d'obstacle. C'est bien lui qui aurait pu répondre à je ne sais quelle princesse : « Si c'est possible, c'est fait; si c'est impossible, ça se fera. » Impossible! Ce mot n'existait pas dans son dictionnaire. Il était l'homme des surprises, des féeries, de l'imprévu, de tout ce qui donne à la vie provinciale, souvent monotone et assoupie, un peu d'originalité, de montant et d'entrain, fallût-il y laisser un œil, un bras ou une jambe. Nous en eûmes la preuve le 16 juillet 1834.

Ce jour-là, le baron entra, vers huit heures, dans ma chambre, et me dit : « Paresseux! encore au lit, quand le plus grand orateur des temps modernes va passer presque sous nos fenêtres! Je suis très exactement renseigné. Berryer est parti de Valence par le bateau à vapeur de sept heures du matin. Il sera à Avignon entre

deux et trois heures, et, en vue de M..., à midi
et demi. Voici mon plan : Je viens d'envoyer à
Avignon mon cocher et mes chevaux avec ordre
de stationner sur le quai, dès qu'on signalera
l'arrivée du paquebot. J'ai ici un bateau avec
deux *patrons* (bateliers) qui me sont dévoués
comme des caniches. Vous devinez mon projet,
n'est-ce pas ? Nous allons au bord du Rhône,
après un déjeuner sur le pouce. Nous apercevons
de loin le panache de fumée. Nous abordons
crânement le bateau à vapeur. Je connais Berryer, que j'ai rencontré à Paris dans divers
salons. Je vous présente, comme un des jeunes
espoirs de la littérature royaliste. J'invite Berryer
à accepter une place dans ma voiture. Nous
gagnons deux heures sur la population avignonnaise ; quand nous arrivons, la connaissance est
faite ; et qui sera bien attrapé ? le comte de R...
(ici le nom du seul homme qui ne fût pas en
relations amicales avec le baron). »

Ignorant absolument les conditions matérielles
de la navigation du Rhône, nous ne faisons,
mes amis et moi, aucune objection, quoiqu'il
nous semblât voir dans tout cela, comme dit

M. Jourdain, un peu trop de brouillamini et de tintamarre. D'ailleurs, à quoi bon? Notre hôte nous aurait traités de *poules mouillées*, et vous allez reconnaître qu'on peut se mouiller sans être poule. A l'heure dite, nous arrivons sur la rive du fleuve, qui, malgré la saison thermidorienne, coulait à pleins bords. On aperçoit dans le lointain la colonne de fumée. Nous voilà en plein Rhône, entassés sur le petit bateau, qui justifiait son sobriquet provençal (*Negou-Chïn*). Comment les deux *patrons*, vrais amphibies, n'avertirent-ils pas le baron du danger qu'il courait et nous faisait courir? Mystère; probablement, parce que les caniches sont muets. Au surplus, ils ne les aurait pas écoutés.

Tant que nous n'eûmes qu'à faire force de rames, tout alla bien. Mais, dès que nous fûmes entrés dans le sillage du paquebot, quelle danse, mes enfants, quelle danse! Les eaux rapides du Rhône étaient devenues des vagues en courroux, sur lesquelles notre frêle embarcation était secouée comme une coquille de noix, en attendant qu'elle fût retournée comme une omelette. Les deux patrons furent violemment jetés dans le fleuve. Heureusement ils nageaient comme deux barbeaux. Le baron fut renversé sur le dos, au fond du bateau. Nous, mieux partagés, nous subîmes une double aspersion ; torrent d'ondes écumantes et torrent d'injures de l'équipage du paquebot, qui nous croyait fous. Il y eut là un moment terrible de confusion, de trouble, de périls et de cris peu académiques. Enfin on eut pitié de nous, probablement parce que les deux caniches avaient eu le temps de crier au timonier : *Eï Moussù le baroun!...* On nous jeta des cordes, après avoir arrêté le bateau à vapeur, contre tous les règlements et toutes les ordonnances. On nous hissa tant bien que mal sur le pont. Une fois en sûreté, nous eûmes à essuyer, non pas nos redingotes qui ruisselaient, mais une nouvelle bordée d'injures ; je ne crois pas avoir entendu, dans ma vie, une aussi grande quantité de f... et de b... Le capitaine, un peu plus poli, dit à notre hôte : « Monsieur le baron, vous avez couru un grand danger, ainsi que ces messieurs, par votre faute... Si ce n'était par égard pour vous, je me croirais obligé de faire mon rapport. »

Par bonheur, le thermomètre marquait 32 degrés, et montait encore. Le soleil produisit sur
nos vêtements le même effet que sur ceux de
Quentin Durward, après son bain dans la Loire.
N'importe! cet épisode aquatique nous dispo-
sait mal à une présentation qui aurait exigé
plus de calme et de tenue. Berryer ignorait que
tout ce tapage se fût produit en son honneur.
Le baron de M... nous le montra, quand nous
eûmes repris un peu de sang-froid. Il était assis
sous une vaste ombrelle de planteur, lisant un
paquet de journaux. Je remarquai sa casquette
à visière verte, qu'il soulevait de temps en
temps pour s'éponger le front où perlaient de
grosses gouttes de sueur. Lorsque M. de M..
s'approcha de lui en nous amenant à sa suite,
Berryer parut faire un léger effort de mémoire
pour se rappeler cette figure, d'ailleurs fort
avenante. Le baron nous présenta et nous
nomma. Un seul nom frappa le Démosthène de
la Droite; celui de mon cher et regretté Baccio-
chi, mort le 8 octobre 1884. Grâce à la température et aux circonstances particulières, Berryer
ne pouvait nous accueillir ni sèchement ni

froidement. Son accueil fut poli, mais rien de plus. J'ai toujours pensé qu'il s'était réservé *in petto* ces heures de bateau à vapeur pour respirer, jouir de la liberté de se taire, se préparer, pour le soir, aux *toasts* et aux *speechs* d'un dîner légitimiste... ou peut-être, hélas ! rêver à ces amours dont madame Jaubert, plus ou moins marraine d'Alfred de Musset, a trahi le secret. Le plus probable, c'est qu'il venait d'apprendre que les Bourbons d'Espagne avaient traversé la France et franchi la frontière en déjouant la police de ce pauvre *juste milieu* (qui peut-être ne tenait pas beaucoup à les arrêter). Cette nouvelle, qui ne mena à grand'chose ni les Bourbons d'Espagne ni les Bourbons de Prague, arrivait à point pour être servie, en guise de dessert, aux convives du dîner annoncé. Il s'agissait d'en tirer tout le parti possible et de l'enjoliver de son éloquence. Aussi fûmes-nous pour lui — ou peu s'en faut — des importuns, des fâcheux, et sa politesse seule l'empêcha de nous envoyer à tous les diables. Il n'en témoigna rien, et, quand le baron de M... l'invita à prendre place dans sa voiture qui nous attendrait sur le quai du Rhône, il accepta sans hésiter, avec force remerciements. C'est ici que nous était réservée notre dernière mésaventure.

J'ai dit que le baron de M... ne comptait à Avignon que des amis, sauf une seule exception, le comte de R... Ce comte de R. n'était pas le premier venu. Spirituel plutôt qu'aimable, il avait occupé les positions les plus hautes sous le règne de Louis XVIII et surtout de Charles X. Il avait été maréchal de camp (général de brigade), officier des gardes du corps, gentilhomme de la chambre, conseiller d'État, député et enfin pair de France. Il lui en restait plus de prestige que n'en a jamais eu M. Bourbeau. Très lancé dans le faubourg Saint-Germain, initié à tous les commérages, à toutes les anecdotes, à tous les scandales de la ville et de la cour, il était en somme infiniment plus Parisien que le baron de M... de quinze ans plus jeune que lui. Berryer était pour le comte de R... une ancienne connaissance, et il avait été un des premiers à savoir et à colporter le joli mot de Charles X : « Mon cher monsieur Berryer, je guettais vos quarante ans ! » Avec cela, un des plus beaux noms de

Provence, et un grand air. Pourquoi et comment était-il, sinon brouillé, au moins en froid avec le baron de M...? Je supposai, dans le temps, que le comte de R... fidèle à la branche aînée, ayant refusé le serment, revenu à Avignon et dans son château où il exerçait une magnifique hospitalité, avait espéré occuper le premier rang parmi les *courtisans de l'exil*. Or il ne pouvait se dissimuler que la popularité du baron l'emportait de beaucoup sur la sienne. De là une secrète jalousie, qui saisissait au vol toutes les occasions de prendre sa revanche.

Nous débarquâmes un peu avant trois heures. Une population immense, enthousiaste, fanatique, affolée, se pressait sur le quai et dans les rues environnantes en s'égosillant à crier : « Vive Berryer! » On eût dit, à la voir et à l'entendre, qu'il rapportait Henri V dans ses bagages. Dans cette foule compacte, houleuse, tapageuse, il était assez difficile de se reconnaître, de se retrouver. Le baron de M..., ne voyant pas au premier abord son cocher et sa voiture, fit quelques pas pour les chercher. Quand il revint, plus de Berryer! Certaine calèche jaune, avec armoiries et

manteau de pair, bien connu, à Avignon, emportait le grand homme au milieu des acclamations
populaires. Robert-Houdin et le vicomte de
Caston n'auraient pas mieux fait! Ce prodige
d'escamotage exaspéra le baron, et ne nous
laissa pas insensibles. Dans notre premier mouvement de mauvaise humeur, nous décidâmes
que nous n'irions pas au banquet. Puis nous
nous dîmes : « Le seul moyen pour qu'on ne se
moque pas trop de nous, c'est d'opposer à ce
tour de gobelet une sérénité de beaux joueurs, »
et nous allâmes prendre notre part, non pas du
veau démocratique, mais du vol-au-vent et du
blanc-manger royalistes. Seulement un de nous
résuma ainsi l'incident : « M. Berryer peut être
le plus éloquent des orateurs ; mais il manque
de caractère [1] ».

Le dîner fut ce que sont tous ces dîners-là ;
superlativement ennuyeux. On se battait les

1. Comment n'a-t-on pas compris que ce point de départ, cette demi-noyade, cette déception si piquante pour
l'amour-propre du baron de Montfaucon et pour le nôtre,
avaient pu influer sur l'ensemble de mes relations avec
Berryer et sur les sentiments *tout personnels* qu'il m'in-
spirait.

flancs pour paraître émerveillé ; mais cet enthousiasme ressemblait à un feu d'artifice mouillé
par la pluie. Ce qui achevait de jeter un froid,
c'est que le bâtonnier, brouillé à bâtons rompus
avec un de ses collègues, furieux que ce collègue, qui avait mis des bâtons dans les roues de
son élection, eût été invité à ces agapes frater-
nelles, s'était abstenu. Je plaignais sincèrement
Berryer, dont l'imagination voltigeait évidemment à cent lieues de cette laide et triste salle,
et qui était forcé d'avoir l'air de s'intéresser à
ces misérables susceptibilités de provinciaux
pointilleux, méticuleux, vétilleux et médiocres.
On lui conseilla de faire une phrase sur l'absence
de cet irascible bâtonnier : il la fit. Puis vint le
toast des Bourbons d'Espagne, qui réchauffa un
peu l'atmosphère ; mais, au fond, ces avocats,
ces avoués, ces notaires, ces négociants, ces pro-
priétaires, presque tous riches ou vivant de leur
profession pacifique, sentaient vaguement ce
qu'il y avait d'illogique à fêter un orateur, dont le
premier succès, s'il parvenait, par un miracle
de son éloquence, à détrôner Louis-Philippe,
consisterait à faire proclamer la République.

Dans cette réunion, je fus peut-être seul à m'amuser. Berryer nous avait mystifiés. Je m'en vengeai en le soumettant, ce soir-là, à une analyse que j'ai reprise bien souvent, sans qu'il s'en doutât, pendant mes longs séjours à Paris.

Dès l'origine, le parti légitimiste fit fausse route en choisissant pour chef un avocat. Les avocats parlent plus qu'ils n'agissent, et il faut aux partis vaincus, aux partis *prétendants*, un chef qui agisse au lieu de parler. En outre, un homme de plume ou de parole, qui excelle dans ses écrits ou dans ses discours, est enclin à s'en exagérer la portée. Chateaubriand, qui n'était pourtant pas avocat, mais qui avait, on le sait, trop d'imagination, s'était imaginé que son génie, après avoir ébranlé la monarchie légitime par son opposition, la ramènerait par ses brochures. Voici quel aurait été l'idéal, le rêve de Berryer, au cas où Louis-Philippe serait renversé par une émeute changée du matin au soir en révolution : faire partie d'une assemblée où la majorité, avertie par nos catastrophes, effrayée de nos périls, serait favorable à une restauration ; prolonger indéfiniment la politique expectante ;

puis prononcer un si beau discours, que l'assemblée ravie, entraînée, subjuguée, magnétisée par sa parole, acclamerait le rétablissement de Henri V sur le trône de ses pères. Il a eu la chute de Louis-Philippe, contre tout bon sens et toute vraisemblance ; il a eu l'Assemblée plus monarchique que révolutionnaire ; il a eu, en sus, les sanglantes journées de juin 1848 et l'horreur qu'elles ont inspirées à un pays qui, pour les trouver bénignes, a eu besoin de les comparer à la Commune. Ces journées meurtrières, le sublime dévouement de l'archevêque de Paris, la mort de tant de généraux, l'influence fatale de cet épisode sur le commerce et les plaisirs parisiens, achèvent de discréditer la République, odieuse déjà ou suspecte à toute la vraie France. Les événements font à Berryer la partie belle ; voici le moment attendu ; il prononce un discours admirable... et... cinq mois après, nous avons le coup d'État ; un an plus tard, l'Empire !

Pendant sa carrière politique, aussi brillante qu'inutile, Berryer avait eu une bonne fortune, qui rappelait le plaidoyer de Cicéron *pro Liga-*

rio. A propos d'une discussion partielle, secondaire, — l'indemnité américaine, je crois, — son
éloquence avait rallié à son opinion une Chambre décidée, deux heures auparavant, à voter
pour le ministère. Il avait espéré renouveler
ce miracle, et, en attendant, il ne cessait de
dissuader Henri V de toute politique d'initiative
et d'action. Dans les bureaux de *l'Opinion publique* — de 1848 à 1851 — nous l'appelions l'éloquent *endormeur;* non pas, tant s'en faut, qu'il
endormît ses auditoires; mais parce qu'il n'avait
cessé de prêcher une politique d'assoupissement.
Les magnétiseurs endorment comme les ennuyeux. Peut-être Berryer, dilettante exquis,
fidèle habitué du Théâtre-Italien, admirateur
de *la Sonnambula,* se figurait-il que la France,
endormie par son irrésistible magnétisme, lais-
serait Henri V entrer dans sa Chambre, comme
Amina, somnambule, laissait entrer dans la
sienne, *il signor Conte.*

Quoi qu'il en soit, lorsqu'Alfred Nettement,
élu député en 1849 à la Législative, revenait de
la séance et nous contait ses impressions,
aussitôt le chœur des fidèles, — des *purs,* —

Adolphe Sala, Albert de Circourt, d'Escuns, Madier-Montjau (le père, pas le fils, sourd à la voix paternelle; voir, dans les *Souvenirs d'un vieux mélomane, M. Madier-Montjau et la Gazza ladra*) éclataient en imprécations. Théodore Muret, le type du *grincheux*, renchérissait sur nous tous et s'écriait : « Je vous ai toujours dit que cet homme était le mauvais génie du parti royaliste! En attendant, le Bonaparte gagne du terrain, et vous verrez, vous verrez! »

Après quoi, sa figure en lame de couteau, ornée de myopie, se replongeait sur la page commencée, et s'y appliquait de si près, que son nez long et pointu trouait son papier.

En effet, nous avons vu.

Madame Dorval[1], dont j'ai peut-être trop parlé dans un précédent chapitre, possédait un album. Cet album était émaillé de prose et de vers, signés de M. et de madame Crétineau-Joly, ses amis intimes, disait-elle. La grande actrice me

---

1. J'ai évoqué ce nom, parce que la pauvre Dorval, morte depuis 1849, me paraissait sans conséquence. Dans le fait, l'anecdote m'était contée, l'autre jour encore, par mon ami J. de S..., représentant de Henri V dans notre département.

conta que, en 1832, lors de la romanesque expé-
dition de Madame, duchesse de Berry, Crétineau-Joly avait été chargé par la princesse de
lui amener Berryer. Celui-ci se fit tirer l'oreille ;
à la fin, il se décida ; mais, pendant tout le voyage,
moins commode, j'en conviens, que l'*express* de
Paris à Marseille, il ne cessa de gémir sur la folie
de cette tentative, de se plaindre qu'on le forçât
de se compromettre dans cette extravagante équi-
pée. Ses gémissements, ses plaintes, ses récri-
minations, prirent un tel caractère d'insistance,
d'aigreur et de mauvais vouloir, que Crétineau-
Joly, nature violente, grossière, — j'allais dire
féroce, — fut sur le point de le faire fusiller par
un des Vendéens qui les accompagnaient. Ainsi,
à deux ans de distance, le même homme, le
même chef de parti, faillit être *exécuté*, derrière
une haie du Bocage, par un royaliste enragé,
et vit une population, ivre d'enthousiasme, s'é-
poumoner en son honneur et demander à s'atte-
ler à sa voiture ! Vous comprenez, cher lecteur,
que, lorsqu'un vieillard, pendant sa longue vie,
a vu défiler devant lui bon nombre de ces contrastes, de ces revirements, de ces variations,

de ces leçons de philosophie expérimentale et pratique, il a le droit d'être, sinon sceptique, — il ne faut jamais être sceptique, — au moins désillusionné.

Autre guitare : Pour que le chef d'un parti militant, vaincu, aspirant à ne plus l'être, offre les conditions désirables, il ne faut pas qu'il se trouve préalablement dans une situation si délicieuse, que la victoire ne puisse que le faire descendre au lieu de monter. C'est ce qui explique, soit dit en passant, la supériorité des républicains en matière de lutte politique ou de complot. C'est ce qui nous fait comprendre leur ardeur, quand ils ne sont pas au pouvoir, leur ténacité quand ils y sont. Tout ou rien! L'habit brodé ou la vareuse fripée, la mansarde ou le palais, le gargotier du coin ou les rivaux et successeurs de Trompette. Mais Berryer! son existence fut une férie perpétuelle, une férie du Châtelet, qui n'a plus rien de commun avec la Bazoche. Moyennant le tribut semestriel d'une harangue, si fière, si superbe, qu'elle ne supportait pas même l'impression, il était choyé, fêté, adulé, encensé, adoré par les marquises et les

duchesses les plus authentiques. Il les hébergeait
à son tour, dans son ravissant château d'Augerville, et, au dîner, il exigeait, le gourmet!
qu'elles fussent décolletées comme pour un bal.
Paris et la province, le noble faubourg et le bar-
reau, acquittaient ses dettes, et volontiers nous
l'aurions remercié de les faire, puisqu'il nous
donnait le plaisir de les payer. Nous excusions
en lui de jolis péchés, inexcusables chez tout
autre, et, pour me servir d'une expression que
l'on essaye de rendre célèbre, on lui permettait
de placer ses passions au-dessus de ses principes.

Des passions! le chef d'un parti tel que le
nôtre, vivant d'abnégation, de sacrifice, de di-
gnité morale, doit-il en avoir? Oui, mais pas
celles-là. Songez que la vertu nous était plus
nécessaire que l'esprit! Souvenez-vous de cette
terrible page des *Souvenirs* de madame Jaubert:
Berryer obtient de l'amitié narquoise de M. Thiers
un *faux* passeport, qui l'autorise à voyager sous
un *faux nom*. Il s'agit d'un rendez-vous amoureux, d'une belle et mystérieuse héroïne de roman, qu'il doit aller retrouver au delà de la
frontière. Nous sommes en été 1835. Les tour-

tereaux (Berryer avait quarante-cinq ans) passent ensemble huit jours pleins, et peu s'en faut que la sceptique sœur du comte d'Alton-Shée ne s'inspire ici de certaines pages qui faillirent brouiller madame Bovary avec la justice. En rentrant en France, Berryer entend dire, à la douane, que Louis-Philippe vient d'être assassiné (Attentat Fieschi). Le voilà plus mort que vif: un changement de règne! Peut-être un changement de dynastie! Et le chef du parti royaliste est absent de Paris, où sa présence serait indispensable! Et il voyage sous un faux nom, avec un faux passeport! S'il est arrêté, fouillé, reconnu, qu'arrivera-t-il? On voit les conséquences des passions placées au-dessus des principes.

N'allons pas si loin que l'imagination de Berryer, ou plutôt prenons un autre chemin. Ceci se passait le 28 juillet 1835, moins d'un an après l'ovation avignonnaise. Supposez tous les naïfs qui avaient concouru à ce triomphe (j'en étais) échelonnés sur la route de Chambéry à Paris, ou logeant dans l'hôtel choisi par Berryer pour son rendez-vous avec sa belle dame : quelle déception! quelle leçon! quel regret!

Suivons, épisode par épisode, l'histoire politique du parti légitimiste dans ses rapports avec son chef. On a vu ce que fut Berryer en 1832, lors du soulèvement de la Vendée. Lui-même a conté (et il a eu tort) à quel désastre il s'était exposé en 1835, lors de l'attentat Fieschi. En 1837, nous eûmes des élections. Berryer, quoique sûr d'être élu à Marseille, fit semblant d'en douter, et posa sa candidature à Avignon, afin de se donner le plaisir d'une double élection. Nous voilà attelés à cette candidature, qui n'avait pas le sens commun, puisque l'on pouvait dire de Berryer ce que l'on avait dit d'Hennequin :

Cet illustre orateur, que l'on proclame un aigle,
Ne sait pas distinguer le blé d'avec le seigle.

Malgré notre mésaventure de 1834, je publiai, dans *le Messager de Vaucluse*, une *Étude* sur Berryer, tellement admirative, que l'intervention du marquis de C..., récemment nommé pair de France, ne fut pas de trop pour préserver le journal des foudres du parquet. Il est probable que, si je me relisais, je me trouverais absurde

et grotesque. Mais, à cette époque, les têtes
étaient montées au point de me faire une espèce
de succès. Je ne me souviens plus que d'une
phrase à effet, qui terminait cette pièce d'éloquence. « Berryer est l'exécuteur testamentaire.
de la révolution au profit de la légitimité. »
Cette phrase produisit d'autant plus de sensation, qu'elle ne signifiait absolument rien. Hélas!
il eût été peut-être plus exact de dire : « Berryer
est l'exécuteur testamentaire de la monarchie au
profit de la révolution. » Pourtant les huit ou dix
électeurs républicains s'en émurent, et leur chef
m'écrivit que, si je voulais retirer cette phrase,
ils voteraient pour notre candidat. Je consultai
nos oracles; je retirai la phrase, et les républicains trouvèrent un autre prétexte pour ne pas
voter. Berryer échoua, comme son confrère Hennequin en 1834, avec une très belle minorité.
Ici, — mais j'ai vraiment honte de recueillir un
souvenir aussi juvénile... Au fait, pourquoi pas?
Si ces *Mémoires* d'un comparse de la politique
légitimiste offrent quelque intérêt, ce ne peut
être que par beaucoup de sincérité et un peu de
variété.

Eugène Clavel, le même Clavel, homme charmant, magistrat fantaisiste, que nous avons vu
se battre au sabre comme un simple sous-offi-
cier de cavalerie, avait parié un déjeuner avec
mon ami Jules de S... que Berryer n'aurait pas
cent cinquante voix. Il était convenu que ce déjeuner aurait quatre convives; un légitimiste,
invité par le *juste milieu* (c'était moi); un *juste
milieu*, convié par le légitimiste : c'était mon
cousin Alfred de C..., officier de dragons en
congé, et fils du nouveau pair de France.

Berryer eut cent quatre-vingt-deux voix.Clavel
s'exécuta magnifiquement. Le déjeuner dura
quarante-huit heures. On en parla jusqu'à Paris,
et c'est probablement à ce monstrueux festin que
Sainte-Beuve faisait allusion, lorsque, me fusti-
geant dans ses *Nouveaux Lundis*, il écrivait : « Il
eut *de la jeunesse;* les échos de la ville d'Aix
(lisez Avignon) s'en souviennent. »

N'allez pas croire pourtant que nous fussions
devenus des émules de Gargantua. Ne croyez
pas non plus que ce déjeuner mémorable ait fini
comme le souper des Centaures et des Lapithes.
Non; mais, après le dessert, nous jouâmes à la

bouillotte, comme les héros de *la Cagnotte*. Je ne sais comment cela se fit : il y avait toujours un de nous quatre qui perdait mille francs. Na-turellement, il priait les trois autres de ne pas le *lâcher*, et nous savions, hélas ! que, des divers monarques, objets de notre culte, il était diffi-cile de faire un Charlemagne.

Je viens de nommer Sainte-Beuve. Ce nom a le don de me faire vibrer, quoiqu'il ne soit pas le soleil et que je ne sois pas Memnon. Dans ses petits *Cahiers*, livre charmant et venimeux qui semble écrit avec deux gouttes d'encre et cent gouttes de fiel, livre délicieux qu'on n'a pas assez lu (car il fixerait définitivement l'opinion sur cette *belle âme*), Sainte-Beuve nous dit, page 122 : « Peuple indifféremment idolâtre d'un Bossuet, d'un Musset (sa bête noire), d'un Berryer ! » et, à propos de ce dernier, il ajoute ironiquement : « En France, il est méritoire d'avoir fait appel toute sa vie à la guerre civile. »

Pauvre Berryer ! il n'était pas si coupable !

Tous les six mois, un discours admirable,
Puis un demi-sommeil, comme au sermon,
Est-ce donc là cette œuvre du démon ?

Nous l'avons vu en 1832, maudissant l'équi-
pée de la duchesse de Berry et ne se doutant pas
que ses gémissements lui font courir un danger
plus imminent que son voyage. Tel nous le re-
trouverons en 1843, en 1848; mais, auparavant,
j'ai encore à dire un mot de ma brochure
de 1837; mes feuilletons étaient, en effet, devenus une brochure.

Je l'envoyai à Berryer, qui me remercia dans
une lettre assez courte, où, après quelques compliments, il me disait que tôt ou tard ma vocation littéraire m'amènerait à Paris; qu'il espérait
bien m'y voir souvent; qu'on était sûr de le
trouver, le matin, 62, rue Neuve-des-Petits-
Champs; que je serais toujours le bienvenu, et
que nous causerions politique, littérature, poésie
et musique.

Huit ans s'écoulèrent. En 1845, après une
assez active collaboration à *la Quotidienne* et
surtout à *la Mode,* je priai mon vaillant et excellent ami Léo de Laborde de me conduire rue
Neuve-des-Petits-Champs. Léo, aussi bon qu'intrépide, me présenta, en enguirlandant mon nom
d'affectueux commentaires. Ils n'étaient pas

superflus; car Berryer, évidemment, ne me reconnaissait pas; il avait complètement oublié
ma brochure, en supposant qu'il l'eût jamais lue;
en revanche, il n'avait pas lu une syllabe de mes
articles; bref, mon nom ne lui disait absolument
rien. Pouvais-je lui en vouloir? Non; il avait
chez lui, ce jour-là, un lord, un duc, un grand
artiste, Eugène Delacroix, et une jolie femme.
Le lord venait l'inviter à un concert où chante-
raient Mario, Lablache, Ronconi, Julia Grisi
et Persiani. Le duc lui apportait un billet de la
duchesse, exhalant un suave parfum, où elle se
disait prête à se brouiller avec son cher grand
homme, s'il ne consentait pas, le mardi suivant,
à prendre sa part d'un dîner d'intimes, où on
lui servirait un ambassadeur, un archevêque, un
voyageur célèbre et trois académiciens. Delacroix venait le prier de visiter ses peintures mu-
rales au Palais du Luxembourg, et la jolie femme
lui demandait son tout-puissant patronage auprès de son ami Rossini, pour obtenir l'honneur
de débuter au Théâtre-Italien. Qu'étais-je, sinon
un atome, au milieu de ces grandeurs, de ces
gloires, de ces plaisirs, de ces jouissances

d'amour-propre? Mais faites donc avec cela un chef de parti prêt à mettre flamberge au vent, à prêcher d'exemple la politique d'action, et à dire à Charles-Edouard : « Montez à cheval! »

En 1843, épisode du pèlerinage à Belgrave-Square. Cette fois, Louis-Philippe et M. Guizot commirent une lourde faute. Au lieu de ce gros mot *flétrissure,* il était si simple de dire : « La France, tranquille et prospère, refuse de prendre au sérieux de puériles manifestations ». L'adresse passait sans discussion bruyante ; les cinq députés *flétris* — et d'autant plus honorés — n'avaient pas à donner leur démission. Réélus tous les cinq, ils personnifièrent tout ensemble un grief sérieux pour le parti légitimiste, un grave échec pour le ministère et la monarchie de 1830. On aurait évité ce double accroc, qui ne fut pas sans influence sur les orages de 1847 et les catastrophes de 1848.

J'assistais à la séance où M. Guizot, par une de ces roueries qui sont, à ce qu'il paraît, de bonne guerre dans la stratégie parlementaire, attira Berryer à la tribune. L'impression unanime fut que l'éloquent pèlerin de Belgrave-

Square était resté, dans son plaidoyer, au-dessous
de notre attente, et que le baron de Larcy, avec
sa loyauté, sa franchise et sa physionomie jeune
et sympathique, lui avait été très supérieur.
Quoi qu'il en soit, voilà Berryer réélu à Marseille. Nouveau voyage dans le Midi; nouvelles
ovations dans le Vaucluse et les Bouches-du-
Rhône. Mais ce triomphe fut troublé par un
incident peu héroïque. A Marseille, Berryer,
fêté, acclamé, couronné de fleurs, avait accepté
une invitation à la campagne chez un des
légitimistes les plus considérables ; tout à
coup on vient lui annoncer qu'une police trop
zélée est sur ses traces. Frayeur, épouvante,
panique du grand homme. Il saute par-dessus
une haie de lauriers-thyms, qui, dans ce moment-là, étaient plutôt thyms que lauriers, et
prend, comme on dit aux Variétés, *la poudre
d'escampette*. Depuis lors, j'ai demandé à voir
cette haie, pour juger de la hauteur du saut. Le
propriétaire l'avait fait arracher. Il y a des reliques qu'on ne tient pas à conserver.

Le 15 mai 1848, je pus apprécier le contraste de deux caractères unis à deux très grands

talents. Je faisais mon apprentissage de garde
national dans la 6ᵉ du second de la première.
Dès huit heures du matin, on battit le rappel,
et la compagnie se réunit à son rendez-vous
habituel, au bout de la rue Tronchet, du côté
de la rue Neuve-des-Mathurins. Notre capitaine — un Lanjuinais — était absent. Heureusement, notre lieutenant, Paul Rattier, était
un brave. De la rue Tronchet au Palais-Bourbon, le trajet n'est pas long. De quinze en
quinze pas, nous rencontrions des jeunes gens
en blouse ou en bourgeron, très polis, très cor-
rects, qui nous disaient : « Retournez chez
vous, Messieurs, vous n'avez plus rien à faire.
Le peuple a pris possession du Palais-Bourbon ;
il est en train d'élire le nouveau gouvernement. »
— « En avant! En avant! » criait Paul Rattier,
moins élastique que le caoutchouc auquel il
devait sa belle fortune.

Quand nous arrivâmes à l'angle de la rue
Royale, j'aperçus très distinctement Berryer,
qui, sans demander son reste, filait sous les
arcades Rivoli. Enfin nous touchons à la grille
du palais. Je cherche dans la foule — et quelle

foule! — une figure de connaissance, et je vois
M. de Falloux monté sur une borne au coin de
la rue de Bourgogne, et haranguant courageusement cette aveugle multitude qui aurait pu
l'écharper, et qui l'écoutait avec une certaine
déférence. Rarement m'apparut une plus noble
image du courage civil, servi par une énergique
éloquence. Cinq minutes après, la garde nationale avait pris sa revanche et expulsé les émeu-
tiers, dont l'instigateur, Louis Blanc, eut dès
lors à attendre vingt-deux ans son apothéose.
Les bourgeois qui avaient laissé la République
se glisser sous les serviettes des banquets,
criaient à tue-tête : « De l'ordre! monsieur
Arago, de l'ordre! — Vous en aurez! » répliquait
l'illustre astronome, étonné, à midi, de nous
faire voir les étoiles au lieu de nous renseigner sur les planètes. Les députés rentraient ;
nous rencontrâmes Berryer sur le pont de
la Concorde. M. de Falloux n'eut pas à rentrer.

Berryer fut superbe à Augerville, lorsqu'il en
fit les honneurs à des hôtes tels que la France
républicaine n'en reverra jamais ; Monseigneur

l'évêque d'Orléans, MM. de Montalembert, de
Falloux, Cochin, Thiers, Vitet, etc.; superbe en
prononçant son merveilleux discours pour la
revision de la Constitution dans le sens de la
monarchie héréditaire et traditionnelle. Jamais
il n'avait été si beau. Quelle ampleur! quelle
puissance! quelle magnificence d'organe, de
geste, d'attitude! Je le vois encore tendant les
bras vers M. de Granville, assis sur un des bancs
supérieurs de la Droite, et lui disant : « Tu m'es
témoin! » Puis sa splendide interprétation du
mot de Napoléon Bonaparte : « Avant cinquante
ans, l'Europe sera républicaine ou cosaque ! »
Il avance; il a subjugué l'assemblée haletante,
frémissante, muette. Il énumère les hommes
célèbres qui se sont dégoûtés de la République avant d'en avoir épuisé l'amertume; il
s'écrie : « Et Mirabeau! » Alors le président
Dupin, agitant sa sonnette, dit à la Chambre :
« Écoutez, messieurs, c'est Mirabeau! » Et il ne
se trouve personne pour le contredire. Berryer
a reconquis ses plus grands succès de ses plus
beaux jours. Toutes les voix le félicitent; toutes
les mains l'applaudissent. L'effet est prodigieux...

Ah! l'on comprend que de pareils moments enivrent l'orateur qui les savoure. On comprend que cette puissance de la parole lui apparaisse comme capable de trancher les questions les plus terribles, de résoudre les problèmes les plus menaçants. En forçant de l'écouter, de se croire persuadés, quelques centaines d'hommes entraînés en sens divers par les passions les plus différentes et les intérêts les plus contraires, il a fait le difficile : pourquoi ne ferait-il pas l'impossible? Il a opéré un prodige : pourquoi n'opérerait-il pas un miracle?

Malheureusement, à cette date, l'Assemblée n'était plus la France. La France avait renversé sans raison un roi sage, débonnaire, pacifique, bienfaisant, une famille royale comme on n'en reverra en aucun temps sur les marches d'aucun trône. Que pouvaient sur le suffrage universel, qui pourtant n'en était qu'à son premier degré d'abrutissement, les lumières de la raison, les merveilles de l'éloquence? Mieux aurait valu un général rusé et médiocre, tel que Monk, avec deux ou trois régiments bien stylés ou bien grisés. Ce peuple insensé refusa de comprendre où

était le salut. Vous savez ce qu'a été l'expiation.
Elle dure encore.

Les dix-sept années qui s'écoulèrent entre le
coup d'État et la mort de Berryer eurent toutes
les tristesses d'une décadence. Certes, la société
polie lui resta fidèle; il ne perdit pas un seul
sourire, un seul hommage des grandes dames, et
j'en eus la preuve, un soir, chez la spirituelle
baronne de Montaran. Berryer entre, salue la
maîtresse de la maison; à peine était-il assis, je
vis se former autour de lui un cercle, une cor-
beille de jolies femmes, avides de l'entendre,
sans qu'il fît beaucoup de frais pour répondre à
leur flatteuse impatience. Même, les implacables
rancunes soulevées par le *crime de décembre*
dans le monde parlementaire et *libéral* lui per-
mirent d'ajouter à son ancienne clientèle les
mécontents, les frondeuses, les bons citoyens,
décidés à tout plutôt qu'à supporter l'Empire.
C'est ainsi qu'il devint, dans les derniers temps,
le commensal assidu de M. Thiers, plus madré
que lui, enchanté de préluder à son rôle de su-
borneur des majorités monarchiques en cajolant
le grand orateur légitimiste. « Voyons, disait

Berryer, revenez à nous! Qui vous retient? — Mon cher, répondait M.Thiers en riant, vous en parlez bien à votre aise. Si Henri V remontait sur le trône, vous seriez garde des sceaux, et, moi, je serais pendu! »

L'Académie française, qui l'avait *blackboulé* sous Louis-Philippe, le nomma en 1852. Il ne fut ni ingrat ni même inutile aux travaux de l'illustre compagnie; mais, détail bizarre! ce qui l'effrayait, c'était le discours de réception. Les salons répétèrent son joli mot : « Je ne sais ni lire ni écrire. » Sa réception n'eut lieu qu'en 1855. J'y assistai; j'avais à en rendre compte dans *l'Assemblée nationale*. Son discours ne dépassa pas une excellente moyenne; il le lut assez mal. Il succédait au comte Alexis de Saint-Priest. Trois ou quatre fois, il eut à se reprendre, ayant dit, par distraction : « Alexis de Noailles. » En racontant cette brillante séance avec des éloges dithyrambiques pour le récipiendaire, je ne *ratai* pas la niaiserie si souvent ressassée :

Même quand l'oiseau marche, on sent qu'il a des ailes!

Ce qui, par parenthèse, portait à faux et n'aurait

pu s'appliquer qu'à un grand poète, parlant pour
la première -fois en prose. Non seulement le
héros de la journée négligea de me remercier ou
de m'envoyer sa carte, mais, quelques jours
après, me rencontrant sur le quai Malaquais, il
répondit à mon salut en homme qui ne me connaissait pas. En effet, je me plaignis bien douce-
ment à M. de Belleval (de la rue de Verneuil)
qui lui en dit un mot. « C'est que je ne le connais pas, » répondit-il. Je me le tins pour dit.
Cependant je le revis encore une fois, chez le
duc de Noailles, lequel, n'étant que duc, me
témoignait, pour quelques pages sur madame de
Maintenon, plus de reconnaissance que je n'en
méritais. Quel délicieux dîner ! Quel charme
d'aspirer cette atmosphère où tout est noble et
pur comme le maître du logis ! Je ne sais si
Trompette avait passé par là, mais le menu était
exquis ; il y eut un plat sucré si merveilleux, que,
à la demande de Berryer, on fit venir le maître
d'hôtel pour lui faire compliment. Le bon duc,
persuadé que le chef de la Droite ne pouvait pas
ne pas être lié avec un écrivain royaliste qui
comptait déjà vingt-cinq ans de service, m'avait

placé à côté de l'illustre orateur. Celui-ci ne me parla que de ses griefs contre M. de Genoude, qui l'avait surnommé le Maroto français. « Maroto! Maroto! pensai-je, où prenez-vous Maroto? » Cet abominable Maroto était, à ce qu'il paraît, un général carliste, qui trahit la cause de don Carlos. Je l'avais oublié. Les Bourbons d'Espagne ont toujours eu en moi un courtisan assez tiède. Était-ce un pressentiment?

Berryer, qui avait magnifiquement plaidé pour le prince Louis-Bonaparte après l'affaire de Boulogne, crut que sa double qualité de chef légitimiste et de vaincu de décembre, lui interdisait la présentation académique à Napoléon III. Il écrivit à M. Mocquard, son ancien camarade, son confrère, une lettre un peu entortillée; la réponse parut plus spirituelle que la lettre. Le temps passait; les points de vue changeaient; l'inaction pesait aux hommes politiques auxquels un mot d'ordre regrettable imposait, depuis douze ans, l'*otium cum dignitate*. J'ai un ami intime — très intime, quoique enguignonné, — qui, en 1858, pour épargner à son village les horreurs d'une guerre civile, ac-

cepta les fonctions de maire, ceignit l'écharpe
municipale, commit bévue sur bévue, dé-
pensa plus d'argent qu'il ne lui en aurait fallu
pour avoir son fauteuil d'orchestre aux Italiens,
à l'Opéra et aux Français, et, revenu à Paris,
apprit qu'on l'avait dépeint, dans quelques salons du noble faubourg, comme le plus vil des
renégats et des apostats (le cynisme des apos-
tasies, avait dit autrefois Berryer). J'ajoute, pour
mémoire, que le plus acharné de mes accusa-
teurs fut, treize ans après, pincé par la police
des mœurs, entre dix heures du soir et minuit,
dans l'allée la plus suspecte des Champs-Élysées.

En 1863, Berryer fut réélu député de Marseille. Ici une note presque gaie. Les bons Marseillais, hommes d'imagination, s'étaient figuré,
en le nommant, qu'il allait monter, trois fois
par semaine, à la tribune, et recommencer tout
d'une haleine les beaux discours qui, en des
temps meilleurs, avaient émerveillé la Cannebière. Or Berryer courait sur sa soixante-quin-
zième année. Il était las, découragé, atteint des
premiers symptômes de la maladie qui devait

nous l'enlever, de plus en plus ennemi de la politique d'action, même d'action oratoire. Il se taisait. A ceux qui, dans l'intimité, lui parlaient du déclin de l'Empire et de sa chute prochaine, il répondait : « Dieu nous en préserve ! » Tous les quinze jours, cinq ou six Marseillais montaient dans le M. L. P., et venaient supplier leur mandataire de leur faire l'aumône d'un de ces discours qui ne manqueraient pas de ramener Henri V. Ce fut, pour Berryer, quelque chose de comparable à une prise d'huile de ricin au fond d'une coupe d'or où il aurait commencé par boire du pacaret.

Mais silence et respect ! chapeau bas ! Sa mort et les préludes de sa mort furent admirables ; gloire à celui qui sait si bien finir ! Honneur à celui dont la foi est assez ardente pour brûler comme des brins de paille les frêles témoignages de ses fautes ! Cette mort, presque sublime, rapprochée de ses merveilles d'éloquence, m'amène à conclure : Je crains d'avoir été injuste pour cette illustre mémoire ; je n'ai pas été assez impersonnel ; je me suis trop préoccupé de ce contraste, de ce contre-sens ; de grands artistes, des écrivains célèbres, des hommes d'État acclimatés à toutes les grandeurs, plus ou moins étrangers à la cause royaliste, Meyer-Beer, Eugène Delacroix, Paul Delaroche, Berlioz, Molé, Cousin, Guizot, Villemain, Dupanloup, Montalembert (je ne compte que les morts), me prodiguant des marques de sympathie, tandis que le chef du parti que j'essayais de servir me traitait en inconnu. Oui, j'ai été injuste. Nos petites rancunes personnelles devraient ressembler à nos olives, dont le temps adoucit l'amertume Pour m'en punir, je ne dirai rien du *style* de Berryer. Bien différent de Bridoison, il n'attacha pas assez d'importance à la *fo-orme*. En le lisant, le lendemain de ses grands triomphes, on avait peine à se figurer le prodigieux effet de ses discours. Cette négligence presque systématique était d'autant plus singulière, que Berryer fut un dilettante incomparable, et que Larcy, qui l'a bien connu, a pu me dire de lui : « Son goût était encore supérieur à son éloquence. » — Mais, après tout, son nom en est-il moins immortel ? Je me souviens qu'il aimait passionnément la musique ; je finirai par une comparaison musicale : les compositeurs laissent une œuvre; les chanteurs ne laissent qu'un nom. Eh bien, Rossini, que Berryer aimait tant, Bellini et Donizetti, dont les mélodies le charmaient, sont aujourd'hui traités de *gâcheurs,* de *pantins,* de *gâteux,* par la jeune génération. Mais prononcez les noms de la Malibran, de Rubini, de Lablache; ces noms éveillent des échos qui ne se tairont jamais et que nul ne songe à discuter[1].

---

1. Il me semblait que ces deux dernières pages réparaient l'amertume de mon jugement. D'ailleurs, encore une fois, des *Mémoires* ne sont pas de l'histoire.

VI

Je ne vous ai pas promis, chère lectrice, de vous mettre constamment en présence de célébrités *di primo cartello*. Le chien de l'aveugle ne peut-il pas être aussi intéressant que le lévrier ou le limier de grande race?

Le choléra de Marseille, en 1835 (rassurez-vous, je ne vous le décrirai pas), fut peut-être plus effrayant que celui de Paris en 1832. Ce qui est positif, c'est que la population, grâce à la vivacité méridionale, fut encore plus effrayée. Les imaginations s'exaltaient au souvenir de la célèbre peste de Marseille, et il n'y avait plus de Belzunce pour raffermir les courages. L'émigration était générale. Riches et pauvres s'enfuyaient ; les plus pressés de partir étaient ceux qui ne savaient où aller. Quelle pitié de voir ces émigrants, en carriole, en charrette, en voiture, à pied, avec femmes et enfants, emportant sous leur bras leurs nippes enfermées dans un mouchoir! La Cannebière était en deuil. La rue Saint-Ferréol voyait ses beaux magasins se fermer les uns après les autres. Plus de gais dimanches à la bastide. Plus de ces fantastiques chasses au poste où un tourdre revenait à mille francs, mais où on s'amusait pour mille écus ! ce qui se fuyait, ce n'étaient pas seulement les tourterelles, c'était les *Nervi* et les grisettes. Quant aux théâtres, ils n'existaient plus ; on eût dit qu'ils n'avaient jamais existé. Les habitués les plus fanatiques de la salle Beauvau avaient tellement peur, qu'ils en oubliaient même le nom de leur *prima donna* et de leur ténor. Les malheureux artistes, congédiés sans merci, privés de leurs appointements, s'étaient éparpillés un peu partout : à Aix, à Toulon, à Nice, à Arles, à Avignon, à Nîmes ; mais partout ils se

heurtaient à une terreur préventive ou à des
symptômes sinistres.

Or il y avait alors à Avignon un café dont la
renommée s'étendait à cinquante lieues à la
ronde, grâce à son magnifique jeu de paume : il
s'appelait le café *Boudin*, du nom de son propriétaire. Celui-ci, disposant d'un local très vaste,
avait eu l'heureuse idée d'installer une tonnelle
dans la cour attenante à la salle. Au printemps,
ces treillis peints en vert se couvraient de plantes
grimpantes, houblon et vigne vierge, glycine et
clématite, qui égayaient l'aspect de cette cour,
un peu triste, toujours sans soleil à cause des
hautes murailles qui l'entouraient. C'est sous
cette tonnelle que les causeurs et les beaux
esprits avignonnais se donnaient rendez-vous,
le matin, pour prendre leur tasse de chocolat
avec le classique pain au beurre, lire les journaux et parler politique. Quoique très accen-
tués dans leurs opinions, ils discutaient sans
se disputer, et ne s'offensaient pas si un plaisant
tranchait la discussion par un bon mot. Avec
ce qui s'est dit de spirituel, pendant un demi-
siècle, sous ces touffes de clématites et de hou-

blon, on ferait un volume; avec ce qui s'y est débité de niais, d'oiseux ou d'absurde, on ferait une bibliothèque.

Les deux journaux qui donnaient le ton à ces polémiques en plein air étaient le *Journal des Débats* et la *Gazette de France*. Les *Débats*, admirablement rédigés, à cette époque, par Cuvillier-Fleury, Sacy, Saint-Marc Girardin, Jules Janin, etc..., en attendant les feuilletons-romans d'Eugène Süe, de Balzac, d'Alexandre Dumas, de Charles de Bernard, de Frédéric Soulié, dont la vogue fut immense, avaient pourtant moins de succès que la *Gazette*. Les jaugeurs de la bêtise humaine pourraient seuls deviner à quel point M. Genou, Genoude ou de Genoude, fut populaire dans ces trois départe-ments, Vaucluse, Gard et Bouches-du-Rhône, sous le règne de Louis-Philippe. Ce sophiste sans talent, sans esprit, sans style, recommençant tous les matins le même article, promoteur de cet abominable suffrage universel qui nous a démoralisés, hébétés, encanaillés et perdus, tint plus de place, de 1833 à 1848, sinon dans la littérature, au moins dans la publicité, que

l'esprit le plus fin, l'orateur le plus éloquent, le
politique le plus habile, le poète le mieux inspiré, l'académicien le plus éminent. En avril et
mai 1849, lorsque nous apprîmes sa mort, il y
eut à Nîmes, à Uzès, à Beaucaire, à Alais, des
pas-gênés qui voulaient le nommer député,
quoique défunt, sous prétexte que Du Guesclin
avait pris une ville le lendemain de sa mort. En
lui se combinaient, à des doses incommensu-
rables, le sophiste et le charlatan. Ce Greno-
blois prenait sans cesse l'Isère pour la Garonne,
et ne reculait devant aucune gasconnade. Un
jour, en 1843, M. de Villèle, âgé de soixante-
dix ans, accablé d'infirmités, désabusé de tout
et de lui-même, vient passer une semaine à
Paris pour affaires : « M. de Villèle est à Paris
depuis hier, écrit aussitôt M. de Genoude ; et
déjà tout a changé de face ; les espérances de
nos amis renaissent ; l'horizon monarchique
s'illumine. Le *Juste-Milieu* tremble sur sa base
fragile ; nous devrons bientôt à ce grand homme
une nouvelle Restauration dont nous saluons
l'aurore…, etc. »

Ce qu'il y a de curieux, c'est que ces bourdes

trouvaient crédit auprès de presque tous les lecteurs de la *Gazette de France*. L'un d'eux, juge
démissionnaire en 1830, veuf consolable et con-
solé, père de deux jolies filles assez mal gardées,
avait été tellement fanatisé par M. de Genoude
et son journal, qu'il oubliait de s'apercevoir de ce
qui se passait chez lui. Un matin; sous le berceau de plantes grimpantes du café Boudin, il
se passionna encore plus que d'habitude dans
une discussion contre un détracteur de son oracle; il rentra en retard d'une heure. Lorsqu'il
rentra, deux charmants officiers de la garnison
venaient d'enlever ses filles.

Peut-être quelques-uns de ces épisodes étaient-
ils connus de ce diable de Sainte-Beuve, lorsqu'il écrivait dans ses mystérieux *Cahiers* :

« La *Gazette de France* est née du sein du
sophisme; elle en a gardé quelque chose. Ce
n'est pas la marque d'un bon et brave esprit d'y
écrire. » (Pontmartin, Boissieu.)

Pontmartin, soit! mais il me semble que notre
pauvre Arthur de Boissieu méritait mieux.

Le soir, au café Boudin, changement de décor.
La tonnelle s'illuminait *a giorno* à l'aide de six

quinquets, l'éclairage au gaz n'ayant pas encore
pénétré dans le département de Vaucluse. Les
élégants et les belles dames y venaient, de neuf
à onze heures, prendre des glaces, qui étaient
exquises. Le chiffre de la recette dépendait un
peu de la température et du thermomètre. Mais,
comme les deux dimanches de la Fête-Dieu
coïncident avec la plus belle saison de l'année,
c'était, ces deux soirs-là, après les processions,
une véritable foule. Si l'on songe qu'il n'y avait
pas une patricienne [1] ou une riche bourgeoise
qui ne se serait crue deshonorée si elle n'eût
commandé, au moins pour le dimanche de l'octave, une robe neuve; que les maris amoureux
de leurs femmes (à Avignon, ils le sont tous)

1. Pendant ces heureuses années, Avignon était une
vraie succursale du faubourg Saint-Germain. On y rencontrait, dans le même salon, les Crillon, les Gramont-
Caderousse, les Caumont, les Galéan, ducs de Gadagne,
les Monteynard, les Bernis, les Calvière, les Tournon,
les Piolence, les La Fare, les Forbin, les Cambis, les
Villelume-Sombreuil, les des Isnards-Suze, etc. Les
réunions étaient charmantes, parce que ces grandes
dames étaient plus simples que ne le sont aujourd'hui
les femmes de huitièmes d'agents de change, de coulis-
siers, d'huissiers, de députés ou de ministres.

y ajoutaient un bijou; que les paires de gants ou de chaussures, renouvelées pour la circonstance, se comptaient par centaines de douzaines; que cinq ou six bonnes vieilles familles profitaient de l'occasion pour offrir à leurs nombreux amis un *lunch* phénoménal; que, dans toutes les maisons, traiteurs, pâtissiers et confiseurs avaient à envoyer un gâteau de Savoie, une tarte aux fraises ou aux cerises, une crème à la Chantilly ou un assortiment de petits fours, etc., on pourra évaluer ce que fait perdre à la ville ci-devant papale la République aimable, en supprimant les processions. Jugez un peu! que serait-ce, si elle n'était pas aimable?

Vers cette époque (1835-1836), le père Boudin, parfaitement secondé par ses deux fils, *Louiset* et *Boudinet,* eut une idée, qui n'aurait pas aujourd'hui le mérite de l'originalité, mais qui était alors presque neuve, et que favorisait la panique de Marseille. Il résolut de joindre aux divers agréments de sa tonnelle le charme de la musique. Ce que nous vîmes défiler, en six mois, de bassons, de clarinettes, de violoncellistes, de hautbois, de guitaristes, de petites flûtes, et surtout de chanteurs et chanteuses de romances, est incalculable. C'était le beau temps où florissaient Masini, Loïsa Puget, Frédéric Bérat, Pauline Duchampge. *La Folle*, d'Albert Grisar, et *le Klephte*, de Théodore Labarre, faisaient prime. Balzac parle quelque part d'un pantalon qui décida un beau mariage. Durant ces trois ou quatre hivers, où la romance sentimentale alternait avec la chansonnette: *C'est des bêtises d'aimer comme ça*, avec *Je vais revoir ma Normandie*, j'ai vu des jeunes gens sans fortune épouser de riches héritières, rien que pour les airs langoureux et les yeux de carpe pâmée avec lesquels ils lançaient au plafond: *Au revoir, Louise, au revoir!* ou *Sois généreux, Arthur, éloigne-toi!* Ponchard, vieux, laid, mal bâti, nous faisait tous pleurer, chez le violoniste Lafond, lorsque, se mettant au piano, il modulait avec sa méthode exquise : *Dussiez-vous ne parler que d'elle*, et *Dans la foule, Olivier!*... Un de mes amis, grand amateur de statistique, calcula que, de décembre à mai, il avait entendu soixante-quinze fois *Va, mon enfant, adieu! A la grâce de Dieu!* et quatre-vingt-deux fois

Jeune fille aux yeux noirs! Nous étions très bêtes, très ridicules ; mais, comme nous l'étions tous, il n'y avait personne pour se moquer du voisin.

Hélas! rien ne dure en ce monde, pas plus les cafés que les trônes. Le père Boudin mourut. Les deux fils n'héritèrent pas de ses aptitudes cafetières et laissèrent dépérir l'établissement. Bientôt le catholique Avignon apprit que son café de prédilection servait de lieu de réunion à MM. les franc-maçons. Ce fut le signal de la retraite pour les vieux habitués. Un seul, fervent chrétien et savant polyglotte, ne pouvait se résoudre à prendre ailleurs que sous sa chère tonnelle sa tasse de chocolat. Un matin, il arrive, et se voit entouré de figures inconnues, mystérieuses, qui murmurent en le regardant : *Il pleut!* Or le temps était magnifique ; l'azur du ciel d'une pureté admirable. Notre ami, très méthodique, pensa qu'il avait affaire à des fous ou à des sorciers, ce qui n'est pas beaucoup plus rassurant. Il s'enfuit du café et n'y retourna plus. Longtemps après, il sut que, dans la langue maçonnique, ce mot cabalistique : *Il pleut!* signifie : « Méfiez-vous ! il y a un profane parmi nous ! »

Mais, le 6 juin 1836, nous en étions encore à la phase de prospérité. Ce soir-là, j'étais seul, mélancoliquement assis devant une glace à la vanille. Il avait plu dans la journée, et la tonnelle était presque déserte. Une demoiselle d'un âge mûr venait de chanter tant bien que mal : *Je veux t'aimer sans te le dire,* de Loïsa Puget. En ce moment, je vis monter sur l'estrade un homme jeune encore, tenant d'une main son violon, de l'autre un petit garçon de deux ou trois ans. Ce pâle et maigre visage, où se révélait une profonde tristesse, m'alla au cœur. Je devinai un être souffrant d'un autre mal que la pauvreté. Mais ce qui contribua le plus à m'attendrir, ce fut l'aspect de cet enfant qui était évidemment son fils, et dont la beauté, les cheveux blonds, les grands yeux bleus, pétillants d'intelligence et d'espièglerie, attirèrent immédiatement tous les regards.

Son père joua, moins bien que Baillot, la *Romanesca,* cet air archaïque et délicieux, si favorable à la rêverie. Avez-vous fait une remarque?

L'impression que produit sur nous la musique,
comme la poésie, dépend maintes fois de la disposition où nous sommes, plus que du mérite du
compositeur ou du talent du virtuose. Il m'est
arrivé de rester froid, toute une soirée, au Théâtre-
Italien, en écoutant un opéra de maître, chanté
par des artistes incomparables ; et, le lendemain,
je m'arrêtais tout rêveur pour entendre un orgue
de Barbarie s'évertuant à moudre une romance
vulgaire. Ce soir-là, j'étais empoigné ; mes yeux
ne pouvaient se détacher de ce bel enfant, que je
me représentai aussitôt comme le seul bien, le
seul amour, la seule consolation de son père.
Celui-ci, tout en jouant, tournait de temps à
autre ses regards vers son chérubin, et alors sa
pâleur se colorait, sa tristesse se dissipait ; son
front prenait une expression indéfinissable de
fierté et de tendresse. Quand le morceau fut fini,
le petit garçon prit une sébile, et fit le tour de
l'assistance, malheureusement clairsemée. Il était
si joli, si gentil, que sa douce magie changea bien
des gros sous en pièces blanches. Un instant
après, le violoniste salua avec un geste de remer-
ciement, prit son enfant par la main, et disparut.

Je fis signe à *Boudinet,* un des fils de la maison.
Boudinet, quelque peu bavard, était mon ami,
mais surtout l'ami des artistes ; ce qui, je crois,
fit tort à sa carrière de cafetier. A peine un instru-
mentiste, un baryton, un ténor ou une chanteuse
ambulante avaient-ils paru deux fois sous la
voûte de glycine et de houblon, Boudinet était
au courant, comme un *reporter* bien informé. Il
savait les origines, le passé, le présent, les tenants
et les aboutissants de ces oiseaux de passage. A
mon signe, il vint s'asseoir à mes côtés, et voici
ce qu'il me raconta.

Ce violoniste s'appelait Jacques Morel, originaire d'Aubagne, près de Marseille. Un riche
propriétaire du pays, habitué du Grand-Théâtre,
avait remarqué cet orphelin à l'école des Frères.
Jacques avait alors seize ans. M. X... crut distinguer en lui des dispositions musicales. Il
l'encouragea, lui donna des maîtres, et, plus tard,
vers 1828, le fit accepter en qualité de troisième
violon, par son ami, le directeur de la salle
Beauveau. Tout alla bien pendant cinq ans.
Mais, en 1832, l'amour qui perdit Troie, brouilla
Jacques avec son protecteur. Les Marseillais

applaudirent, cette année-là, une Dugazon qui
était jolie, passait pour sage, jouait bien, chantait juste et réussissait les *travestis*. Emma, c'était
son nom, fit des ravages dans les rangs du dilettantisme et parmi les membres du cercle des
Phocéens. Jacques en devint éperdument amoureux, tandis que M. X.., se posait carrément à
la tête des adorateurs... *pour l'autre motif*. Chose
inouïe, paradoxe si incroyable, que le Marseille
théâtral tarda longtemps à revenir de sa stupeur !
à M. X.... conseiller municipal, marié, millionnaire, quinquagénaire et haut en couleur, qui
offrait la clef de sa caisse, Emma préféra Jacques,
qui n'avait à offrir que sa jeunesse, son amour,
son violon et le sacrement. Le bonheur du jeune
ménage dura deux ans. Neuf ou dix mois après
le mariage, Emma accoucha d'un garçon qu'on
appela Paul. L'année suivante, elle mourut du
choléra. Jacques faillit devenir fou de désespoir,
et ce désespoir fut aggravé par d'autres malheurs.
Le fléau était effroyable, la panique immense.
La mort de la pauvre Emma, la fermeture du
théâtre, privèrent à la fois Jacques de toutes ses
ressources. C'était la misère noire, avec un enfant

de deux ans sur les bras, la douleur dans l'âme
et l'implacable rancune de M. X... lequel avait
signifié à Jacques de n'avoir plus à compter sur
son appui, qu'il espérait bien le voir, avant peu,
mourir de faim, et qu'il ne ferait rien pour l'en
empêcher.

Jacques prit bravement son parti. Il n'y avait
plus rien à faire à Marseille, rien sur le littoral
de la Méditerranée. Il fallait se résigner au métier
de musicien nomade, parcourir les villes encore
intactes, Toulouse, Carcassonne, Montauban,
Béziers, Montpellier, jouer du violon dans les
cafés, dans les rues au besoin, tendre aux consommateurs ou aux passants la main ou la sébile.
L'épreuve fut cruelle; mais, dans cette phase
douloureuse, le petit Paul, qui, de jour en jour,
grandissait en beauté et en gentillesse, devint
pour le pauvre artiste un auxiliaire au lieu d'être
une charge. Tel buveur de chopes ou de vermouth,
qui aurait refusé au père, donnait à ce bel enfant,
aux cheveux bouclés, à la mine éveillée, à l'irrésistible sourire. Ne vous est-il pas quelquefois
arrivé de passer rapidement devant un aveugle,
puis de vous apercevoir que cet aveugle avait un

chien, que ce chien tenait entre ses dents une
tasse, et de vous arrêter pour déposer dans cette
tasse un gros sou? Petit Paul remplaçait ce
caniche avec avantage; il était plus joli, plus
propret; il parlait déjà comme une grande personne, et son babil enfantin contribuait pour
beaucoup à grossir le contenu de la sébile.

Malheureusement cette vie nomade, ces habitudes de mendicité à peine déguisée, le vague
sentiment d'un contraste entre une intelligence
précoce et une condition misérable, devaient
à la longue exercer sur Paul une influence de
plus en plus dangereuse. Il était déjà, dans
la plus complète acception du mot, un enfant
gâté. Dans les cafés, son contact perpétuel
avec des oisifs le préparait tout ensemble
à envier ces oisifs et à aimer l'oisiveté. Des
consommateurs mal élevés, grossiers, lourde-
ment plaisants, bêtement *naturalistes*, s'amusaient à lui poser des questions au-dessus de
son âge, et ses répliques, recueillies au milieu
de gros rires, prouvaient que, si l'arbre de science
n'avait encore pour lui que des bourgeons, il
aurait bientôt des fruits.

Jacques resta à Avignon tout une quinzaine. Je ne fus pas absolument étranger à cette prolongation de séjour; d'abord, parce que ma pièce blanche ne manquait jamais à l'appel; ensuite, parce que nos belles dames, auxquelles j'avais parlé du petit Paul, étaient venues prendre des glaces tout exprès pour voir cet enfant-prodige. Elles en raffolaient, le bourraient de gâteaux, partageaient avec lui leur punch à la Romaine ou leur sorbet. L'une d'elles, qui, à son grand chagrin, n'avait pas d'enfant, me dit un soir qu'elle avait envie de le voler ou de le demander à son père. « Gardez-vous en bien! lui répliquai-je : il vous charmerait ou vous amuserait jusqu'à huit ou dix ans; plus tard, il vous donnerait du souci. »

Maintenant, franchissons un espace de quinze années; *quindecim annos*. Je ne suis plus à Avignon, je suis à Paris.

En novembre 1851, nous n'étions pas encore libérés des corvées nocturnes de la garde nationale. J'avais couché au corps de garde de la rue d'Anjou. Au petit jour, deux de mes camarades, de mes amis, Joseph d'Ortigue et Massart, l'émi-

nent professeur au Conservatoire, enragés chasseurs aux alouettes, me proposèrent, pour me
délasser, une chasse au miroir dans la plaine
Saint-Denis.

Aussi, lorsque j'entrai au café de Foy — Palais-
Royal, — quelques minutes après l'explosion
du canon légendaire, — je mourais de faim; la
faim, ce revers dont l'appétit est la médaille!

Le café de Foy, qui n'existe plus, — qu'est-ce
qui existe aujourd'hui? — est resté au nombre
de mes bons souvenirs parisiens. Descendu des
hauteurs de la rue des Martyrs et de la Nou-
velle-Athènes, je commençais par corriger des
épreuves; — (en ai-je corrigé, de ces épreuves,
sans compter celles qui vous éprouvent sans
vous corriger!) — puis j'entrais dans ce paisible
café, où on aurait entendu voler une mouche.
J'y trouvais des figures amies, Michel et Calmann Lévy, Hippolyte Rolle, le spirituel *lun-
diste* du *National* et du *Constitutionnel,* auteur
d'un feuilleton, qui fut célèbre pendant trois
jours, sur les indiscrétions conjugales de Jules
Janin; M. Charles Potron, auteur, avec Eugène
Scribe, de *Feu Lionel;* l'aimable et regretté

Nephthali Mayrargues, Emmanuel Arago, qui avait été mon compagnon de jeunesse, d'études, de promenades, de romantisme, dont j'avais applaudi les médiocres vaudevilles, et qui, pendant cette période. — 1853-1869 — était un vaincu comme moi.

Donc, je mourais de faim. Ce fut probablement cette faim, passée à l'état de souffrance, qui me rendit plus sensible à un dialogue dont je surpris ou devinai quelques mots en saluant la dame du comptoir. Elle parlementait avec un homme dont je ne vis d'abord que le dos, décemment, mais pauvrement vêtu, qui me frappa par sa maigreur extraordinaire. Pas n'était besoin d'être sorcier pour saisir les paroles murmurées à demi-voix et accentuées par la pantomime des deux interlocuteurs.

Évidemment, l'homme dont l'attitude était celle d'un suppliant, disait à madame Virginie :

— J'ai bien faim... un peu de pitié!... Faites-moi encore crédit pour cette fois!...

Et la dame répondait :

— Non! non! c'est impossible!... Il n'y aurait pas de raison pour que cela finît!... Vous nous devez déjà une somme, et vous ne nous payerez jamais.

Je m'assis à une table, et je fis signe à Célestin, le garçon habitué à me servir :

— Allez, lui dis-je tout bas, prier de ma part madame Virginie de se laisser attendrir par ce pauvre affamé; je me charge de la dépense... mais surtout qu'il ne se doute de rien !

Je dus croire que Célestin n'avait fait que la moitié de la commission ; car, en s'asseyant à une table assez éloignée de la mienne, mon convive improvisé me regarda... oh! ce regard ! Tout y était, la reconnaissance d'un *king-charles* que l'on arracherait aux crocs d'un bouledogue ; une faim presque bestiale, une détresse sans espoir, l'humilité craintive d'une âme dont la pauvreté a brisé tous les ressorts. Il ne mangeait pas, il dévorait.

Moi aussi, malgré mes efforts pour fixer mon attention sur mon assiette, je ne pouvais m'empêcher de le regarder à la dérobée avec une certaine émotion, et je me disais: « Où donc ai-je vu cette figure ? J'ai vu cette figure-là quelque part ! où ? quand ? dans quelle circonstance ? »

Il me fut impossible de préciser mes souvenirs, désorientés d'ailleurs par l'impression
sinistre que produisait sur moi cette épave des
naufrages parisiens. Londres et Paris ont le mo-
nopole de ces maigres silhouettes, estampillées
par la misère en habit noir, que l'on dirait échappées d'un des cercles de l'enfer dantesque pour
entrer dans le domaine de Balzac, d'Hogarth ou
de Gavarni. Il était évidemment de dix ans plus
vieux que son âge véritable. Son crâne chauve
avait des tons d'ivoire jauni par le temps. Son
front, parcheminé, sillonné de rides sans date,
n'était pas le front d'un imbécile, mais plutôt
d'un homme ahuri par le malheur, renonçant à
la lutte et ne sachant plus s'il doit, pelotonné
dans son désespoir, attendre la mort ou aller la
chercher. Ses lèvres pâlies semblaient habituées
au tremblement nerveux dont ne peuvent se
défendre les misérables, les déshérités, les faméliques, plus sûrs d'être traités avec dédain et
reçus avec méfiance que d'exciter la sympathie
et la pitié. Ses joues creuses, joues de squelette
ou de spectre, exagéraient par leur maigreur la
saillie des mâchoires. Mais ses yeux, quoique

fatigués par les insomnies, la fièvre et les larmes, gardaient une remarquable expression d'intelligence, d'honnêteté et de douceur. Par rapides éclairs, ils illuminaient tout le visage. On devinait, à les voir, que ce type de naufragé des grandes villes pouvait être un débris, mais n'était pas un *outlaw*.

Quant à sa mise, elle pouvait, pour un myope, faire quelque illusion. Sa redingote noire, scrupuleusement boutonnée jusqu'en haut, dissimulait vraisemblablement ou les avaries du gilet ou l'absence de la chemise. On n'apercevait à distance ni la blancheur des coutures, ni le faux lustre que donnent au drap de trop fréquents coups de brosse, ni les effilochures du pantalon, ni le rire ironique des bottes ; le tout d'une rigoureuse propreté et moins ravagé que l'homme. Je me demandai s'il ne tenait pas en réserve depuis longtemps ce costume à peu près convenable, afin que madame Virginie n'eût pas de prétexte pour l'éconduire en lui disant : « Fait comme vous êtes, vous ne pouvez pas entrer dans un café de bonne compagnie. »

— N'importe ! répliquai-je à part moi ; cette figure ne m'est pas inconnue.

Je fus un moment partagé entre ma curiosité et le désir d'échapper aux remerciements de ce pauvre diable. Ce dernier sentiment prévalut ; je m'esquivai à l'*anglaise*. En passant devant le trône de madame Virginie, je lui dis tout bas :

— Voilà vingt francs !... Je suis pressé ; nous règlerons demain !

Elle me répondit par un sourire qui m'aurait récompensé de ma bonne action, si son âge mûr et son énorme embonpoint n'eussent diminué le prix de ses faveurs.

J'arpentai à la hâte la galerie Montpensier en remontant vers le théâtre du Palais-Royal ; mais bientôt je devinai que j'étais suivi. J'entendais derrière moi un pas rapide à la fois et timide, qui se réglait sur le mien. Je me retournai brusquement, et je me trouvai en face du pauvre famélique que je venais d'héberger.

Il se planta devant moi avec une résolution de désespéré et me dit :

— Je suis donc bien changé ?

A l'instant, la mémoire me revint :

— Jacques Morel ! m'écriai-je.

— Oui, Jacques Morel, cent fois plus malheureux que quand vous l'avez connu.

J'hésitai à lui adresser une question, qui était pourtant inévitable :

— Et votre charmant Paul ?

Jacques éclata en sanglots.

— Mort ?

— Non pas mort, mais absent... bien loin.. de l'autre côté de l'Océan...

Je crus un moment que cet autre côté de l'Océan était Cayenne, où l'on venait de transférer les forçats du bagne de Toulon...

Il devina ma pensée, et reprit avec un geste d'horreur :

— Non, non, pas cela !... Émigré volontaire... en Californie... pour faire fortune...

Et un rire navrant lui coupa la parole. Il bégaya :

— Mais pardon, monsieur ! j'oubliais de remercier mon bienfaiteur...

— Oh ! ce bienfait est si peu de chose ! Ce n'est pas la peine d'en parler...

— Peu de chose !... Sachez, monsieur, que,
si madame Virginie avait été inflexible, j'étais
décidé... j'allais me jeter à l'eau...

Ces paroles sinistres furent prononcées si
simplement et d'un air si sincère, que je tres-
saillis.

— Ce diable d'homme, pensai-je, le ferait
comme il le dit.

— Mais alors, ajoutai-je avec une émotion
profonde, demain? après-demain?... Je ne serai
pas toujours là !...

Il baissa la tête et murmura :

— Au point où j'en suis, on vit au jour le
jour...

Ce mélange de résignation passive, de déses-
pérance, de fatalisme inconscient, m'intéressait
de plus en plus. Je voyais des larmes dans ses
yeux; je m'empressai d'ajouter :

— Écoutez, Jacques... Je ne suis pas millionnaire; mais les journaux où j'écris viennent
d'augmenter mes appointements (Dieu me par-
donnera cet innocent mensonge)... D'ailleurs, à
Paris, chez les restaurateurs, il n'en coûte pas
beaucoup plus cher de dîner à deux que tout

seul. Je viens, chaque matin, corriger des épreuves dans les bureaux d'une *Revue* (*la Mode*), qui a son entrée sur la rue de Valois... Voulez-vous qu'il soit convenu que nous nous rencontrerons ici, sous ces arcades, tous les jours, vers midi ? Ne me remerciez pas ! Il m'est souvent arrivé de perdre bêtement, de dépenser follement ou de prêter à des insolvables vingt fois, cent fois plus que ce que je ne vais débourser pour vous.

Il me regarda... Ce même regard, empreint d'une reconnaissance canine, qui m'avait si vivement ému ; puis il me dit :

— Que vous êtes bon !... Mais quinze ans se sont écoulés depuis notre rencontre à Avignon... Depuis lors, ma vie a été bien accidentée, mon malheur bien accablant... Peut-être vous plaira-t-il d'en connaître le détail avant de continuer cette série de bienfaits ?...

— Soit ! L'heure est favorable ; le jardin est désert. Novembre nous accorde par grâce un rayon de soleil. Asseyons-nous sur un de ces bancs... Allons, courage ! Je vous écoute...

Il se recueillit pendant quelques instants ; ces

instants me suffirent pour parcourir en imagination tout ce que ce Palais-Royal, maintenant si
calme, si morne, si bourgeoisement honnête,
avait vu d'étrange, de tumultueux, d'historique,
de légendaire, de romanesque, de fantastique, de
dévergondé, de voluptueux, d'immonde, pendant cette longue période qui va de l'aurore sanglante de la grande Révolution à la fermeture
des maisons de jeu et à la démolition des Galeries de bois. Les Galeries de bois ! elles ont inspiré à Balzac, dans *un Grand Homme de province à Paris*, quelques-unes de ces pages inoubliables qui rachètent de gros péchés. Il nous a
fait assister à ce pêle-mêle extraordinaire où se
pressaient et se croisaient les provinciaux ébahis, les Parisiens blasés, les officiers de la garde
royale, les gardes du corps, les vieux grognards,
brigands de la Loire, les duellistes célèbres, les
amateurs de primeurs littéraires, les nouvellistes,
et ces folles créatures, vivant dans cette atmosphère suffocante et excitante comme dans leur
élément ; parfois déguisées en Alsaciennes (pauvre Alsace !) marchandes de balais, d'autres fois
apostées au seuil d'un fallacieux magasin de

modes ou de lingerie. Je me remémorai tour à tour Camille Desmoulins et Chodruc Duclos, Rata et Malagutti, assassins du changeur Joseph, la grandeur et la décadence du fameux éditeur Ladvocat. Ce fastueux libraire, connu de tout Paris, avait son dépôt au Palais-Royal, Galerie de bois, et sa maison, quai Malaquais, près de l'hôtel de Chimay, qu'habitait récemment M. Édouard Pailleron. Il y avait là un grand mur sur lequel l'éditeur à la mode avait fait peindre le nom des auteurs en vogue, à com- mencer par Chateaubriand. A l'angle du même mur, un marchand de vins en gros en avait fait autant pour ses crus variés. Les passants facé- tieux s'amusaient à établir de secrètes harmonies entre les auteurs et les vins. Chateaubriand fai- sait face au larose grand mousseux, Lamartine au mâcon, les *Messéniennes* au malvoisie, les *Contes d'Espagne et d'Italie* au xérès et au mar- sala. Enfin, quand on arrivait au bas-bout de la liste, *ordinaire* répondait à Capefigue.

Un souvenir en appelait un autre : Fayau de l'Olivière (qui devait venir plus tard vieillir et mourir au fort Saint-André-Villeneuve-lez-Avignon), provoquant et tuant le jeune Saint-Marcellin, *fils* apocryphe de M. de Fontanes. Que de fois, pendant ma phase provinciale, je m'étais promené avec cet original, devenu pacifique et doux comme un mouton sur nos côteaux de Candaux, de Montaut et de la Belle-Croix! Ayant sur la conscience deux ou trois duels tragiques, il avait été précédé, à Avignon, d'une réputation de spadassin. Le voilà achetant un terrain pour faire bâtir. Naturellement, il se querelle avec l'architecte, M. Renaud :

— Je vais vous envoyer mes témoins, lui dit-il.

— Mes témoins, les voici, réplique M. Renaud, qui était doué d'une force herculéenne, en lui montrant deux poings énormes.

Le dialogue avait lieu à un second étage sur le palier de l'escalier. M. Renaud empoigne M. Fayau et lui fait rouler une trentaine de marches. Ce fut fini ; guéri de son humeur belliqueuse, ce capitaine Fracasse ne fut plus qu'un bon bourgeois, se chauffant au soleil et entretenant avec les paisibles Avignonnais des relations fort amicales et fort hospitalières. De toutes ses habitudes excentriques, il ne conserva que la manie de prendre, hiver comme été, des bains dans le Rhône, et, hiver comme été, de circuler en pantalon et veste de coutil blanc. Il y gagna d'abord une cécité complète, puis une fluxion de poitrine qui l'envoya retrouver dans l'autre monde les ombres de ses victimes.

Je me souvenais aussi d'un petit incident que je n'avais compris que deux ou trois ans plus tard. En décembre 1823, le Théâtre-Français venait de représenter avec un succès immense l'*École des vieillards*, jouée par Talma et Mademoiselle Mars. Le nom de Casimir Delavigne (ce que c'est que de nous !) était dans toutes les bouches. La publication périodique de ses *Messéniennes* ajoutait encore à sa gloire. Poète national, premier poète du siècle, disaient les libéraux, qui ne regardaient encore Béranger que comme un admirable chansonnier. Je passais, un jeudi, au pas accéléré, dans ces terribles Galeries de bois, accompagnant mon père, qui semblait aussi pressé d'en sortir, que contrarié d'y être entré. J'avisai, à la devanture de Ladvocat, l'*École des vieillards* et le *Jeune Diacre* :

De Messène au cercueil fille auguste et plaintive,
Muse des grands revers et des nobles douleurs,
Désertant ton berceau, tu pleuras nos malheurs...
Comme la Grèce alors, la France était captive...

— Nous devrions les acheter, dis-je à mon père.

— Pas aujourd'hui, une autre fois, murmura-t-il; aujourd'hui nous sommes trop pressés !

Notez que nous n'étions pas pressés du tout; mais il avait cinq pieds onze pouces, et une de ces modistes à tout faire venait de s'écrier :

— Ah! voilà ce qui s'appelle un bel homme!

Témoignage d'admiration bien sentie, qui, en décembre 1823, me parut tout simple.

Ainsi, en quelques minutes, les légendes extraordinaires qui avaient bercé mon adolescence au sujet de ce lieu de perdition et de délices venaient me rappeler le temps où le Palais-Royal, maintenant si chaste et si mélancolique, m'apparaissait, tantôt comme une image de l'Éden, tantôt comme un pourvoyeur de l'enfer. Ces visions étaient si rapides et si vives, que j'avais presque oublié Jacques Morel; ce fut lui qui me rappela à la réalité en entamant son récit : —

— Je sais qu'un des fils du cafetier d'Avignon, vous a raconté quelques détails sur mon passé. Il ne les connaissait pas tous. Il me suffira de vous dire que mon père, agent obcur et dévoué du parti royaliste, après avoir traversé sans encombre la Révolution et les grandes guerres de la Vendée, périt, en 1801, dans les dernières convulsions de la chouannerie. J'étais encore au berceau.... La suite nous prendrait trop de temps et ne vous offrirait qu'un médiocre intérêt.

» Croiriez-vous que, après mon départ d'Avignon, je continuai, pendant quatre ans, faute de mieux, mon métier de violoniste ambulant! Je fis mon tour de France, allant d'une ville à l'autre, m'arrêtant, selon la saison, à Cauterets ou à Vichy, à Dieppe ou à Nice. J'y gagnais assez pour vivre, pas assez pour faire des économies. Paul ne me quittait pas; si vous saviez comme il était beau, gracieux, intelligent, prompt à la repartie .. et quelle facilité pour apprendre! Son éducation étant impossible à travers les hasards de cette vie nomade, je retournai, en 1840, à Marseille. Ainsi que je me devais m'y

attendre, ma place à l'orchestre du théâtre Beauvau était prise depuis longtemps. Je n'y connaissais plus personne, et, chaque jour je voyais
s'amincir mon imperceptible pécule. Alors je
fis un coup de tête. Je partis pour Paris avec
Paul qui courait sur ses neuf ans. M. Méry, que
j'avais rencontré souvent chez 'M. Blanc de Radasse, mélomane et chasseur au poste, chez qui
nous faisions de la musique tous les dimanches, me donna une lettre de recommandation pour M. Clapisson, qui venait de faire
chanter à l'Opéra-Comique, la *Figurante*, le
premier grand succès de Roger. Il me devait
bien cela, me disait-il, à moi qui lui avais servi
de type pour le héros de sa *Chasse au Chastre !*

» Après des pourparlers et des démarches qui
ne m'enrichirent pas, le directeur de l'Opéra-
Comique, cédant aux instances de M. Clapisson, m'accorda dans son orchestre la même
place que j'avais occupée à Marseille : un pupitre de troisième violon. En outre, le marquis
de T.., qui avait vu mon père à l'œuvre pendant
l'émigration, me procura quelques leçons dans
le faubourg Saint-Germain. Un moment je

crus que mes malheurs étaient finis. Ils allaient recommencer sous d'autres formes.

» Ces cinq ou six années de musique ambulatoire, en plein air, dans les jardins publics, dans les cours des hôtels, dans les cafés, dans les rues, m'avaient fait perdre ce qui n'est possible qu'avec la discipline, l'étude collective, le bâton du chef d'orchestre. J'étais capable de jouer quelques morceaux isolés dont j'avais composé mon répertoire : *la Romanesca, l'Invitation à la valse, la Valse du duc de Reichstadt,* le *Prélude* de Sébastien Bach ; je ne l'étais plus de suivre exactement le mouvement et la mesure. Je n'avais plus cet art que doivent posséder les moindres musiciens d'un bon orchestre, de concourir à l'effet général tout en restant impersonnels, de se fondre dans une masse d'harmonie où ils ne sont rien et où quelque chose manquerait s'ils n'y étaient pas. J'étais devenu un *irrégulier* de la musique.

» Quatre ou cinq fois, Tilmant, qui n'était pas tendre, m'avertit brusquement. Je m'y serais remis peut-être et je serais rentré dans le rang, si l'année 1843 n'avait inauguré mes anxiétés

paternelles. Paul avait dix ans, et en paraissait
treize. Il m'a donné trop de chagrin pour qu'on
m'accuse de partialité ou d'aveuglement; mais,
en vérité, il était superbe! Impossible de rêver
un plus bel enfant, et plus tard un plus bel adolescent. Par malheur, son éducation n'avait pu
qu'aggraver ses dangereux penchants. Lui aussi
était devenu un *irrégulier*, comme mon violon.
Il y a, dans la mendicité, alors même qu'elle
sauve les apparences à l'aide d'un violon ou
d'une clarinette, un je ne sais quoi qui aigrit à
la fois et dégrade. On tend la main aux riches et
on leur montre le poing. Paul exagérait encore
ces tendances. A l'âge où l'on ne devrait savoir
qu'aimer, il savait haïr. Chacun de ses jolis
défauts, qui semblaient d'abord une grâce de
plus, envenimé par un déplorable mélange de
gâteries et de secrètes souffrances, menaçait de
se tourner en vice. Son espièglerie devenait de
l'insolence, sa vivacité de la turbulence, son
humeur indépendante de l'esprit de révolte.
Souvent, dans les jardins publics, quand je
jouais devant des groupes de promeneurs qui
s'asseyaient pour m'entendre, et quand il fallait

ensuite faire la quête, je voyais Paul passer
sournoisement derrière les rangs de chaises
et payer d'une atroce grimace ou d'un geste de
gamin la pièce blanche qu'on venait de lui donner. Un jour, à Bordeaux, un enfant de son
âge, trop bien mis, séduit par sa jolie figure,
vint lui proposer de jouer avec lui et, dans son
enthousiasme, lui offrit ses billes, sa balle et
son cerceau. Paul riposta par une abominable
gifle. L'enfant se mit à pleurer. Sa mère furieuse
voulait appeler un sergent de ville. Je fus forcé
de m'humilier et de lui dire :

» — Madame, par pitié! ne me perdez pas! je
n'ai au monde que mon violon et mon enfant!

» Je ne suis plus qu'un virtuose de carrefour;
je n'ai su ni observer ni élever mon fils; mais,
vous qui écrivez dans les journaux, vous auriez
pu, en étudiant Paul, en le voyant glisser sur
cette pente fatale, composer un chapitre intitulé :
Comment on devient communiste. (En 1851, on
ne disait pas encore *communard*.) Un enfant
riche, que ses parents gâtent, peut devenir un
sot, un mauvais sujet, un crétin, — qui sait? un
scélérat peut-être; mais il n'est pas impossible

que l'expérience de la vie, les coups de poing
de ses camarades, le soin même égoïste de ses
intérêts et de sa personne, réforment sa première
éducation. L'enfant gâté, s'il est pauvre, est
sans cesse exaspéré, ulcéré, poussé au mal, par
le contraste des licences que sa pauvreté lui
donne et des privations qu'elle lui impose. Sans
un frein qui le retienne, sans une jouissance qui
l'apaise. Qu'est-ce donc, si à ces influences dan-
gereuses s'ajoutent de mauvais exemples et de
mauvais conseils?

» On ne vous avait pas dit, et j'ai négligé de
vous dire de quelle façon s'était passée mon enfance. Mon père, en partant pour sa dernière
aventure, m'avait confié à un oncle, frère de sa
femme. Cet oncle, Marius Grangier, était ébéniste
de son état, quelque peu ivrogne, très bourru,
fort peu bienfaisant; chargé de famille, il avait
beaucoup de peine à lier les deux bouts. Je gran-
dissais, je ne soupais pas tous les soirs, et ce sont
peut-être ces jeûnes forcés qui me firent con-
tracter une faim chronique, insatiable, maladive,
devenue plus tard une de mes plus cruelles tor-
tures. Mes cousins, plus âgés que moi, étaient

de vrais chenapans. Un d'eux, Simon, ébéniste comme son père, partit pour son tour de France, s'arrêta et se fixa à Paris afin de se perfectionner dans son métier, prit domicile dans le faubourg Saint-Antoine, se maria vers 1825, et fit souche de bousingots. Quand vinrent les journées de Juillet, il fut de ceux que, en langue provençale, on appela les *descaladaïré*. Ses fils avaient cinq ou six ans de plus que Paul. Je ne pouvais l'empêcher de les fréquenter. Ils devinrent ses oracles. Il ne tarda pas à offrir le type de l'émeutier Jean, que vous avez vu dans *Bertrand et Raton*. Il alléguait, à titre de prétexte de ses opinions violentes, de ses instincts séditieux, que mon père s'était passionnément dévoué à la cause royaliste et n'avait recueilli d'autre récompense de son dévouement qu'une série d'agitations stériles, des aventures sans gloire, l'obscurité, la pauvreté, la mort et l'oubli.

» C'est en août 1847, lors de l'assassinat de la duchesse de Praslin, que Paul fit ses premières armes : il avait quatorze ans. Il figura dans l'énorme rassemblement qui se pressait, rue du Faubourg-Saint-Honoré, sous les fenêtres de l'hôtel Sébastiani, en poussant des cris de mort, en vociférant que le roi et ses ministres avaient facilité l'évasion de l'assassin, que son prétendu suicide était une attrape; que, s'il n'était pas duc, la justice aurait son cours, et qu'ils allaient tout casser si on ne leur livrait pas le coupable. Paul distribua quelques taloches, cria plus fort que les autres, fut appréhendé au collet par les sergents de ville, et en fut quitte moyennant quinze jours de prison; mais l'affaire traîna en longueur, et j'en ressentis de telles angoisses, que je tombai malade. Je manquai les deux premières répétitions d'*Haydée*, paroles de Scribe, musique d'Auber, que l'Opéra-Comique annonçait pour le mois de novembre...

— J'y étais.

— ... et où Roger devait faire, dans le rôle de Lorédan, ses adieux à ce public du théâtre Favart, dont il était l'idole. Ce fut pour moi deux mauvaises notes, et il fallut tout le crédit de M. Clapisson et de Roger, son ami intime, pour me tirer d'affaire encore cette fois.

» J'avais mis Paul en apprentissage chez un décorateur ornemaniste, qui admirait sa facilité et déplorait ses incartades. Les artistes qui venaient visiter son patron étaient tous frappés de la belle et énergique figure de cet adolescent, dont les hardiesses républicaines ne leur déplaisaient pas. Paul était si séduisant dans les rares moments où il consentait à être sage! Il m'aimait avec passion, tout en faisant mon désespoir et en se désolant de me désoler; mais l'instinct de révolte l'emportait. Ses cousins du faubourg Saint-Antoine, qui n'habitaient pas pour rien le quartier de la Bastille, foyer des insurrections parisiennes, venaient le chercher et l'emmenaient dans des réunions où l'on s'affiliait aux sociétés secrètes et où ces jeunes fous votaient la République. Au surplus, Monsieur, vous qui étiez à Paris pendant cette dernière saison de la monarchie de 1830, vous ne pouvez avoir oublié que, durant ces semaines ardentes, la révolution était dans l'air. On la jugeait impossible, et on la sentait inévitable.

» Le 21 février, Paul s'esquiva; il ne reparut que le 25. Il était radieux.

» — Eh bien, père Jacques, me dit-il, tu me traitais de fou, quand je t'annonçais la République! Nous la tenons, et nous ne la lâcherons plus! J'ai fait le coup de fusil, et je m'en vante (il avait quinze ans); maintenant, c'est nous les maîtres. Ledru-Rollin, Caussidière, Flocon, Sobrier, Albert m'ont remarqué sur la barricade. A vingt ans, je serai préfet; car il est temps d'en finir avec les vieilles ganaches. En attendant, tu peux demander ce que tu voudras; une pension, une place au Conservatoire, la direction de l'Opéra-Comique ou de l'Opéra. On ne refusera rien à mon père. Ce que je puis te promettre, c'est que désormais tu mangeras à ton appétit. Vive la République! Je suis un peu enroué, parce que j'ai passé ma nuit à chanter *la Marseillaise!*

　» Vous devinez ce qui advint. La désillusion ne se fit pas attendre. Dans les premiers moments de désordre et de chaos, on fit encore à Paul quelques belles promesses; puis on lui tourna le dos. Il ne fut plus pour les hommes du *National,* déjà menacés dans leur omnipotence, qu'un enfant terrible et un enfant perdu. Dès le mois de mars, il redevint gibier d'émeute, comme auparavant. Le soir, il s'égosillait à crier : *Des*

lampions! à chanter : *Mourir pour la patrie!*
Le jour, il était de tous les rassemblements, de
toutes les manifestations, plus tapageur, plus
factieux, plus enragé que jamais! 17 mars, 16
avril, 15 mai, autant de dates qui me rappellent
ses fredaines, ses perpétuels conflits avec les sergents de ville et la garde nationale. On le conduisait au poste. Il y passait la nuit. Le lendemain matin, il m'envoyait un commissionnaire;
j'allais le réclamer, et on me le rendait.

» Aux journées de Juin, ce fut plus grave. Il
faillit être fusillé, et le malheureux ne l'aurait
pas volé. A travers toutes ces catastrophes, ma
situation s'aggravait de plus en plus. Je voyais
arriver le jour où j'aurais faim. Le patron de
Paul, voyant de quoi il tournait, le congédia.
Tous les théâtres étaient déserts, sauf le Théâtre-
Français, où Rachel chantait *la Marseillaise.* En
proie à des anxiétés continuelles, je ne donnais
que trop de prétextes au directeur et au chef
d'orchestre de l'Opéra-Comique, qui, le lendemain d'une recette de 274 francs, alléguèrent la
nécessité de réformes et de réductions qui ne
leur permettaient pas de me garder. Je me sou-

15.

viens que, le dernier soir où je siégeais devant mon pupitre, on donnait la première représentation d'un opéra-comique en un acte, intitulé *le Malheur d'être jolie*, parfaitement niais, et écorché par...

— Une demoiselle Levasseur.

— Oui, c'était bien son nom. Les auteurs avaient intercalé pour la circonstance, dans le rôle de...

— De Grignon.

— ... de Grignon, des couplets où ils glorifiaient la République et parlaient de l'affreuse tyrannie à laquelle la France venait d'être arrachée par les bons citoyens. Ces couplets, d'ailleurs stupides, furent salués par une bordée de sifflets, presque sans exemple dans cet élégant théâtre, où tout se passe en douceur, où les chutes sont discrètes, silencieuses et polies. Le vent changeait, l'opinion tournait, la réaction commençait.

» Pour comble de misère, les maisons aristocratiques où mon protecteur m'avait procuré des leçons se fermaient les unes après les autres. Les familles se réfugiaient à la campagne. En effet, il n'était pas bien agréable pour les marquis et les duchesses d'entendre crier tous les soirs, sous leurs fenêtres : *Des lampions! des lampions!* et d'être forcés d'illuminer sous peine de voir une bande de voyous casser leurs vitres à coups de pierre. Au bout d'une quinzaine, le faubourg Saint-Germain ne fut plus qu'une vaste solitude. D'ailleurs, le bruit s'était répandu que j'étais le père d'un jeune bandit, d'un rouge excessivement dangereux; je ne pouvais plus compter sur le marquis de R..., qui m'avait vertement reproché d'avoir mal élevé mon fils. Ces choses-là sont faciles à dire quand on a cent mille livres de rente et l'embarras du choix entre les collèges, les précepteurs ou soi-même.

» Après l'émeute avortée du 29 janvier 1849, que Changarnier mena tambour battant, Paul vint me trouver et me dit :

» — Cette République est une *blague;* les bourgeois et les riches l'ont escamotée; il n'y a plus rien à faire à Paris et en France: je suis suspect à mes amis. On me parle de mines d'or qui viennent de s'ouvrir en pays lointain. Il y a là une fortune à faire, pourvu qu'on arrive un des premiers. Je pars. Lamartine et Bastide, deux niais, mais deux belles âmes, m'ont lesté d'un billet de mille. Mon voyage est payé jusqu'à New-York. Je ne te serai plus à charge ; je ne serai plus entraîné par le mauvais exemple ; je travaillerai de mon mieux ; je reviendrai dans trois ou quatre ans, et, si je suis riche, nous partagerons.

» Que pouvais-je essayer pour le retenir ? C'est à peine s'il me restait de quoi vivre, seul, quelques mois encore. D'ailleurs, je ne cessais de trembler pour ce fils, forcé peut-être, s'il restait à Paris, d'être incorrigible, probablement engagé dans les sociétés secrètes, dont les chefs le surveillaient. Il partit quelques jours après, et je restai seul au monde.

» Vous avez vu ce matin ce qu'ont fait de moi, en trois ans, cet isolement et cet abandon. Alors commencèrent des jours, des nuits dont le seul souvenir me fait frissonner. Il ne me restait plus que quelques nippes ; elles passèrent successivement au mont-de-piété. Pourtant, il faut rendre justice aux artistes ; s'ils aiment à se *débiner* les uns les autres, ils aiment aussi à s'entr'aider. Apprenant mon infortune, une charmante actrice, mademoiselle Caroline Lefebvre, qui venait de débuter avec un éclatant succès, organisa une petite loterie de famille qui produisit 5 ou 600 francs. Ce qui me fut le plus cruel, ce fut de me défaire de mon violon et de deux ou trois modestes bijoux que j'avais donnés à ma pauvre Emma lors de notre mariage. J'avais un moment compté sur mon violon pour me faire vivre. Je ne voulais pas mendier, mais j'étais décidé à tout, même à jouer de nouveau dans les cafés et dans les rues. Pour surcroît de malheur, je contractai, au milieu de ces inexprimables souffrances, un *tic* nerveux qui fit trembler ma main. Ma voix, éraillée par les larmes, par la fièvre, par les boissons frelatées des crèmeries de bas étage, se refusait à donner une note. Je vendis mon violon en sanglotant ; il me fut acheté le double de sa valeur, par un de mes camarades, brillant virtuose de l'orchestre. Mais ces faibles ressources, entamées d'avance par un impitoyable arriéré, ne tardèrent pas à s'épuiser... et toujours cette maudite faim, ardente, fiévreuse, implacable, qui redoublait de violence à mesure que je n'avais plus de pain !

Le récit de Jacques Morel m'avait profondément ému. Je serrai sa maigre main en l'assurant que je l'aiderais de mon mieux à patienter jusqu'au retour de son fils. Je tins parole, et lui aussi. Chaque matin, un peu avant midi, nous nous rencontrions, tantôt dans le jardin, tantôt dans la galerie de Valois, ou bien encore sur la première marche de l'escalier boiteux qui conduisait à l'imprimerie de *l'Union* et de *la Mode*. Presque toujours, j'emmenais mon affamé à la taverne de Richard-Lucas, qui était alors dans toute sa vogue, et où on mangeait à bon marché d'excellents rosbifs en excellente compagnie (l'amiral Coupvent des Bois, le général Lebreton, MM. de Tréveneuc, de Belvèze, de Voisins, de Kerdrel, un groupe de députés de la droite, et Bressant, le délicieux Bressant, aujourd'hui perclus [1], alors dans tout l'éclat de sa seconde jeunesse, rasé au menton, rasé au front, coiffé d'une façon qui a fait école et qui

---

1. Aujourd'hui mort.

coûte, chez les coiffeurs de Marseille, 20 centimes de plus que la coiffure de Capoul).

Je n'eus pas lieu de me repentir d'une bonne œuvre qui, en somme, me coûtait moins cher qu'un fauteuil hebdomadaire au Théâtre-Italien. Ravivé par la certitude de ne plus mourir de faim, Jacques reprit figure humaine et redevint un convive fort acceptable. Les souvenirs, les anecdotes théâtrales abondaient dans sa conversation. Il payait son écot en récits des huit années où il avait occupé, à l'Opéra-Comique, le pupitre de troisième violon. Grâce à un heureux hasard, il se trouva que ces années étaient justement celles où l'aimable vicomte Édouard Walsh m'avait fait obtenir mes entrées à ce charmant théâtre. Nous pûmes causer, en connaissance de cause, des pièces et des artistes que j'avais applaudis, pendant qu'il les accompagnait. Ce fut, on s'en souvient peut-être, un beau moment pour l'Opéra-Comique ; Auber ne donnait pas encore des signes de vieillesse et faisait jouer, presque coup sur coup, *la Part du diable*, *la Sirène*, *les Diamants de la Couronne* et *Haydée*. Adrien Boïeldieu, qui se serait fait un nom célèbre, si ce nom n'avait été déjà fait, s'était montré le digne fils de son mélodieux père, dans *le Bouquet de l'Infante*, où j'avais entendu pour la première fois l'aimable et excellent Mocker, que je devais revoir, vingt ans après, chez le pauvre Couderc, logé, comme moi, avenue Trudaine, n° 8, mur mitoyen avec M. Ohnet, adjoint à la mairie de son arrondissement, et père de l'heureux auteur du *Maître de forges*. Ambroise Thomas préludait à des succès plus sérieux par le joli opéra de *Mina, ou le ménage à trois*, où brillait mademoiselle Darcier, plus tard madame Mamignard. Les musiciens qui occupent dans les orchestres un poste inférieur et qui, dans un hiver, jouent quarante fois la même partition, s'ennuient prodigieusement. Ils s'indemnisent de leur ennui à l'aide de commérages qui circulent dans les coulisses et dans la loge du concierge, brodés et enjolivés par les bonnes amies et les bons petits camarades. C'est ainsi que Jacques Morel savait par le menu et me racontait bien des anecdotes dont les *étoiles* de ce temps-là étaient les héroïnes. Mais laissons-là ces frivoles souvenirs; il en est un que la fuite des années ne peut réussir à effacer.

Le 1er décembre (1851), Jacques Morel était plus triste que d'habitude. Depuis quinze jours, il attendait vainement une lettre de son fils, et il s'exagérait les dangers que Paul courait dans ce pays lointain où affluaient les bohèmes, les faméliques, les gens tarés de l'ancien et du nouveau monde, où régnait la loi du plus fort, où le couteau et le nœud coulant figuraient la justice. J'avais, ce soir-là, deux fauteuils d'orchestre pour l'Opéra-Comique, qui annonçait la première représentation du *Château de Barbe-Bleue,* musique de Limmander, poème inspiré par *le Morne au Diable*, d'Eugène Süe. J'en offris un à Jacques; il accepta. La salle était houleuse et distraite. Soit hasard, soit pressentiment, les regards se fixaient sur une loge où, derrière une dame d'une beauté remarquable, quoique un peu mûre, on apercevait un homme d'une quarantaine d'années, chauve, très élégant et d'une distinction suprême : c'était M. de Morny. On sait ce qu'il allait faire en sortant de ce théâtre, où madame Ugalde, malgré son admirable talent, fut à peine écoutée ce soir-là.

Je ne prétends ni juger, ni approuver, ni condamner, ni absoudre M. de Morny, la physionomie la plus originale du second Empire. Mais, en songeant qu'il· est mort à cinquante-trois ans, on se demande ce qui serait arrivé s'il avait vécu quinze ans de plus. Il aurait très probablement supplié Napoléon III de renoncer à cet Empire libéral qui était la contradiction de son avènement et de son règne. La force, Dieu merci! n'est pas un principe; mais elle peut y suppléer momentanément, et, là où le principe manque, si la force abdique, c'est l'écroulement universel. Il n'était pas possible de faire tenir sous le même régime, et, pour ainsi dire, sous la même effigie, les violences du coup d'État et les libertés du ministère Ollivier. Louis XVIII, Louis-Philippe, avaient pu donner à la France des institutions libérales (et encore, vous avez vu ce qu'elle en a fait!). Leurs Chartes n'étaient pas le démenti, la négation de leur origine; au contraire! Louis XVIII remplaçait un formidable despote; Louis-Philippe continuait et développait une monarchie constitutionnelle. Ils eurent des ennemis ; mais ces ennemis ne pouvaient alléguer un fait qui justifiât leurs implacables rancunes.

Napoléon III était un rêveur que son nom, des prédestinations de race, des nécessités de situation, avaient poussé à agir. Une fois parvenu à son but, il aurait voulu reprendre son rêve d'utopiste pour le bien de l'humanité. M. de Morny était un roué, méprisant les hommes et sachant à quoi s'en tenir sur les moyens de fléchir les passions quand on cesse de les dompter. Il savait que l'on n'apaise pas les haines en les émancipant, et qu'on ne les amène pas à se désister en leur offrant la chance de se satisfaire. Parmi les anciens proscrits, les amnistiés républicains, factieux, récidivistes, démolisseurs de toute nuance, il n'y eut pas un seul bénéficiaire des concessions et des capitulations libérales, qui ne restât *uniquement* à ses propres yeux une victime du 2 décembre, gardant les mêmes droits aux représailles.

Il est bien entendu que, le 2 décembre et jours suivants, je ne fis pas toutes ces réflexions. Le coup d'État et les ébauches d'émeute passèrent

par-dessus nos têtes ; nous n'y prîmes d'autre part
que ce mot de mon convive, devenu mon **ami** :

— Quel bonheur que Paul ne soit pas à
Paris! Il se serait fourré au plus épais! Pourtant, ajouta Jacques avec un gros soupir, je
voudrais bien le voir ; il y a bien longtemps que
je n'ai reçu de ses nouvelles !

Le 27 avril, je fus très surpris de ne pas le
trouver à notre rendez-vous habituel. Même
surprise le lendemain et le surlendemain. Le
30, mon concierge me remit le billet suivant :

« M. A. P. est prié par un ami de venir dîner
aux *Frères provençaux*, jeudi, 3 mai, à sept
heures. Il demandera au maître d'hôtel le cabinet numéro 15. »

Était-ce une mystification? Elle n'eût pas été
très spirituelle. D'ailleurs, la curiosité eût suffi
à me faire courir tous les risques et braver tous
les mauvais plaisants. J'arrivai à l'heure indi-
quée. Le maître d'hôtel, silencieux et correct,
m'ouvrit la porte du mystérieux cabinet. J'entrai
et j'eus un éblouissement. L'éclairage était
magnifique. Debout, près de la table étincelante
de bougies et de candélabres, Jacques, complè-

tement habillé de neuf, me tendait les bras avec un bon sourire. Il rayonnait. Il avait à sa droite une jeune femme, à sa gauche un jeune homme. Si vous vous souvenez des tableaux et des gravures qui nous représentent *Primavera, la Jeunesse est le printemps de la vie, le printemps est la jeunesse de l'année*, vous pouvez vous figurer l'idéale beauté de ces deux êtres qui semblaient faits l'un pour l'autre. Gounod et le marquis d'Ivry n'auraient pas rêvé d'autre type pour Roméo et Juliette, Victor Massé pour Paul et Virginie, Lamartine pour Jocelyn et Laurence, Gœthe pour Hermann et Dorothée.

— Ma belle-fille Diana! mon fils Paul! dit Jacques avec une expression d'orgueilleuse joie.

Paul n'avait pas vingt ans, Diana en avait seize.

— Oui, reprit le jeune homme, Paul le réfractaire, Paul le factieux, le tapageur, désormais rentré dans le rang. La vraie mine d'or, la voici! ajouta-t-il en me montrant sa femme — avec l'amour et le bonheur par-dessus le marché. Mes premiers travaux avaient réussi; mais

ils auraient tardé à me faire assez riche pour
revenir en France et dédommager mon père de
tout ce qu'il a souffert, de tous les chagrins dont
l'avaient accablé mes fredaines. C'est elle, c'est
ma Diana qui, en m'accordant sa main, en
triomphant des résistances de sa famille, a com-
plété pour moi ce qu'avait commencé la Californie... Nous vous raconterons ce petit roman...
Avant tout, soyez remercié et béni pour le bien
que vous avez fait à mon père!... Et maintenant, à table!

— A table! répéta Jacques dont les regards se partageaient depuis un moment entre
son fils et le potage apporté par le maître
d'hôtel.

Je renonce à décrire ce dîner. Gargantua et
Pantagruel en auraient été effrayés. Nous étions
quatre, et il y avait à manger pour dix. Bisque
d'écrevisses, potage Victoria, pâté de foie gras,
timbale au macaroni, truite saumonée, homards
en rémoulade, poulardes truffées, cèpes à la bor-
delaise, céleri à la moëlle, *pudding* Nesselrode,
que sais-je? Ananas, fraises, chambertin, clos-
vougeot, château-margaux, champagne de la

Veuve, vieux Cognac... de quoi rassasier vingt moissonneurs et griser vingt mousquetaires... Mais ce qui attira le plus mon attention, ce qui redoubla ma stupeur, ce fut la façon homérique dont Jacques Morel attaqua ce prodigieux festin. On eût dit qu'il avait à se refaire d'un jeûne de quinze ans. Cette voracité en quelque sorte machinale (en médecine *boulimie*) m'humiliait profondément. Je comprenais que ma bonne œuvre avait été bien incomplète et que c'était par discrétion que Jacques avait eu l'air de se contenter des rosbifs de Richard-Lucas. De temps en temps, Paul regardait avec inquiétude son père, dont la pâleur faisait place à une rougeur alarmante.

Tout en dévorant, Jacques ne me perdait pas de vue. Je devinais qu'il méditait un toast en mon honneur. En effet, il se leva, les yeux fixés sur moi, tenant à la main son verre plein de vin de Champagne. Mais, aux premiers mots, la voix lui manqua, le verre s'échappa de ses mains; son visage se congestionna d'une manière effrayante, ses mains s'agitèrent dans une convulsion suprême. Il s'affaissa sur son siège, foudroyé par une attaque. Cinq minutes après, il était mort.

Ses obsèques n'eurent pour cortège que Paul, Diana et moi. Il n'avait pas de chien, et il était riche depuis trop peu de temps pour avoir des amis.

VII

DEUX POÈTES. — JOSEPH MÉRY ET JOSEPH AUTRAN

En juillet 1843,—l'année de Ponsard, disions-nous, comme on dit l'année de la comète ou de la grêle, — une excellente troupe italienne vint donner des représentations à Marseille. Elle avait pour premier ténor Ivanoff, qui, huit ans auparavant, eut l'honneur d'être applaudi, au Théâtre-Italien de Paris, à côté de Rubini et de Lablache. Ivanoff était un serf russe qui s'était évadé pour chanter librement en France : *Viva la libertà!* Le feu sacré lui manquait. Sa figure,

son jeu, sa tournure se ressentaient de son
origine; mais sa voix était délicieuse. Il aurait
pu adopter la devise de Fouquet : *Quo non
ascendam ?* Personne n'a chanté mieux que lui
le *duo* de la prison, dans *la Gazza ladra*, et la
charmante barcarole de *Marino Faliero*, de
Donizetti.

En 1843, j'étais déjà, de longue date, collaborateur actif de la *Gazette du Midi*. J'y étais
chargé de la critique littéraire, et c'est à ce titre
que je rendis compte — il y a cinquante-trois
ans — des *Prisons*, de Silvio Pellico; de *Vo-
lupté*, de Sainte-Beuve; de *Stello*, d'Alfred de
Vigny; de la *Confession d'un enfant du siècle*,
d'Alfred de Musset; de *Simon* et de *Mauprat*, de
George Sand; des *Chants du Crépuscule*, de Victor Hugo et des *Mémoires* de madame Lafarge.
Je devais même à cette brave *Gazette* la couronne
du martyre : un martyre en miniature et une
couronne de chardons. En 1839, un procès
ridicule fut intenté à trois de mes meilleurs
amis et à leur état-major royaliste, pour je ne
sais quel délit politique. Ils eurent pour avocats
MM. de la Boulie et Dugabé, qui rivalisèrent

d'éloquence, de verve et de spirituelle ironie. Le président du tribunal, M. Monnier des Taillades, jurisconsulte de premier ordre, mais orateur et écrivain grotesque, avait en assez médiocre estime la science et le talent de M. Rigaud, procureur du roi, et de M. Combemale, substitut, lequel mérite d'être immortel en la personne de son gendre M. Naquet. Le bruit s'était répandu que le président avait dit, en parlant du procureur du roi et du substitut : « Ces messieurs ne sont pas forts ». Grande rumeur dans la ville. Émotion profonde dans le clan des juges, des avocats, des avoués, des greffiers et des huissiers. Écrivant à la *Gazette du Midi* les diverses péripéties du procès, je me figurai que, en un temps où l'on manquait impunément de respect au roi, à sa sœur, à ses fils, aux ministres, aux maréchaux, aux préfets, aux évêques et à une foule de personnages augustes ou vénérables, je pouvais risquer quelques innocentes plaisanteries aux dépens de trois magistrats de province. J'intercalai dans mon feuilleton les lignes suivantes : « M. le président a-t-il dit ou n'a-t-il pas dit que

MM. *Nigaud* et *Tombe-mal* n'étaient pas forts? Peu importe, après tout. Dire du beurre qu'il est fort, est-ce le complimenter? Un fort de la halle est-il plus aimable que le plus faible des académiciens? Lorsque vous êtes exaspéré d'une injustice, d'une bêtise, d'une catastrophe ou d'un scandale, vous ne dites pas : « C'est trop » faible! » mais : « C'est trop fort! »

Total, six lignes; procès superposé au procès politique. Condamnation à mille francs d'amende et à quinze jours de prison. Quoique mon article ne fût pas signé, je payai l'amende avec les frais. Les quinze jours de prison furent faits par le gérant, un pauvre diable qui, au bout de la quinzaine, me déclara gaiement que jamais, dans toute sa vie, il n'avait mangé autant de perdrix, de bécasses, de lièvres, de poulardes, de truites, d'écrevisses, etc., et n'avait vécu en si bonne compagnie. Je le crois bien! Trois grands criminels, dont deux comtes et un vicomte! Quant à moi, je me livrai à un calcul d'arithmétique. Je reconnus que mes six lignes me coûtaient 200 francs la ligne, 17 francs la syllabe et 4 francs la lettre.

Mais j'y gagnai de resserrer mes liens d'amitié avec la *Gazette du Midi* et surtout avec son digne rédacteur en chef, Henri Abel, une des physionomies les plus originales de la presse royaliste pendant ces années de luttes héroïques. Henri Abel, dans ses articles presque quotidiens, déployait tant de talent, de persévérance, de sincérité, d'énergie, que deux ou trois de nos journaux parisiens lui firent des propositions séduisantes. Il refusa, et ce fut peut-être le plus spirituel de ses traits d'esprit. Abel, transféré à Paris, dans un bureau de la rue du Croissant ou de la rue Montmartre, sous un ciel bas et pluvieux, Abel ne pouvant plus sortir sans parapluie, se crottant dans les quartiers boueux, ne voyant plus le soleil et la mer, aurait probablement perdu les trois quarts de sa valeur. Jamais type marseillais ne fut plus complet et plus *pur* (dans tous les sens du mot). Il avait beaucoup d'accent, et cet accent, loin de déplaire, semblait le sel de sa causerie. Il ne voyait rien au delà de la Cannebière, des Catalans et du château d'If. En fixant longtemps ses regards sur un gigot de mouton, il le changeait en

16..

bouillabaisse. Sa politique même était essentiellement marseillaise. Sa bonne grosse tête, carrément posée sur ses épaules, n'avait jamais
laissé pénétrer dans son cerveau un atome de ce
scepticisme qui caractérise l'esprit parisien.
Profondément religieux, la légitimité était pour
lui un dogme de plus, un article de foi aussi
indiscutable que le mystère de la sainte Trinité.
Tandis que Marseille croissait tous les jours en
prospérité, en bien-être, en luxe, en activité
industrielle et commerciale et s'enrichissait à
en crever, tandis que le bon Abel signalait, tous
les matins, les méfaits de Louis-Philippe et du
juste-milieu, convaincus, comme chacun sait,
de ruiner et de déshonorer la France, on l'aurait
bien étonné, consterné et peut-être indigné, si
on lui avait prédit qu'il viendrait un moment
où les princes d'Orléans seraient légitimes, où
les injures, les colères, les haines, les représailles
de 1843, se changeraient en hommages, et où
les rares survivants de son époque arriveraient,
par comparaison, à regretter cet abominable
juste-milieu.

Pour le moment, Henri Abel transplanté à

Paris, c'eût été quelque chose comme le Baobab (*Arbos gigantea*), dans le jardinet à bordures de buis, de TARTARIN DE TARASCON.

Le 11 juillet, il m'écrivit une lettre très aimable pour m'engager à venir entendre Ivanoff dans *Lucia de Lammermoor*. Le *post-scriptum* était encore plus intéressant que la lettre; Abel ajoutait : « Ivanoff et *Lucie* sont pour vous d'anciennes connaissances. Je vous promets quelque chose de mieux. J'espère vous faire déjeuner avec nos deux poètes; l'un à l'apogée de sa gloire, l'autre, destiné peut-être à une célébrité plus solide : Joseph Méry et Joseph Autran.

Le surlendemain, je faisais mon entrée peu triomphale dans la vieille cité phocéenne; je me déballais à l'hôtel du Luxembourg, tenu par Parrocel, Avignonnais de la même famille que les peintres, et dont le fils, après fortune faite, est devenu propriétaire d'une charmante villa où se réunissent, chaque été, les *félibres* provençaux et quelques littérateurs parisiens, sous la gracieuse présidence de madame Adam.

J'étais à peine rajusté, peigné et brossé, que Henri Abel arriva, heureux de m'annoncer que

les deux poètes avaient accepté son invitation;
qu'il leur avait adjoint deux amis, Sébastien
Berteaut et le baron Gaston de Flotte, et que
nous déjeunerions le lendemain, à midi, à la
Réserve, chez Roubion.

Je connais peu de restaurants mieux situés,
plus pittoresques, plus appétissants que cette
Réserve, fréquentée par tous les gourmands de
Marseille, et Dieu sait s'il en manque! Figurez-
vous, vers le milieu de la merveilleuse Corniche,
saturée d'air vif, de rayons de soleil et d'odeurs
salines, une sorte d'immense belvédère à galeries
extérieures, élevé à 150 mètres au-dessus du niveau de la plage, et où l'on monte par des allées
sinueuses, en pente douce, à travers des massifs
de plantes grasses, de myrtes, de cytises des
Alpes, de cèdres de Virginie et de fleurs de la
saison. Une fois assis autour d'une table, dont
la nappe, éblouissante de blancheur, disparaît
presque sous une masse de coquillages, d'our-
sins, de moules, de sardines fraîches et d'olives
farcies, on ne sait pas si l'on doit manger ou
regarder. La vue est si belle! La Méditerranée
rachète son manque de grandeur par une grâce

familière qui semble mettre une caresse dans
chacune de ses vagues. Au loin, ces vagues font
l'effet de légers plis où les rayons du soleil se
jouent avec une incroyable variété de tons et de
demi-teintes. Plus près, elles s'enroulent comme
des feuilles d'acanthe relevées d'un ourlet d'azur
et de lumière, et, quand elles viennent se briser
sur le bord avec un imperceptible murmure,
elles ont l'air de nous dire qu'elles ne sont pas
faites pour noyer, mais pour bercer. A l'horizon, une brume transparente, irisée, que la mer
exhale comme son souffle et qui va se perdre sur
les flancs boisés et les cimes pelées de Montre-
don; un vaisseau immobile, dont le joyeux
équipage fait probablement la noce dans les
cabarets et les tavernes du vieux port; des voiles
latines auxquelles les alcyons et les goëlands,
voltigeant sur la plage, semblent avoir prêté
leurs ailes. Il est bien entendu que ces velléités
descriptives ne me sont venues que plus tard;
ce jour-là, j'étais tout entier aux convives
d'Henri Abel.

Méry revenait de Paris, où il avait passé l'hiver, grelottant, disait-il, sous une triple ou qua-

druple enveloppe de flanelle, de tricot, de par-
dessus et de manteaux. Sa facilité prodigieuse,
son prestigieux talent d'improvisateur, sa verve
paradoxale et gasconne, n'avaient jamais brillé
de plus d'éclat que pendant ces dernières saisons. Les Parisiens le croyaient cosmopolite,
Hindou, naturalisé citoyen de Bombay, de
Delhi, de Bénarès ou de Lahore, habitué des
jungles du Bengale et de Ceylan, parce que,
dans sa curieuse trilogie indienne, — *Héva, la
Floride, la Guerre du Niçam,* — il avait étalé
des trésors de couleur locale. La vérité vraie,
c'est qu'il n'était pas sorti de Marseille, et que
ses causeries du soir, au Cercle des Phocéens,
avec les officiers de marine et les capitaines au
long cours, lui avaient tenu lieu de voyage et
de palette. Son exubérante imagination avait
fait le reste, et si bien fait, que, sa trilogie ayant
balancé, dans *la Presse,* l'énorme succès des
Mystères de Paris et du *Comte de Monte-Cristo*
dans le *Journal des Débats,* madame Émile de
Girardin venait de lui témoigner sa reconnaissance en l'adoptant comme un des premiers
ténors de son salon et en lui offrant un mer-

veilleux encrier où toutes les scènes de ses trois romans étaient reproduites par un habile artiste. ·

Au physique, Méry était fort laid; mais le sobriquet de *Christ des singes,* inventé par Théophile Gautier, donnerait une idée fort inexacte de cette laideur, qu'on oubliait en l'écoutant. Les singes ont de petits yeux et le museau allongé, et le trait caractéristique de la figure de Méry était l'aplatissement d'un nez effroyablement camard entre deux grands yeux pétillants d'esprit.

Joseph Autran, plus jeune que lui d'une dizaine d'années, offrait un type absolument contraire. Il n'avait du Méridional que le don de versification facile, instantanée, qui alla augmentant jusqu'à la fin, et auquel il dut de mourir sans s'en apercevoir, entre deux hémistiches. Il était déjà excessivement myope, en attendant, hélas! la quasi-cécité, qui devait assombrir les dernières années de sa vie. Ses yeux au regard fin, disparaissaient sous ses lunettes, ce qui donnait à sa physionomie une expression vague de nonchalance et quelquefois d'ennui.

Il parlait peu, laissant volontiers la parole à son étincelant et intarissable aîné. On pouvait croire qu'il avait à faire un effort pour parler, et que ce qu'il allait dire ne lui semblait pas valoir cet effort. Mais, quand il se décidait, un trait d'une spirituelle bonhomie ou d'une délicate malice servait à apprécier à sa juste valeur sa faculté d'observation et son intelligence aiguisée, maintenue dans le fourreau. Il n'avait encore publié que de beaux vers à Lamartine partant pour l'Orient, des vers non moins réussis, dont le jeune colonel, duc d'Aumale, était le héros, et un recueil poétique dont les pages les plus remarquables prirent plus tard leur place dans le magnifique volume des *Poèmes de la Mer*. Ce recueil s'appelait modestement *Ludibria ventis*.

Pour le moment, Méry était bibliothécaire de la Ville, avec liberté d'être partout, excepté dans sa bibliothèque; Autran, sous-bibliothécaire, à 1800 francs d'appointements.

Il y a des hommes, fort distingués d'ailleurs, qui paraissent nés pour être partout et toujours les seconds de quelqu'un. Sébastien Berteaut, secrétaire de la Chambre de commerce, était, par

nature, par habitude et par goût, le second de
Méry. Il avait du mérite à ne pas le haïr, de
même qu'une doublure, au théâtre, est digne
d'une estime particulière si elle ne déteste pas
son chef d'emploi. Il me souvient d'avoir lu,
dans une des pièces les plus amusantes de La-
biche, une scène où tous les personnages étaient
aussi bêtes les uns que les autres. Seulement,
quand Geoffroy, l'oracle de la société, avait
prononcé un mot à prétention et à effet, Lhéri-
tier répliquait : « J'allais le dire. » C'était le cas
de Sébastien Berteaut, chaque fois que Méry
lançait une fusée, contait une anecdote, effarait
le bourgeois à l'aide d'un paradoxe saupoudré
de sel attique ou de poivre de Cayenne. Sa
figure expressive, toujours sur le *qui-vive*, disait
à quiconque savait deviner sans entendre : « J'en
ferais bien autant; je n'aurais pas moins de
verve et d'imprévu; je raconterais tout aussi
bien ce qui n'est pas arrivé; mais ce diable
d'homme me coupe la parole. » Ce qu'il y a de
curieux, c'est que Berteaut ne se serait pas
vanté : comme il se rattrapait, quand Méry
n'était plus là ! Quinze ans après, je le rencon-

trai chez l'aimable et regretté Amédée Achard.
Il y avait là des convives, qui n'étaient pas tout
à fait les premiers venus : M. Buloz, Maxime
du Camp, Anatole de la Forge, aujourd'hui très
grand personnage, alors simple homme d'esprit,
Edmond Texier, Eugène Bourgeois, Paul de
Saint-Victor, Offenbach. — Sébastien Berteaut
tenait le dé avec un aplomb imperturbable. Il
parlait à peu près seul, et son brillant auditoire
n'avait l'air de le trouver ni trop bavard, ni trop
ennuyeux, ni trop ridicule. Dix années s'écoulèrent ou s'envolèrent. En 1872, je retrouvai
Berteaut à Cannes; je lui rappelai sa soirée
triomphale chez Amédée Achard. Son visage s'illumina, et il me répondit : « Si me souviens!
La grande victoire de Marseille contre Paris! »

Le baron Gaston de Flotte n'était le second
ni de Méry, ni d'Autran, ni de personne, mais
de lui-même. Il y avait en lui deux hommes ;
le savant et le poète ; l'érudit consciencieux et
l'homme d'imagination. Ces deux hommes se dé-
battaient dans un perpétuel antagonisme. Fervent
catholique, fougueux légitimiste, le baron de
Flotte s'ordonnait à lui-même de ne juger les réa-

lités de la vie publique et privée que d'après des renseignements sérieux et des vraisemblances authentiques. Poète, il se persuadait qu'il était généralissime des armées d'Henri V, pour tout le littoral de la Méditerranée. Il se voyait, en rêve, commandant cinquante mille hommes, aux cris de *Vive le Roi!* entre une double haie de drapeaux blancs, au milieu d'une population en délire. Quand il se réveillait, il lui fallait quèlques heures pour se convaincre que les choses ne se passaient pas tout à fait ainsi. Afin de se consoler de sa déconvenue, il gardait pour les confidences intimes le titre de généralissime honoraire. Il était de ceux qui, en perdant leurs illusions, ne se regardent pas comme dispensés de conserver leurs croyances. Son poème de *la Vendée*, recommandable, mais retardataire, ne lui donna pas la lueur de notoriété qu'il dut à son petit livre sur *les Bévues parisiennes*. Il s'y mit tout entier, mais il y mit aussi une eau-de-vie sous le pseudonyme de vin de champagne. Il prit Cognac pour Épernay, et ses victimes en profitèrent pour s'égayer un peu à ses dépens. Tout en célébrant ses louanges, je relevai cette singulière distraction, ce qui nous brouilla pendant un semestre. Mais, avec cette excellente nature, les nuages se dissipaient vite, et nous ne tardâmes pas à redevenir bons amis. Sa plus vive épigramme était de m'appeler « Parisien ». Ses susceptibilités, ses boutades tenaient aux conditions mêmes de sa littérature et de sa poésie. Condamné ou se condamnant à rester provincial, il n'en avait pas moins, de temps à autre, la nostalgie de ce Paris qu'il croyait haïr, mais qui distribuait la célébrité. Il offrait le modèle du lettré de province, — dans la plus haute acception du mot, — qui voudrait entendre Paris emboucher en son honneur toutes les trompettes de la Renommée, sans quitter le coin de son feu, sans renoncer à ses chères habitudes, aux petites jouissances de son intérieur, aux dorloteries de sa femme et de ses enfants, aux promenades sur le cours, au plaisir de pouvoir appeler tous les passants par leurs noms et prénoms, au bézigue avec les amis et aux chefs-d'œuvre de sa cuisinière. Pour le baron de Flotte, Paris était le monstre qui épouvante et la sirène qui attire, le gouffre mau-

dit et le palais enchanté, le jardin aux pommes
d'or et le rivage sinistre aux fruits pleins de
cendres. Je sais bien que l'on a toutes les distinctions imaginables ; qu'on est président ou
secrétaire perpétuel de l'académie du chef-lieu,
membre de toutes les sociétés savantes, correspondant de l'Institut de Copenhague ou de
Chicago, décoré de plusieurs ordres étrangers,
appelé, à chaque inauguration d'édifices publics
ou de statues de grands hommes, à prononcer
un discours ou à lire en public une ode, traité
d'éminent et parfois d'illustre collaborateur par
le journal de la localité à qui l'on confie prose
et vers. Mais ce n'est pas la même chose. Comme
on préférerait le moindre grain de mil, quatre
lignes dans *le Figaro*, une place à la vitrine de
la Librairie Nouvelle, une poignée de mains de
Sarcey en plein boulevard, ou même une épigramme d'Aurélien Scholl !...

Ce jour-là, nul ne contestait à Méry le droit
de parler beaucoup. Il arrivait de Paris. Pendant l'hiver et le printemps, les journaux avaient
retenti de son nom. On le savait mêlé au grand
événement littéraire de 1843, la première repré-

sentation de *Lucrèce,* de Ponsard; il possédait à
fond tous les mystères du salon de madame
Émile de Girardin. Que de chances d'être encore
plus intéressant, encore plus amusant qu'à l'ordinaire! Et ce n'est pas peu dire. Henri Abel
l'avait averti que j'étais venu d'*en* Avignon,
sous prétexte d'entendre Ivanoff et la troupe italienne, mais, en réalité, pour le voir, le connaître, pour me rassasier de nouvelles parisiennes.
Il fut bon prince, ne se fit pas prier, et me dit
gaiement, dès le début du déjeuner, en dégustant
l'inévitable bouillabaisse :

— Voyons, cher Monsieur, que vous faut-il?
Le château d'If? Le voici à l'horizon. La cellule
d'Edmond Dantès? celle de l'abbé Faria? On
vous les montrera pour 5o centimes chacune.
Mercédès? la belle Mercédès? Elle est ici, et
vous n'auriez qu'à redescendre l'escalier pour la
contempler à votre aise. Avez-vous remarqué,
dans le petit salon d'en bas, cette jeune femme
au profil romain, d'une beauté sculpturale, qui
tient les écritures ?

— Oui, je l'ai entrevue en passant; elle est
merveilleusement belle.

— Eh bien, pour le commun des martyrs, cette femme s'appelle madame Roubion ; pour nous, elle se nomme Mercédès. C'est en la regardant que Dumas a rêvé ce type qui a fait le tour de l'Europe.

Je me souvins alors que, onze ans auparavant, à l'époque du procès du *Carlo-Alberto* (voy. le premier volume de ces *Mémoires*), Méry, au café Bodoul, avait, pendant toute une soirée, improvisé une *Sémiramide* à côté de celle de Rossini. Je craignis une variation brillante dans le même genre et j'essayai de le ramener à la question.

— Puisque vous voulez bien, lui dis-je, vous prêter à la curiosité d'un pauvre homme qui s'est cru un moment Parisien, et qui n'est plus qu'Avignonnais, je vous demanderai ce que nous devons décidément penser de M. Ponsard et de sa fameuse *Lucrèce*. Est-ce un chef-d'œuvre ? est-ce une attrape ?

— Attrape plutôt que chef-d'œuvre ; mais cette attrape a eu pour complices je ne sais combien d'hommes illustres ou graves, députés, pairs de France, ministres, magistrats, professeurs de Sorbonne, académiciens, qui attendaient depuis treize ans leur revanche d'*Hernani*. Le moment était favorable, le terrain bien préparé. La réaction avait commencé sous les traits de mademoiselle Rachel. L'année dernière, en novembre ou décembre, le bruit se répandit, au Divan Le Peletier, à l'Académie, sur le boulevard et dans les salons, qu'un poète inconnu, un Allobroge, originaire de Vienne en Dauphiné, nous apportait une tragédie pour nos étrennes... oh! mais une tragédie comme on n'en avait plus vu depuis le grand siècle; tragédie extraordinaire qui se rapprochait et s'éloignait à la fois du vieux moule classique, qui ressemblait aux chefs-d'œuvre de Corneille et de Racine et qui était tout le contraire; qui rétablissait les traditions et rompait avec elles, qui faisait également la leçon aux routiniers et aux novateurs, et qui, d'un seul alexandrin, allait enfoncer Hugo et Dumas.

» Bientôt ces rumeurs s'accréditèrent et se précisèrent. La tragédie existait, en cinq actes, en vers, avec deux récits et un songe. Le jeune poète venait d'arriver à Paris, patronné par Charles Reynaud, son caniche, et par Achille

Ricourt, son cornac. Il s'était logé à l'hôtel Corneille, pour avoir l'illusion du *chez soi* et contempler l'Odéon en ouvrant sa fenêtre. Bientôt nous sûmes que les répétitions commençaient, que la première représentation était annoncée pour la fin de mars ou les premiers jours d'avril, et que directeur, caissier, régisseur, acteurs, actrices, comparses, machinistes, souffleurs, débordaient d'enthousiasme. Ce qu'il y avait de divertissant, c'est que le directeur était Bocage, l'acteur romantique par excellence, qu'il s'était chargé du rôle de Brutus, et que Dumas, le César du drame moderne, aurait eu le droit de lui crier : — *Tu quoque, mi Brute !*

» Un soir, j'allai chez madame Émile de Girardin ; je la trouvai soucieuse et sombre, bien qu'entourée du groupe de ses fidèles, Lamartine, Hugo, Dumas, Théophile Gautier, Dujarrier, Cabarrus. Le Théâtre-Français se préparait à jouer sa *Judith*, et elle ne pouvait se dissimuler que, malgré le nom magique de mademoiselle Rachel, la veuve de Béthulie faisait moins de bruit que l'épouse de Collatin. Il est vrai que Judith, pour sauver sa vertu, assassinait Holopherne, et que Lucrèce, pour venger la sienne, s'assassinait elle-même : ce qui est plus rare et plus tragique.

» Après les premiers compliments :

» — Et *Lucrèce?* me demanda la grande Delphine.

» — Elle va son petit train d'honnête femme, répliquai-je; mais elle serait bien attrapée si je la gagnais de vitesse.

» — Que voulez-vous dire?

» Au lieu de répondre, je continuai :

» — Savez-vous, Madame, que ce serait une jolie malice! dépister tous les admirateurs d'une tragédie dont ils ne connaissent pas un vers, en publiant, cinq jours d'avance, dans cinq feuilletons de *la Presse*, une fausse *Lucrèce*, qu'ils ne manqueraient pas de prendre pour la vraie?

» — L'espièglerie serait peut-être un peu violente, dit la Muse de la patrie, dont le regard vif démentait les paroles. D'ailleurs, qui pourrait accomplir ce tour de force?

» — Je puis toujours essayer, dis-je, en prenant mon air le plus modeste.

» — Quoi, Méry, vous feriez cela? Pourquoi
pas? vous en êtes bien capable! s'écria-t-elle,
tandis que l'éclair de ses beaux yeux et le fré-
missement de ses lèvres trahissaient son véritable sentiment. Hugo et Dumas répétèrent
comme deux échos : « Quoi! Méry, vous feriez
cela? » — Lamartine, silencieux et rêveur, regardait le plafond.

» Le surlendemain, je portai à *la Presse* le
premier acte de ma *Lucrèce*. Dujarrier m'arrêta
au passage et me dit :

» — La *bourgeoise* vous prie de ne rien donner
à la composition avant d'avoir causé avec elle...

» — C'est clair! murmurai-je en filant vers
les Champs-Élysées. Elle a réfléchi; c'est une
reculade, et j'y suis pour mes trois cent vingt-
quatre vers...

» Je n'avais deviné qu'à demi. La *bourgeoise*,
comme l'appelaient Dujarrier et Gautier, commença par me dire :

» — J'ai consulté quelques-uns de nos amis;
ils sont d'avis que, dans le feuilleton de la
Presse, nous montrerions un peu trop le bout
de l'oreille... Tout le monde sait que le journal

est à moi et que *Judith* est sur l'affiche du Théâtre-Français. Les mauvaises langues diraient que ce petit complot s'est organisé dans mon salon, que nous avons voulu écraser dans son œuf l'aiglon allobroge... Voyons, **mon ami!** lisez-moi votre manuscrit!...

» Je lus les premières scènes... — *Bravo! bravo!* s'écria-t-elle... En vérité, ce serait trop dommage de laisser se perdre de pareilles perles!...

» — Mais, alors, comment faire?...

— Rien de plus simple; n'avons-nous pas *le Globe,* de notre ami Granier de Cassagnac? Sa politique est à peu près la même que celle de *la Presse,* avec une nuance plus ministérielle, plus autoritaire. Nous nous prêtons, il se donne; il est tout dévoué à mon mari, à Victor Hugo, qui est un pince-sans-rire, et qui, au fond, désire ardemment voir ce croc-en-jambe faire trébucher son futur vainqueur... *Le Globe* n'a pas encore beaucoup d'abonnés; Cassagnac sera enchanté de cette aubaine... Donnez! J'en fais mon affaire...

» Le premier acte de *Lucrèce* parut, trois jours

après, dans le feuilleton du *Globe*, cinq jours avant la première représentation de celle de Ponsard. L'effet de surprise fut prodigieux dans le camp des académiciens et des hommes politiques. Quoi qu'en aient dit depuis lors les Pasquier, les Molé, les Duchâtel, les Salvandy, les Rémusat et autres fortes têtes de l'Institut, du Parlement et des ministères, ils y furent tous pris, complètement pris; mais bientôt on se ravisa; comment supposer qu'un poète, à son début, jouant une si grosse partie, eût permis à un journal de déflorer son œuvre? D'ailleurs, nous sûmes, dans la journée, que le directeur de l'Odéon et son état-major s'apprêtaient, en cas de récidive, à nous intenter un procès. Il y eut donc un contre-ordre, auquel je dus obéir. Mon premier acte resta suspendu dans le vide... *Pendent opera interrupta...* Ponsard, en somme, n'y perdit rien, au contraire. Toutes les illustres dupes de la première heure mirent leur amour-propre à soutenir, d'abord, qu'elles ne s'y étaient pas méprises une minute; ensuite, que mon improvisation, bâclée en une nuit, ne faisait que mieux ressortir les beautés de la tragédie origi-

nale. . Bref *Lucrèce* eut un immense succès;
Ponsard fut, pendant toute la saison, l'homme
à la mode; *Judith* tomba; *les Burgraves* tom-
bèrent. D'autres Burgraves, dont les burgs sont
situés, non pas sur le Rhin, mais sur la rive
gauche de la Seine, déclarèrent que la littérature française était sauvée, qu'une nouvelle ère
commençait pour notre patrie, notre poésie et
notre théâtre, que les barbares de 1830 allaient
rentrer dans leur néant, que l'on n'avait plus
qu'à monter au Capitole, à rendre grâce aux
dieux et à laver jusqu'au marbre que M. Hugo
avait touché...

— Mais enfin, cette *Lucrèce?*...

— Une excellentissime tragédie de collège,
qui a profité du long sommeil de Melpomène
pour faire croire qu'elle était neuve à force
d'être antique; quelques lueurs cornéliennes
dans un ciel pâle et grisâtre dont les étoiles
s'appelaient Ducis, Marie-Joseph Chénier, Ar-
nault, Jouy, Luce de Lancival, Baour-Lormian, Viennet, Raynouard. « Il faut qu'on
nous déteste bien, me disait Dumas, pour
qu'on applaudisse ainsi de pareilles sornettes. »

— « Et moi, répliquait Hugo avec une majesté léonine, j'aime mieux voir les jeunes gens s'occuper de cette façon que fréquenter l'estaminet. » *Lucrèce* est sans doute supérieure à *Sylla*, à *Sigismond de Bourgogne* et à *Omasis;* mais elle ne vaut ni le *Louis XI* de Casimir Delavigne, ni le *Caligula* d'Alexandre Dumas, ni...

Ici Méry me montra d'un coup d'œil Joseph Autran, qui rougit comme un coupable pris en faute, et abusa de sa myopie pour rapprocher son nez de son assiette...

— Ni *la Fille d'Eschyle*, parbleu! s'écria Gaston de Flotte avec un bon sourire; *la Fille d'Eschyle*, par M. Joseph Autran, ici présent.

Et se tournant vers moi :

— Il faut vous dire, cher Monsieur, que j'étais au Cercle, trois ou quatre jours après la première représentation de *Lucrèce*, afin de lire tous les feuilletons qui en rendaient compte. Devinant qu'il n'y avait pas proportion entre la valeur de l'œuvre et son succès, et que Ponsard profitait d'une réaction hostile au drame moyen âge, je dis à Autran, venu comme moi pour

avoir des nouvelles : « Ce qu'il y a d'effrayant,
c'est la quantité de Virginies, de Céthégus, de
Brutus, de Scévolas, de Marius, qui vont fondre
sur nous à la suite de ce succès étourdissant! »
Puis, m'adressant à notre cher poète :

» — Et vous, lui dis-je, est-ce que cela ne
vous tente pas?

» Le sournois s'esquiva sans mot dire. Trois
semaines après, il me dit :

» — C'est fait !

— Quoi donc?

— Une étude antique, *la Fille d'Eschyle*.
Il me l'a lue avant de l'envoyer à Dumas. C'est
vraiment très beau...

Et le baron-poète, doué d'une merveilleuse
mémoire, se mit, malgré la pantomime sup-
pliante de Joseph Autran, à réciter les beaux
vers, où se développe le caractère du vieil
Eschyle et où se fait pressentir le dénouement :

Dure loi, que les dieux firent peser sur nous,
Et qu'en vain le vieillard conjure à deux genoux !
Avoir senti longtemps dans sa poitrine émue
Un vivace foyer que chaque vent remue,

Feu divin, d'où jaillit l'éclair des passions,
Énergique aliment de nos créations;
Puis un jour,—jour amer!—en soi-même descendre,
Et du feu disparu ne trouver que la cendre;
Sentir une âme éteinte au fond d'un corps vivant;
N'être plus qu'un trépied sur qui souffla le vent! .
Voilà le deuil sans nom, voilà l'ignominie!
La plus cruelle mort est celle du génie.
Malheur à qui reçut cet hôte jeune et beau,
Pour devenir un jour son aride tombeau!...

Tous les convives applaudirent avec enthousiasme. Sincèrement ému, je tendis la main au noble et pur poète, qui, les larmes aux yeux, se jeta dans mes bras. Cette accolade fut le prélude d'une amitié de plus de trente ans. Qui m'eût dit, ce jour-là, que le brillant succès de cette *Fille d'Eschyle* serait contrarié par une République tout autre que celle d'Eschyle, de Sophocle et de Méganire; secondement, que Joseph Autran, alors presque inconnu, succéderait à l'Académie française au poète de *Lucrèce;* enfin, que Ponsard, chef de l'école du bon sens, mourrait à cinquante-trois ans pour avoir trop fait tout ce que le bon sens interdit?

Ce cordial et charmant déjeuner nous avait tous mis en belle humeur. En sortant de table, Méry me dit :

— **Venez**, que je vous fasse voir de près notre belle Mercédès!

En effet, elle était bien belle! belle comme Giula Grisi dans *Norma*. Sa beauté avait un caractère calme et grave, moins rare qu'on ne le pense chez nos filles du Midi, que l'on suppose toujours vives, rieuses et fringantes. Il était facile de comprendre que l'auteur de *Monte-Cristo*, presque Marseillais d'adoption, l'eût regardée, admirée, copiée et idéalisée. Son profil, d'une pureté exquise, était digne de tenter nos grands artistes. Son front, magnifiquement modelé, se dessinait sous les bandeaux de ses cheveux d'un noir à faire paraître grises les ailes de corbeau. Son buste large et puissant, ses splendides épaules sans la moindre exagération d'embonpoint, ressemblaient à une protestation contre la gracilité de nos beautés modernes, au silencieux défi lancé par une statue de Phidias ou de Praxitèle à nos poupées de salon et de boudoir En voyant ses admirables yeux noirs, frangés de longs cils, se baisser sur une feuille de papier, on rêvait de Corinne écrivant à Oswald ou de Lesbie écrivant à Catulle... Horreur! les mots et les chiffres qui s'alignaient sous cette main sculpturale, c'étaient : « Hors-d'œuvre, 8 francs ; Bouillabaisse, 15 francs ; pilau aux moules et aux ortolans, 22 francs ; perdreaux truffés, 36 francs », etc. Profanation !

Ce que c'est pourtant qu'une différence de date ! Ce jour-là, juillet 1843, l'amphitryon regarda la dame plus que l'addition. Trente-quatre ans après, en avril 1877, j'eus le plaisir de réunir à *la Réserve* quelques confrères et quelques amis. C'était le même ciel, la même mer, la même plage, le même horizon, la même corniche, les mêmes allées, le même belvédère, la même galerie, le même menu, la même Mercédès au comptoir. Cette fois, je regardai l'addition plus que la dame, et peu s'en fallut que je n'eusse, comme Gil Blas, une dispute pour l'écot.

— Je ne vous lâche pas, me dit Méry, tandis que nous alternions entre la fumée de nos cigares et quelques bouffées de bon air. Vous nous restez encore quelques jours, n'est-ce pas ?... Ivanoff chante, demain soir, Percy dans *Anna Bolena*, et vous savez que c'est son triomphe : *Vivi tù, te ne congiuro.* Le matin, je vous conduirai chez un de mes meilleurs amis, M. Blanc de Radasse, et vous mangerez chez lui un gibier tel, que les plus hardis chasseurs n'en trouveraient ni dans les profondeurs de la forêt Noire, ni sur les montagnes Rocheuses, ni sur les pics des Alpes et des Pyrénées, ni dans les *Highlands,* ni au Caucase, ni dans les parcs des grands seigneurs anglais, ni dans les récits de M. de Crac...

— Et quel est donc ce gibier merveilleux?

— Une brochette de douze becfigues, dont chacun revient à 856 francs 40 centimes.

Le lendemain matin, par une chaleur qui n'excédait pas encore 29 degrés à l'ombre, mais qui promettait davantage, nous nous acheminions, le poète et moi, au pas de promenade, vers la villa de M. Blanc, située à un kilomètre des Aygalades. Méry me dit :

— Cet original de Blanc de Radasse est légitimiste, abonné à la *Gazette du Midi...* Il vous a lu, il sera ravi de vous connaître.

Puis il reprit en souriant :

— Il vous semble peut-être extraordinaire

que l'auteur de *la Villéliade* soit lié avec tant de partisans de la royauté légitime?...

— Puisque vous m'en parlez, fis-je, je vous répondrai franchement, comme si nous nous connaissions depuis dix ans. Lorsque *la Villéliade* parut, j'étais au collège en seconde, *libéral*, comme nous l'étions tous, sous le ministère Villèle dans les collèges de Paris... Votre charmante satire fit les délices de toute la classe, y compris notre professeur... Dans ma famille, royaliste d'ancienne date, j'entendais dire : « Soit! Nous passerions à ces jeunes poètes le *Jean Bàrt du garde-meuble*, le *Neptune d'eau douce*, et tant d'autres jolis traits qui se bornent à effleurer l'épiderme; mais pourquoi, après avoir traité leur poème d'innocent badinage, après avoir invoqué le souvenir rassurant de Boileau, du *Lutrin* et des chanoines de la Sainte-Chapelle, ont-ils trahi leur arrière-pensée par le terrible épilogue :

Panthéon! ta croix d'or s'éclipsa sur ton dôme!
Sous les parvis sacrés de la place Vendôme
La terre tressaillit, et l'oiseau souverain
S'agita radieux sur son socle d'airain!

Vous étiez donc bonapartiste, ce qui est une singulière façon d'être libéral?

— Je n'étais rien du tout. Écoutez-moi... Je n'ai jamais eu d'opinion, et je maintiens que, de toutes les opinions, c'est la meilleure, parce que c'est celle qui nous expose le moins aux désillusions et aux mécomptes. Voilà, j'en suis sûr, que vous vous dites : « Ce n'est pas étonnant; Méry est le paradoxe fait homme. » Eh bien, suivez mon raisonnement : de deux choses l'une; ou vous êtes de l'opinion du gouvernement, et alors vous n'avez pas à vous en occuper; le gouvernement pense pour vous, vous payez pour lui, et vous êtes quittes; ou vous êtes d'un avis contraire, avec un désir furieux de le renverser. Alors, qu'êtes-vous? républicain? Non, n'est-ce pas? Le mot seul de république vous fait frémir et vous rappelle des souvenirs épouvantables. Légitimiste? bon, très bien, plus beau que nature, et mes excellents amis, Gaston de Flotte et Henri Abel, si convaincus, si dévoués, si chevaleresques, excitent mon admiration... Mais, s'il est prouvé que vous ne pouvez arriver à Henri V qu'en passant par la République, dangereux passage! Celui des Thermopyles n'a tué que trois cents hommes. Une nouvelle révolution? soit! Elle arrivera quand nous nous y attendrons le moins; il y aura toujours à Paris un peuple pour la faire, et une bourgeoisie pour la laisser faire; mais vous avez trop de bon sens pour croire que cette armée de l'émeute, depuis l'ouvrier du faubourg Antoine jusqu'au repris de justice, se donnera de nouveau la peine de dresser des barricades et de bousculer une monarchie pour rétablir Henri V sur le trône de ses pères. Non, vous auriez fatalement la République, et, en supposant qu'elle ne fût pas née viable, gare le troisième larron! C'est pourquoi je reste paisible entre Virgile et Lamartine... Ce gouvernement, à tout prendre, n'est ni féroce, ni méchant, ni dilapidateur, ni bête... Je renonce à chercher le mieux en risquant de trouver le pire...

Quel être paradoxal, ce Méry! Et dire qu'il déraisonna ainsi pendant un gros quart d'heure!

— Nous parlions de *la Villéliade*, lui dis-je pour le ramener à la question.

— Donc, reprit-il, il y a quelque vingt ans, n'ayant pas d'opinion, jugeant de Paris par Marseille, où brûlait encore le beau feu de 1814 et de 1815, je partis, les poches pleines, non pas d'or et d'argent, mais de lettres de recommandation signées Straforello, Montgrand, de Panisse, et autres sommités royalistes. J'arrive à Paris! il pleuvait, comme toujours; j'attrape un gros rhume; Barthélemy vient me voir; je lui montre les lettres, adressées au ministre de l'instruction publique, au président de la société des bonnes Études, aux rédacteurs en chef de *la Quotidienne*, de la *Gazette de France*, du *Drapeau blanc*, et à deux ou trois académiciens admis dans l'intimité du pavillon de Marsan Barthélemy me dit :

» — Bénis ton rhume, qui t'a empêché de remettre ces épîtres. Nous sommes à Paris, et non plus en Cannebière. Ici, le vent souffle d'un tout autre côté. Les ministres sont très impopulaires. Louis XVIII n'a plus que bien peu de temps à vivre. Nous voguons en plein bonapartisme libéral, ou, si tu l'aimes mieux, en plein libéralisme bonapartiste.

» — Bonaparte était donc libéral?

» — A ce qu'il paraît. Figure-toi qu'on vient de fonder un nouveau journal, *le Constitutionnel*, ajusté aux passions patriotiques des bourgeois de Paris, de la jeunesse des écoles, des vétérans de la Grande Armée, des invalides de la Bérésina et de Waterloo... Les actions ont été enlevées du matin au soir; il n'y aura pas d'appel de fonds, et ce sacrifice à la patrie sera une magnifique affaire. Laffitte, la Fayette, Manuel, Béranger, le général Foy font la pluie et le beau temps.

» — Il font surtout la pluie! dis-je en voyant l'eau du ciel ruisseler sur mes vitres...

» — Guéris-toi vite; je te présenterai à Manuel, à Thiers, à Mignet, nos compatriotes, qui sont en passe de faire fortune, et qui ne te pardonneraient pas d'être du parti des Gérontes, des perruques et des éteignoirs...

» C'est ainsi que *la Villéliade* fut le produit, non pas d'une opinion, mais d'un catarrhe.

— Mais vous me parlez de 1824, et *la Villéliade*, si je ne me trompe, est de 1826?

— Hélas! oui, et je vous assure que ces deux

ans ne furent pas gais. Comme nous n'étions
que des rimeurs, on nous renvoyait d'un trimestre à l'autre, et l'on ne se gênait pas pour
nous laisser entendre que nous étions des
propres à rien. A la fin, Thiers, qui faisait déjà
sa pelote, me dit : « Vous versifiez avec une
facilité rare ; le ministère Villèle devient de plus
en plus impopulaire : pourquoi n'écririez-vous
pas une satire contre M. de Villèle?... Je m'engage à en faire acheter cent exemplaires par le
Comité directeur, cinquante par les actionnaires
du *Constitutionnel*, et vingt-cinq par Laffitte. »
Il disait Laffitte tout court!... Preuve que sa
fortune était en bon train.

— Et vous fîtes *la Villéliade?*

— En trois semaines. Le jour où elle fut mise
en vente, il me restait trois sous. J'en dépensai
un à déjeuner d'une flûte, un à passer le pont
des Arts, et le troisième, à acheter chez madame
Simon, galerie de l'Odéon, *la Pandore*, qui
annonçait notre poème. Le lendemain, on en
était à la sixième édition ; huit jours après, à la
vingt-cinquième, et nous dînions chez Véry.
Alléchés par ce succès foudroyant, nous pu-

bliâmes *la Corbièréide, la Peyronéide, le Congrès des ministres*, où se trouvait la complainte qui fit fureur :

Que mon vaisseau promptement me ramène...

Puis un temps d'arrêt; les ministres étaient tombés, et l'on ne frappe pas sur un ennemi par terre, surtout quand cet ennemi nous est absolument indifférent. Napoléon était de plus en plus à la mode dans le clan des poètes. Béranger le divinisait. Victor Hugo, royaliste, écrivait *les Deux îles* et l'*Ode à la Colonne*. Casimir Delavigne encadrait ce beau nom dans une *Messénienne*, et Lamartine dans une *Méditation*. On jetait feu et flammes pour cinq ou six égratignures attrapées par cinq ou six tapageurs dans les troubles de la rue Saint-Denis. Le sage des sages, Saint-Marc Girardin, signalait, dans les *Débats*, ce scandale sanguinaire à l'indignation des honnêtes gens, et nous assistions, chaque jour, à une nouvelle apothéose, en prose ou en vers, du gigantesque consommateur de chair à canon. Nous n'avions plus qu'à nous faire bonapartistes pour nous mettre au diapason du libéralisme de 1828. Nous publiâmes *Napoléon en Égypte;* et voilà l'histoire de mes opinions politiques.

On ne répond pas à de telles divagations poétiques; d'ailleurs, nous arrivions. Je savais vaguement que l'excellent M. Blanc de Radasse avait deux passions, la chasse et la musique; j'eus bientôt la preuve qu'on ne m'avait pas trompé. Le jardin, qui précédait la maison, semblait dédié aux oiseaux plutôt qu'aux vulgaires humains. Un beau perroquet, juché sur son perchoir, près de la grille, nous regardait d'un air majestueux sans daigner nous parler. Des courlis apprivoisés couraient dans les allées où ils becquetaient insectes et vermisseaux. Sous un cèdre du Liban, dont on avait élagué les branches inférieures, s'abritaient une cinquantaine de cages contenant toutes les espèces d'oiseaux du Midi, depuis la grive jusqu'au chardonneret. Des filets, mouillés par la rosée matinale, séchaient au soleil, sur le gazon. Dans des cages particulières voltigeaient des *appelants* ou *appeaux*, destinés à arrêter dans leur vol les oiseaux de passage et à les faire poser sur les branches d'un grand arbre mort, partie essentielle du poste à feu. Le propriétaire de la Pégoulade (ainsi s'appelait la villa de M. Blanc de Radasse) possédait deux *postes*, un pour l'hiver, l'autre pour l'été. Le *poste* d'hiver était aménagé avec un luxe qui me fit comprendre à quel chiffre se montait, en moyenne, chaque brochette servie sur sa table. M. Blanc n'était plus jeune ; il commençait à ressentir des douleurs rhumatismales. Son ami, le docteur Cauvière, lui avait défendu de s'exposer aux fraîcheurs, aux rosées et aux gelées blanches du matin. En conséquence, il entretenait à grands frais un oiseleur qui dressait les *appelants* et les *rampéou*, prenait soin des oiseaux en cage, nettoyait les mangeoires, renouvelait les provisions d'eau pure, de chènevis et de petit millet. Avant le lever du soleil, il allait tendre les filets, allumer le feu et préparer l'affût pour la chasse au poste d'hiver. Je demandai tout bas à Méry par combien d'oiseaux pris au filet ou tués au fusil s'indemmisait cet immense déploiement d'engins cynégétiques et de moyens de destruction. Il me répondit : « Les jours de passage, trois; les jours ordinaires, un; les mauvais jours, zéro. »

Dans un petit salon, attenant au salon de réception, je remarquai, sur deux grandes étagères, une collection, fort bien choisie, de partitions célèbres : *Orphée*, *Alceste*, de Gluck; *Fidelio*, de Beethoven; le *Freischütz* et l'*Oberon*, de Weber; les chefs-d'œuvre de Rossini et de Meyerbeer; *la Vestale*, de Spontini; le *Joseph*, de Méhul; quelques perles de l'écrin de Bellini, de Donizetti, d'Auber et de Boïeldieu; plus, un piano, un *harmonium*, et trois ou quatre étuis d'instruments à cordes.

M. Blanc de Radasse nous reçut avec une cordialité charmante, une bonhomie expansive et un accent caractéristique :

— Vous tombez bien ! nous dit-il. Ivanoff et le docteur Pirondi viennent dans l'après-midi. Nous aurons aussi les musiciens de l'orche tre de la salle Beauvau.

Ces bonnes paroles, accompagnées d'un sourire amical et d'une énergique poignée de mains, réparaient, et au delà, l'effet de surprise produit par cette originale figure.

Le propriétaire de la Pégoulade était quîn-
quagénaire. Petit, gros, hissé sur ses jambes
courtes, on eût pu lui appliquer le mot que
M. Alexandre Dumas fils, trente ans plus tard,
écrivit à propos des jeunes femmes arrivées à
une position intéressante et délicate : « Un petit
tonneau sur jambes. » Mais ce qu'il avait de
plus extraordinaire, c'était son visage, tellement
labouré de petite vérole, que ses yeux sans cils
semblaient perdus dans une vaste écumoire.
Dans cette crise, il avait perdu tous ses cheveux
et il les avait remplacés par une perruque noire,
qui ajoutait encore à l'étrangeté de sa physionomie comique.

On contait, à ce sujet, une histoire touchante.
Oswald, — il se nommait Oswald, amère ironie ! — n'avait eu dans toute sa vie qu'une idylle,
qui s'était vite changée en élégie. Comme bien
vous pensez, même dans sa première jeunesse,
il ressemblait assez peu à un héros de roman ;
mais il était riche, et son extrême bonté faisait
oublier ses disgrâces physiques. A vingt-trois
ans, il s'était pris d'une grande passion pour une
de ses cousines, Gabrielle Aymar, jolie, mais sans

le sou. Gabrielle, très capricieuse et fort coquette, sans le repousser tout à fait, se montrait un peu récalcitrante. Vivement poussée par sa famille, elle allait pourtant dire *oui*, quand le malheureux Oswald fut foudroyé par cette terrible maladie, dont les traces profondes devaient être ineffaçables. Gabrielle se hâta de retirer sa parole, qu'elle n'avait donnée qu'à moitié et à contre-cœur. L'année suivante, elle s'amouracha d'un bellâtre de coulisses et de café, qu'elle épousa contre le gré de ses parents, et qui n'était pas plus riche qu'elle. Le ménage alla à la diable; un enfant survint; la pauvreté s'envenima et se changea bientôt en misère. Gabrielle, épuisée, maltraitée par son mari, forcée de donner une nourrice à son enfant, aurait vécu et serait morte au milieu d'un surcroît de dénuement et de désespoir, si le bon Oswald, malgré ses griefs, ne s'était fait, avec une délicatesse exquise, le sauveteur de ce naufrage. Grâce à ses bienfaits discrètement assurés à celle qui avait méconnu ce cœur d'or, sa cousine avait pu payer la nourrice, élever son enfant, donner à son mari quelque argent qu'il allait immédiatement gaspiller en mauvaise compagnie. Six ans après son triste mariage, elle mourut de consomption et de chagrin, trop résignée pour maudire l'homme qu'elle avait follement préféré, mais assez reconnaissante pour bénir celui qui avait pris en pitié sa détresse et en avait adouci l'horreur.

Oswald se l'était tenu pour dit. En dépit de son nom romanesque, il avait fermé le livre de sa jeunesse, et, afin de faire diversion à la certitude de n'être jamais aimé, il s'était créé ces deux passions innocentes, la chasse et la musique.

Il était le premier à plaisanter, avec une aimable bonhomie, du défaut absolu de proportion entre ce que lui rapportait la chasse et ce qu'elle lui coûtait.

— Je n'ai pas même un chien qui *rapporte!* disait-il en me regardant avec son bon sourire : il savait déjà que les calembours, même mauvais, surtout mauvais, me prenaient par mon faible.

Mais, pour le principe, il voulait que, chaque jour, quels que fussent le nombre des convives et le menu du dîner, l'inévitable brochette de *petits-pieds* rappelât à ses amis qu'ils

étaient chez lui, et qu'ils lui faisaient l'honneur
de s'asseoir à sa table. Ce jour-là, à côté d'un
magnifique poisson, d'une selle de mouton,
d'un vol-au-vent et de coquilles d'écrevisses
fort appétissantes, la classique brochette se
composait de six ortolans et de six grassets
(*farlouse des bois*).

— A cent francs pièce? demanda Méry.

— Non, mais à quatre-vingts, répliqua gaiement notre amphitryon.

Dans l'après-midi, nous vîmes arriver, avec
Ivanoff et le docteur Pirondi, nos aimables convives de la veille ; puis les musiciens de l'orchestre du théâtre, puis Louis Méry, frère du
poète, le docteur Cauvière, Gozlan, frère de
l'auteur des *Tourelles* et presque aussi spirituel
que lui. C'est ce Gozlan, qui s'était fait le per-
sécuteur d'un médecin, nommé Trucy, représenté par les mauvaises langues comme un des
pourvoyeurs les plus actifs du royaume des
ombres. Un soir, Gozlan, qui était excellent
latiniste, passe avec Gaston de Flotte sous les
fenêtres du docteur Trucy ; il les voit illuminées ;
on danse.

— Regardez! dit **Gozlan** à **son** compagnon. Il ne sort pas de sa spécialité. *Trucy dat (trucidat) societatem.*

A ce groupe d'élite, s'étaient jointes quelques femmes charmantes, éprises de poésie et de musique : madame A..., une des meilleures élèves de Chopin, madame de C..., artiste remarquable, et, au premier rang, une personne à qui son esprit supérieur, ses talents, ses qualités sérieuses et brillantes, le noble emploi qu'elle faisait de sa belle fortune, assuraient déjà dans la société marseillaise, — en attendant Paris, — une place à part. Elle s'appelait alors madame Fitch.

Ivanoff et le docteur Pirondi chantèrent admirablement le *duo* de *Mosé : Parlar, spiegar.* L'orchestre joua l'ouverture de *Guillaume Tell*, cette merveille! Nous eûmes ensuite le délicieux *duo* de Guillaume et d'Arnold, le *duo* d'*il Barbiere di Siviglia; All'idea di quel metallo,* le grand air d'*Anna Bolena* et l'adorable cavatine des *Noces de Figaro : Non più andrai.* Aujourd'hui, en écrivant ces lignes, à quarante-deux ans de distance, pendant qu'une coterie d'hommes d'esprit réclame à grands cris les opéras de Richard Wagner, aux risques et périls de M. Carvalho, qui, en les jouant, cesserait d'être richard, je me résigne d'autant plus aisément que, n'étant plus de ce monde, je suis sûr de ne pas les entendre. Mais j'apprenais, l'autre jour, par un article d'un de nos wagnériens les plus distingués, qu'il était temps d'échapper à *la musique de l'ennui.* L'ennui et Rossini! c'est exactement comme si l'on disait : « La République et la prospérité de la France; M. Grévy et la prodigalité; les élections et l'impartialité; M. Goblet et l'ami du clergé; M. Boulanger et l'ami de la particule. » Nous étions donc des sourds ou des imbéciles, nous que cette musique faisait passer par toutes les alternatives de la gaieté la plus franche et de l'émotion la plus pathétique, nous qui, pour nous distraire des soucis de la journée et des anxiétés du lendemain, n'avions qu'à écouter Lablache dans *Don Pasquale* ou Rubini dans la *Sonnambula?* L'ennui! allez bonnes gens, allez entendre, d'un bout à l'autre, *Tristan et Iseult*, et vous m'en direz des nouvelles.

Je m'approchai d'Ivanoff; en le félicitant, je lui rappelai ses succès parisiens, et je lui demandai s'il était content de sa tournée à Marseille.

— Oui et non, me répondit-il; le public est excellent pour nous; on nous accueille, on nous applaudit de la façon la plus flatteuse; mais vous avez dû remarquer des vides dans la salle. Il y a une concurrence qui nous fait beaucoup de tort...

— Laquelle?

— Le célèbre prestidigitateur Al..

Ivanoff s'arrêta. Le maître du logis lui faisait le signe qui veut dire dans toutes les langues : *chut!* ou silence! — et qu'il me fut impossible de m'expliquer.

Après ce délicieux concert, M. Blanc de Radasse fit servir un splendide *lunch*, qui aurait pu s'appeler un second dîner; après quoi, on proposa une partie d'écarté.

Méry s'assit aussitôt à la table de jeu, en face d'un personnage en habit noir, qui m'avait fait l'effet d'un comparse ou d'un parent pauvre. Méry perdit la première partie. Suivant son habitude, il s'entêta, et pria la galerie de le

laisser continuer son duel avec le mystérieux
inconnu. Sa déveine fut persistante, féroce, impitoyable. Il perdit douze parties de suite. Quelquefois, son antagoniste avait l'air de se diver-
tir à ses dépens, comme le chat avec la souris.
Il le laissait arriver jusqu'à quatre; puis, un
roi, tourné comme à point nommé, consommait
la défaite du pauvre poète qui pâlissait, suait à
grosses gouttes, trépignait, demandait d'autres
cartes, les mêlait avec furie, — et perdait toujours. Ce qui me scandalisait, c'était de voir, à
chacune de ces parties perdues, un sourire
stéréotypé sur les lèvres de M. Blanc de Radasse. — Moi qui le croyais si bon! me disais-je.

Méry, de désastre en désastre, était arrivé à
une perte de 1,500 francs; il avait un peu
perdu la tête. Il demanda à son adversaire,
toujours impassible, de jouer les 1,500 francs,
— quitte ou double, en *cinq liées*. Le vainqueur
accepta avec le flegme dont il ne s'était pas un
moment départi.

L'intérêt redoublait. Tous les assistants de
l'un et de l'autre sexe se rapprochèrent de la
table. Les cœurs battaient.

Méry gagna les deux premières *manches*. Sa figure s'illumina, et me fit songer aux deux beaux vers du premier acte de *Robert le Diable* :

Ah! cette fois je pense
Du jeu pour moi pourra tourner la chance.

Mais il perdit la troisième et la quatrième. L'émotion était à son comble. Je voyais les cartes trembler entre les mains de Méry. A la fin la chance sembla tourner encore en sa faveur, dans cette cinquième partie, qui allait le racquitter ou doubler sa perte. Il avait quatre points ; son antagoniste n'en avait que trois. Il relève ses cartes, un jeu magnifique ; la dame, le valet et le dix de cœur, qui était l'atout ; la dame de carreau et la dame de pique. Son adversaire était premier à jouer. Il joue le roi de carreau ; une levée ; le valet de carreau. Méry coupe de son dix, et abat son jeu, se croyant sûr de la partie. — Pardon ! lui dit poliment l'inconnu ; je prends votre dame d'atout avec le roi et je joue le roi de pique ; troisième levée ; j'ai gagné. Je n'avais pas besoin de marquer le roi, puisqu'il me suffisait de gagner le point pour

en marquer deux : vous aviez refusé de **me**
donner des cartes.

— Mon cher Méry, lui dit M. Blanc de Radasse sans lui laisser le temps de ruminer son
infortune, ne vous inquiétez pas. Sans vous le
dire, nous nous étions tous intéressés dans
votre jeu. En réalité, nous voilà les débiteurs
de Monsieur... La somme que vous venez de
perdre lui sera comptée dans dix minutes, et
vous nous la rendrez quand vous pourrez ; seulement, c'est à une condition ; c'est que vous
allez nous payer votre rançon...

— Et comment ? répliqua le poète.

— Il est six heures ; nous vous accordons
soixante minutes ; à sept heures précises, vous
me remettrez soixante vers, où vous aurez passé
en revue toutes les personnes qui m'ont fait
l'honneur et le plaisir de venir aujourd'hui à
la Pégoulade...

Méry s'exécuta de bonne grâce ; il se retrouvait dans son élément. Ce fut un véritable tour
de force. A sept heures moins deux minutes, il
avait improvisé les soixante vers ; rien n'y manquait, pas même les rimes riches et la consonne

d'appui. Ivanoff, le docteur Pérondi, Gaston de Flotte, Autran, Sébastien Berteaut, Gozlan, Henri Abel, Louis Méry, les dames présentes, et moi-même, moi chétif, nous eûmes tous notre compliment, tourné avec une grâce exquise, sans afféterie, sans fadeur, avec une variété étonnante, comme si ces louanges délicates avaient coulé de source ou jailli naturellement sous cette plume magique. Méry nous récita ses vers, qui eurent un succès fou ; les dames déchiraient leurs gants à force d'applaudir; les hommes criaient : « Vive Méry! » Les bravos et les acclamations duraient encore, quand le bon Oswald, qui avait eu, lui aussi, ses quatre alexandrins, demanda la parole, et dit au poète :

— Merci mille fois, mon cher ami, mais vous ne nous deviez rien, par la bonne raison que vous n'aviez pas perdu un centime! — puis, montrant le mystérieux joueur : Vous auriez joué avec monsieur jusqu'à minuit, vous n'auriez gagné que les parties qu'il aurait voulu perdre... Vous étiez à sa discrétion... Je vous présente M. Albertazzi, le prestidigitateur incomparable, qui attire en ce moment toute la ville au Gymnase marseillais.

M. Albertazzi salua. Méry s'avança vers lui, et lui tendit la main :

— Je sais, Monsieur, lui dit-il, que vous faites des prodiges. Vous venez d'en faire un de plus... Par 36 degrés de chaleur, vous m'avez donné une sueur froide.

Nous allions sortir. M. Blanc de Radasse me prit à part, et murmura à mon oreille :

— Chacun, en ce monde, a ses petites faiblesses. Je sais que Méry n'aime pas à être simple figurant dans une réunion de personnes distinguées... J'ai voulu le faire briller, et j'y ai réussi.

Je sortis avec Méry. Il me prit le bras et me dit en riant :

— Que le bon Dieu bénisse ce diable d'homme! il est parfait, mais terrible quand il veut être ingénieux. Il était si simple de me demander des vers sans me faire subir le supplice de cette atroce partie d'écarté avec un escamoteur. J'étais dans tous mes états. Songez donc! je perdais 1,000 écus, et je n'ai pas 50 francs dans mon tiroir!

Ainsi, en vingt-quatre heures, j'avais pu toucher au doigt les quatre mauvais génies de Méry; la mystification, le jeu, l'improvisation et la bohème.

La nuit était belle, une nuit d'été, sans lune, mais avec un ruissellement d'étoiles. *Per amica silentia lunæ*, me dit le poète, qui savait son Virgile par cœur. « J'espère, ajouta-t-il, que vous ne vous méprenez pas sur le vrai sens de ce vers ?»

— Mais il me semble qu'il ne peut y en avoir qu'un ; la silencieuse clarté de la lune, favorable aux entreprises nocturnes...

— C'est ce qui vous trompe ; je maintiens que *silentia* veut dire ici l'*absence*. La lune favorise par son *absence* les malfaiteurs et les amoureux. L'absence est le plus sûr et le plus complet des silences.

— C'est possible... Dans tous les cas, si la lune, par son absence, se prête à toutes les espèces de larrons, c'est une preuve que le proverbe a raison, et que les absents ont tort.

Nous arrivions à la porte de mon hôtel. Avant de nous séparer, je dis à Méry :

— J'emporterai un si charmant souvenir de

mon voyage à Marseille, qu'il me serait trop
pénible de ne pas lui donner une suite... On
m'assure que vous êtes un admirateur passionné
du pont du Gard. Le pont du Gard est mon
proche voisin. Voulez-vous convenir, pour le
joli mois de septembre, d'une excursion aux
bords du Gardon, avec une halte au château
des Angles, qui n'est nullement un château?

— Très volontiers.

— Eh bien, j'engagerai nos convives d'hier,
et vous serez notre *cicerone*...

Malheureusement, sur mes cinq invités, je
ne pus en avoir que deux; Méry et Sébastien
Berteaut. Autran était parti pour Paris, afin
d'avoir des nouvelles de sa *Fille d'Eschyle*.
Gaston de Flotte attendait, d'un jour à l'autre,
les couches de sa charmante femme, et Henri
Abel était retenu à Marseille par ses fonctions
de rédacteur en chef.

Le 8 septembre, sous un soleil encore très
chaud, mais tempéré par une légère brise, nous
descendions de voiture, Méry, Berteaut et moi,
devant l'auberge de La Foux, qui figure, je crois,
dans un des romans de la première jeunesse de

Dumas fils. En dix minutes, au petit.pas de promenade, on va de cette auberge au pont monumental. Nous avions à côtoyer un ruisseau, digne d'Estelle et de Némorin, où trois ou quatre jolies lavandières, Nausicaas de village, faisaient assaut de battoirs, de bavardages et de frais éclats de rire. Méry nous arrêta, pour nous les faire mieux remarquer.

— Regardez, nous dit-il, ces profils romains, ces yeux noirs, ces galbes de statue antique, à cent pas d'un des plus purs monuments que Rome nous ait légués! On ne m'ôtera pas de la tête qu'il existe des affinités mystérieuses entre les monuments et les races... Les mères de ces adorables jeunes filles ne sont probablement que de simples paysannes; mais, depuis leur enfance et, plus tard, pendant leur grossesse, elles ont, du matin au soir, contemplé ce merveilleux pont du Gard; elles l'ont admiré d'instinct; elles se sont assimilé les exquises élégances de cette architecture...

Pendant ce *speech*, qui nous en promettait d'autres, les regards de Méry s'étaient particulièrement fixés sur la plus belle de ces jeunes

Romaines. La fine commère n'eut pas de peine à deviner que le poète parlait d'elle, et qu'il n'en disait pas de mal. Quoique Méry ne fût pas précisément un Antinoüs, l'honneur d'attirer l'attention d'un homme décoré valait bien un sourire. Elle lui sourit.

A notre grande surprise, Méry, en présence du célèbre pont, nous fit grâce de l'improvisation que Berteaut m'avait annoncée.

— Tu sais, dit-il à son ami, que j'ai à faire trois cents vers qu'attendent les imprimeurs de la *Revue de Paris.* J'ai besoin de me recueillir encore un moment et de me monter l'imagination en face de ce prodigieux chef-d'œuvre de l'architecture romaine. Si vous m'en croyez, vous prendrez les devants pour aller commander le déjeuner. Je serai à vous dans une demi-heure.

Nous reprîmes, sans nous hâter, le chemin de l'auberge. Nous commandâmes à l'hôtelier de préparer le déjeuner; nous attendîmes une demi-heure, puis une heure... De guerre lasse, nous allions nous mettre à table, lorsqu'enfin nous vîmes arriver Méry; dans quel état, grand Dieu! Il était pâle comme un linge, haletant, effaré; sur son front découlaient de grosses gouttes de sueur. Il avait perdu tout un pan de sa redingote, dont les deux manches étaient en lambeaux; plus un bouton à son gilet; au bas de son pantalon des éclaboussures d'eau savonnée et de boue. A sa chemise et à ses mains, du sang!

— Mes amis, nous dit-il d'un ton tragique que justifiait l'effrayant désordre de sa toilette et de sa personne; mes amis, je suis perdu... je viens de tuer un homme!...

J'eus un moment de stupeur et d'épouvante ce qui redoubla ma surprise, ce fut de voir Berteaut accueillir avec un calme relatif cette terrifiante nouvelle; il dit à son ami :

— Tuer un homme, vous, Méry! En dépit du commandement: *Homicide point ne seras!* C'est affreux, effroyable, inimaginable! si vous ne me le disiez pas, je refuserais de le croire, et vous qui le dites, vous n'en êtes peut-être pas bien sûr... Voyons, contez-nous cela!

—C'est simple comme une tragédie antique... J'étais retourné auprès de la belle lavandière qui m'avait fait les yeux doux et qui semblait prendre quelque plaisir à ma conversation...

Tout à coup nous voyons sortir des oseraies du Gardon...

— Un monstre furieux?

— Furieux, oui; monstre, pas tout à fait..... Un géant, un jeune homme aux formes athlétiques. Il s'avance vers moi avec des gestes menaçants et me dit, dans un français qui aurait mieux fait d'être provençal : « Je vous défends de parler à cette fille, à ma *promise*. » Vous devinez ma réponse. Alors cet hercule enragé tire de dessous sa veste un long couteau... Rosa (elle s'appelle Rosa) pousse un cri de désespoir et de terreur : « Étienne! Étienne ! » Elle se précipite dans les bras de son *pù-meiou* (amoureux) et s'efforce de lui arracher le couteau. Dans ce mouvement, dans cette lutte terrible, le couteau tombe par terre; je le vois briller au soleil, au moment où le malheureux Etienne prononce ces paroles fatales : « Au fait, mes poignets suffiront. » Quels poignets, mes amis! De quoi assommer le bœuf Apis! La situation était de celles qui ôtent au plus sage l'usage de sa raison. Ces poings redoutables étaient suspendus sur ma tête; le couteau gisait à mes pieds ; je le ramasse avec la prestesse d'un de ces Thugs que j'ai décrits dans *la Guerre du Nizam*, et, dans la même seconde, dans le même éclair... Oh! mes amis, c'est horrible!... Les poings redoutables d'Étienne s'appesantissent sur mes épaules, et le couteau s'enfonce dans sa poitrine découverte; je vois couler le sang ; Rosa s'évanouit. Étienne s'effondre comme un chêne sous la cognée du bûcheron... J'achève de perdre la tête, je m'enfuis et me voilà!...

— Il n'est peut-être pas tout à fait mort! dis-je timidement.

— Et les circonstances atténuantes surabondent, ajouta Berteaut.

— Que faire, grand Dieu! que faire? reprit le poëte, qui ne voulait pas renoncer à son meurtre; les gendarmes vont venir, et...

— Nous avons le temps de déjeuner avant leur arrivée... Vous dites que le drame s'est passé dans les broutières du Gardon?...

— Au plus épais.

— Rosa, compromise dans ce tragique épisode, se gardera bien de donner l'alarme... Elle

aura commencé par prodiguer ses soins à Étienne,
qui n'est peut-être que blessé... Qui sait?... une
blessure légère...

— Dieu le veuille! murmura Méry.

— Donc nous avons au moins deux heures
devant nous. Déjeunons d'abord; puis nous
tiendrons conseil...

— C'est que j'ai à envoyer à la *Revue de Paris* trois cents vers sur le pont du Gard et les
antiquités de Nîmes. Il faut que ces vers, payés
d'avance, partent demain matin.

— Eh bien, mon ami, rien de plus facile,
poursuivit Berteaut, qui, décidément, prenait
l'avantage. Nous allons déjeuner. Puis l'hôtelier vous prêtera une blouse et vous donnera
une chambre où vous vous enfermerez sous
clef pour écrire vos vers, tandis qu'on raccommodera tant bien que mal votre redingote. Je
suis sûr que les émotions de la matinée ajouteront encore à la vivacité, à la magnificence de
votre inspiration. Nous, pendant ce temps, nous
ferons bonne garde... Si les gendarmes arrivent,
nous leur dirons... Nous leur dirons...

— Ils ne viendront peut-être pas, bégaya

Méry. D'ailleurs, M. de P..., au besoin, nous protégerait...

Puis, se tournant vers moi :

—N'êtes-vous pas conseiller général du Gard, pour le canton de Remoulins[1]?

— C'est vrai, répliquai-je; je l'avais oublié.

— Ah! vous m'en direz tant! s'écria le poète à peu près rasséréné.— Il se figurait probablement que l'ami d'un conseiller général devait être sacré pour la gendarmerie.

Tout se passa conformément à ce programme. Nous n'aperçûmes pas le moindre tricorne. En revanche, tandis que Méry versifiait, nous allâmes, Berteaut et moi, faire un tour de promenade sur le théâtre du crime; nous fûmes vite renseignés.

Méry était allé, en effet, causer et marivauder avec la belle Rosa et ses gentilles compagnes. Il les fit rire; son succès l'encouragea sans doute à quelque pantomime trop démonstrative. En ce

---

1. En 1843, et jusqu'à la révolution de février, le département du Gard, qui comptait trente-huit cantons, n'avait que trente conseillers généraux. Villeneuve-lez-Avignon et Remoulins n'en nommaient qu'un.

moment arrivèrent, non pas comme disait l'ou-
vreuse du théâtre du Palais-Royal, les messieurs
de ces dames, mais les amoureux de ces demoi-
selles; trois ou quatre robustes gaillards, beaucoup moins polis que Némorin. Ils commencèrent par injurier le *Parisien* qui le prit de
haut et les traita de manants. Alors, malgré les
cris plaintifs des lavandières, une grêle de coups
de poing défonça le chapeau de Méry, déchira
sa redingote, meurtrit son visage. Son nez sai-
gna, et quelques gouttes de sang jaillirent sur
sa chemise et sur ses mains. Avouer cette
mésaventure, c'était trop humiliant pour le
chantre de *Napoléon en Égypte*. Il aima mieux
être, pendant quelques heures, assassin que
rossé.

— Toujours le même, ce diable de Méry! La
mystification et la *pose* gâtent les dons merveilleux qu'il a reçus du ciel!

Nous rentrâmes; Méry nous lut ses trois cents
vers, improvisés en trois heures. Il est probable
que nos applaudissements, très sincères et très
vifs, lui firent oublier son crime. Il ne nous
en parla plus. Seulement, quand nous partîme

de l'auberge du pont du Gard, il nous demanda de baisser les stores de la voiture.

J'ai raconté ce petit épisode, parce qu'il nous livre un des côtés du caractère de Joseph Méry. Cent fois, mille fois trop spirituel pour avoir besoin de jeter de la *poudre aux yeux*, il visait constamment à l'effet; il aimait mieux éblouir que charmer. Il préférait le feu d'artifice à la lampe discrète sous l'albâtre. Heureux d'être traité de paradoxe vivant, il ne s'apercevait pas que, pendant qu'il amusait de ses fusées paradoxales le divan Lepeletier et le salon de madame de Girardin, d'autres, plus avisés, plus habiles, retiraient peu à peu leur épingle du jeu de bohème, préparaient leur avenir littéraire et prenaient mesure du fauteuil académique.

Le paradoxe à outrance, à jet continu, est essentiellement stérile. Je le comparerai volontiers, s'il est subversif, aux beaux citrons des bords de la mer Morte, qui n'ont que des cendres sous leur écorce éclatante, et, s'il est inoffensif, aux cerisiers ou pêchers à fleurs doubles, qui brillent un jour en avril, mais ne donnent pas de fruits. La manie de ce pauvre Méry était

de démolir l'idée reçue, de ne rien dire et de ne
rien faire comme les autres. Il s'arrangea, pendant vingt ans, pour que tout le Paris littéraire,
théâtral et boulevardier, le regardât comme
l'être le plus frileux qui eût jamais existé ; ne
sortant, en hiver, qu'après s'être préalablement
emmîtouflé de trois cache-nez, enveloppé de
deux gilets de flanelle, d'une chemise de laine,
d'un tricot, de deux paletots et d'un mac-farlane.
Eh bien, un de ses amis m'a affirmé, depuis
lors, que Méry n'était nullement frileux, qu'il
lui était arrivé, pendant un hiver où il avait
une pièce en répétition, d'aller, tous les matins,
de la cité Bergère où il logeait, à l'Odéon où
se répétait sa pièce, aussi légèrement vêtu que
pourrait l'être un Norvégien transféré à Cannes
ou à Menton.

C'est en décembre 1846, trois ans après notre
aventure du pont du Gard, que je commençai à
m'apercevoir de la décadence de Méry. J'avais,
à votre choix, brûlé mes vaisseaux ou franchi
le Rubicon ; je faisais, à trente-cinq ans, mes
seconds début, premiers à Paris, et j'avais un
pied à la *Revue des Deux-Mondes*. Dans un salon

de très grande dame déclassée, où je rencontrai Émile de Girardin, le marquis de Foudras, Louis de Ronchaud, Arthur de Gobineau, Philarète Chasles, Lehman, Chassériau, et où j'aurais pu rencontrer, quelques années auparavant, George Sand, Liszt, Alfred de Musset et tout le personnel des *Lettres d'un voyageur*, je fus présenté à Ponsard, dont l'Odéon allait jouer la seconde tragédie, *Agnès de Méranie*. Ponsard avait mis trois ans à s'acclimater à sa gloire ; il y était parvenu. C'était un brave et digne garçon, un peu lourd, un peu gauche, pas trop spirituel, pas trop vaniteux pour un poète de province applaudi à Paris. Il y avait bien déjà quelques défections, quelques schismatiques. Ses détracteurs prétendaient que sa vraie vocation eût été d'être notaire ou receveur particulier à Vienne ou à Villefranche. Mais ses admirateurs tenaient bon, et ne consentaient pas à se départir de leurs premiers enthousiasmes. Un d'eux, homme politique, conseiller d'État, me prit à part, et me dit :

— Vous verrez comme c'est beau, *Agnès de Méranie !* et grand ! et simple ! sans aucune de vos

fanfreluches romantiques, qui, Dieu merci !
sont passées de mode ! Figurez-vous que, dans
la scène capitale, on assiste à un long débat
entre Philippe-Auguste et le légat ; et telle est la
magie du poète, que, lorsque le légat a parlé, on
lui donne raison, et que, lorsque le roi lui réplique, on est de son avis !

J'avoue que cette manière de réduire l'art dramatique à une conférence d'avocats me persuada
médiocrement. Dans le groupe où se trouvait
Ponsard, je voulus dire un mot de mon ami
Méry, qui, en attendant *Agnès*, venait de faire
représenter, à ce même Odéon, *l'Univers et la
Maison*, comédie en cinq actes et en vers. L'idée
en était jolie, la versification facile et gracieuse ;
Bocage jouait le principal rôle, et c'est dans
cette pièce que nous admirâmes, pour la première fois, l'organe délicieux et l'air d'ineffable
jeunesse de Delaunay, alors âgé de dix-neuf ans ;
pourtant tous ces beaux-esprits, à commencer
par Ponsard, m'opposèrent d'ironiques sourires.
Je dus en conclure que, dans tout ce monde qui
touchait de bien près à celui de madame de Girardin, Méry cessait d'être pris au sérieux. Cette

fois, du moins, il eut sa revanche. « *L'Univers et la Maison !* m'avaient dit Ponsard et ses amis ; mais c'est une chute ! Cela ne compte pas ! Une improvisation à peine supérieure à celles d'Eugène de Pradel! L'Odéon avait besoin encore de trois semaines pour monter convenablement *Agnès de Méranie ;* et il a joué *l'Univers et la Maison,* comme il aurait exhihé des marionnettes ou des chiens savants ! » Or la comédie de Méry avait été, quoi qu'on en pût dire, un gentil petit succès de bonne compagnie ; et la tragédie de Ponsard tomba à plat, asphyxiée par l'ennui.

Agnès de Méranie! Tragédie oubliée! Pour moi souvenir de deuil, de remords, presque de honte! Dans mon premier chapitre, j'ai dit un mot de ma mère, et, malgré d'illustres exemples, je craignais de profaner cette image sacrée. Et cependant il faut que j'en parle encore! C'est elle qui m'avait conseillé d'aller passer à Paris ce dernier trimestre de 1846, qu'elle croyait décisif pour ma carrière littéraire. Elle m'adorait, et je le lui rendais bien. Admirablement lettrée, sachant par cœur son XVIIe siècle, douée d'un

esprit original et indépendant, étrangère aux
préventions vulgaires, aux préjugés de caste et de
parti, elle ne s'était nullement effrayée en me
voyant chercher dans la littérature un refuge à
mes tristesses. Sans jamais me le dire, elle avait
pénétré le secret de mes souffrances, gémi sur
ce grand naufrage dont la littérature était l'épave.
Habituée, à force de tendresse, à lire dans ma
pensée plus clairement que moi-même, elle
avait deviné que, en dehors de ce travail qui
donnait un but à ma vie, il ne me resterait que
le désordre où le désespoir. Elle désirait ardemment pour moi un succès qui m'encourageât et
me consolât.

Je l'avais quittée, en octobre, sans trop d'inquiétude ou de scrupule. Il était convenu que je
reviendrais auprès d'elle entre les fêtes de Noël
et les fêtes du jour de l'an. Sa santé, toujours
délicate, semblait en bonne veine. Quand je
l'embrassai avant de monter en diligence, elle
était presque gaie. Et voyez la sublime incon-
séquence, le prodige de la tendresse maternelle !
En dépit de sa piété austère et fervente, elle me
souhaita bon accueil à la *Revue des Deux Mon-*

des, à laquelle j'apportais un manuscrit, et qui avait bien quelques petites hérésies sur la conscience.

Donc, ce soir-là, — 21 décembre 1846, — j'étais allé à l'Odéon, à la première représentation d'*Agnès de Méranie*, qui, grâce à la curiosité du public et aux indiscrétions des amis, devenait un événement. Le vicomte Edouard Walsh, répandu dans tous les mondes, m'avait casé dans la loge de madame Suzanne Brohan, charmante artiste, mère de ces deux comédiennes plus charmantes encore, Augustine et Madeleine. Suzanne m'avait ravi par la grâce de son esprit et la cordialité de ses manières. Le *fiasco* de la seconde tragédie de Ponsard ne me désolait que médiocrement. Je sentais se réveiller en moi mon vieux romantisme de 1830, et je me disais qu'il suffirait probablement de cette seconde expérience pour montrer tout ce qu'avait de stérile et d'illusoire cette tentative de réaction classique.

Quand je sortis du théâtre, le temps était vif, le ciel clair, le pavé sec et la lune en son plein. Je fis à pied le trajet de la place de l'Odéon à la rue de Luxembourg, où j'avais un appartement.

Quand je rentrai, minuit sonnait aux horloges de l'Assomption et de Saint-Roch. La concierge me remit une large enveloppe, d'une physionomie officielle, portant le timbre du ministère de l'intérieur. Je l'ouvris avec un pressentiment sinistre, et voici ce que je lus :

CABINET DU MINISTÈRE DE L'INTÉRIEUR

« 21 décembre 1846. Par télégraphe.

» Le préfet de Vaucluse prie M. le Ministre de l'intérieur de faire prévenir M. A. de P... que l'état de madame sa mère s'est fort aggravé depuis quelques heures, et que son oncle l'engage à partir immédiatement.

> » *Le Maître des requêtes,*
> » *chef du Cabinet,*

> » EDMOND LECLERC. »

Vous savez ce qu'était, en 1846, le télégraphe, cette machine aux grands bras, gesticulant sur les hauteurs, sans cesse contrariée par le brouillard forcée de se taire pendant la nuit, et, en hiver, gagnant à peine vingt-quatre heures sur la poste. Vous savez aussi quels étaient, à la même date, les moyens de locomotion ; la malle-poste, — qu'il fallait retenir longtemps d'avance, — trois nuits et trois jours ; la diligence, quatre jours et quatre nuits. En outre, dans la mauvaise saison, il suffisait d'une tombée de neige, d'une bourrasque, d'une couche de glace à la surface du Rhône ou de la Saône, pour allonger indé-. finiment le trajet réglementaire de Paris à Avignon.

Comment ai-je survécu à ce coup de foudre, à la nuit qui suivit, à la matinée du lendemain ? Je n'en sais rien, et, après quarante ans, je ne me l'explique pas encore. Je me levai avant le jour ; j'écrivis quelques lignes à mon cher et bon cousin, le marquis de Besplas, qui m'a donné tant de preuves d'affection, et qui habitait alors le numéro 9 de la rue Louis-le-Grand, pour l'informer de mon malheur, de mon angoisse. Puis je passai chez d'Ortigue, *square* ou cité d'Orléans. Il se leva, s'habilla, et ne me quitta plus. La diligence ne partait qu'à dix heures. Nous avions encore deux heures devant nous. C'était un dimanche; nous allâmes ensemble à la messe, à Saint-Louis-d'Antin. Ai-je prié? ai-je-pleuré? Je n'en sais rien. Il y a des moments où les larmes ne peuvent se distinguer des prières. Nous rentrâmes pour faire ma malle. Le marquis de Besplas m'attendait; certes, mon billet, qu'on venait de lui remettre, suffisait à expliquer le sombre nuage qui couvrait sa noble et belle figure; et pourtant il me sembla y voir une expression plus douloureuse encore. J'entrai un moment dans mon cabinet de toilette, pour rassembler mes nippes. Ce cabinet était vitré... Oh! je me souviens des plus menus détails. Je regardai à travers les vitres, et je vis le marquis faire à d'Ortigue un signe de détresse, mettre sa main dans la poche intérieure de son pardessus, puis la retirer vivement en montrant du regard le cabinet. J'ai su plus tard que M. de Besplas avait reçu, le matin même, une lettre, en retard seulement de quelques heures sur la dépêche ministérielle et préfectorale; que, dans cette lettre, mon oncle lui disait : « Tout est fini! » et qu'il ne savait pas s'il devait me laisser ou m'enlever une dernière lueur d'espoir. Cette lueur, je ne l'avais

plus; j'étais sûr, aussi sûr que si j'avais lu cette
lettre funèbre que je croyais voir à travers le
drap du par dessus. Mais cette certitude inflexible, je n'en voulais pas ! j'essayai de me débattre
contre elle, de la détruire en la récusant ; je partis
sans presser le marquis de questions auxquelles,
probablement, il n'aurait pas résisté.

Mes deux fidèles amis me hissèrent dans le
coupé de la diligence, où je me trouvai seul
avec un énorme fermier bourguignon, qui ne
tarda pas à s'endormir et à ronfler. Je lui sus
en ce moment autant de gré de ce sommeil
sonore, que j'en aurais voulu au plus spirituel
causeur de Paris, qui eût essayé de me distraire.
Il faut se souvenir de ce qu'étaient alors, en
hiver, les longues et interminables routes qui
nous conduisaient de Paris à Lyon,—cinq cents
kilomètres de boue et d'ornières entre deux rangées d'arbres morts, — pour se faire une idée
approximative de ce que fut pour moi ce voyage.
A Montereau, la neige nous prit — et ne nous
quitta plus. A tous moments, un accident, un
accroc, un temps d'arrêt, nous faisaient perdre
une heure ou une demi-heure; une roue embour-

bée, une querelle entre le conducteur et le pos-
tillon, un trait brisé, un essieu cassé, un relais
où les chevaux n'étaient pas prêts; trois jours et
trois nuits de Paris à Chalon. Quelles nuits ! Je
m'endormais, vaincu par la fatigue. Aussitôt,
des visions étranges traversaient ce sommeil,
dont elles faisaient un cauchemar. Il me semblait que je voyageais dans un immense cime-
tière, et que les ormeaux alignés sans fin sur la
grande route et poudrés de neige devenaient
des spectres enveloppés de leurs blancs suaires.
Leurs branches nues, secouées par la rafale
d'hiver, me faisaient des gestes macabres, et
m'attiraient, m'appelaient... où ? Je me réveillais
en sursaut, baigné d'une sueur froide. Bientôt
je me rendormais, et le cauchemar recommen-
çait.

J'arrivai à Chalon, le mercredi matin, et je
pus monter sur le bateau à vapeur de la Saône.
Le pont était occupé par une bande de jeunes
gens très gais, que l'on pouvait croire un peu
gris, et qui menaient grand tapage. Un de ces
messieurs se nommait Fouché, et la meilleure
plaisanterie de ses camarades consistait à l'ap-

peler « ministre de la police ». Cette gaieté
bruyante, en face de ma douleur, était pour
moi un supplice de plus. Et cependant ces
jeunes étourdis avaient du cœur.. Me voyant
assis à l'écart, dans une attitude de désespéré,
la tête dans mes mains, ils se consultèrent.
« Le ministre de la police », qui paraissait être
le chef de la troupe, s'approcha de moi, et commença par me demander pardon dé ces gros
rires et de ces éclats de voix qui poûvaient
m'incommoder. Puis, remarquant des larmes
dans mes yeux, il me demanda la cause de mon
chagrin. Je lui dis tout, et j'ajoutai : « Je don-
nerais la moitié de ma fortune pour arriver à
Avignon, ce soir (je les avais retrouvés, le
jeudi, sur le bateau du Rhône); mais nous
sommes aux jours les plus courts de l'année.
Je suis sûr que le capitaine voudra s'arrêter au
Pouzin; et, s'il me faut passer encore cette
longue nuit dans cette auberge de village, je le
sens... je mourrai, ou je deviendrai fou ! »

Ces bons jeunes gens mirent une sourdine à
leur gaieté, se cotisèrent, parlèrent au capitaine; à l'aide d'une gratification qu'ils préle-

20.

vèrent sans doute sur leurs plaisirs, ils décidè-
rent l'équipage à doubler le combustible et à
accélérer le train du bateau. A la nuit tombante
ou tombée, nous arrivions à Avignon. Mes amis
m'attendaient sur le quai du Rhône. Je n'eus
pas à les interroger. Ils se jetèrent dans mes
bras. A leur grande surprise, mon premier cri,
la première explosion de ma douleur se formula
dans ces mots, inexplicables pour eux, et qu'ils
ne comprirent que plus tard :

— Misérable que je suis ! J'étais à l'Odéon !
j'étais à l'Odéon ! Entendez-vous ? j'étais à
l'Odéon !

Oui, misérable ! La représentation d'*Agnès
de Méranie* avait duré de huit heures à onze
heures et demie, et ma mère était morte à dix
heures du soir.

Treize mois après, — bien peu de temps avant
la Révolution de février, — le salon de M. Buloz
battait son plein. Que de célébrités ! et combien de survivants ? Henri Blaze de Bury, frère
de madame Buloz, et moi ! Alfred de Musset, .
Jules Janin, le comte Alexis de Saint-Priest,
Charles Magnin, Lerminier, Eugène Delacroix,

Meyerbeer, Alfred de Vigny, Ampère, académicien de la veille, Mérimée, Ligier, Beauvallet, Provost, Samson, Regnier, de la Comédie-Française. Je causais avec le très spirituel Alexis de Saint-Priest. Visant à l'Académie rançaise, où il devait entrer l'année suivante pour en jouir bien peu de temps, il était en train de me rappeler ses modestes débuts dans le modeste salon de ma mère, où il nous lisait ses premiers essais de littérature, quand soudain il me vit pâlir. Un certain mouvement se faisait dans le salon. On venait d'annoncer M. Leclerc, chef du cabinet de M. Duchâtel, ministre de l'intérieur. C'était presque l'équivalent d'une visite du ministre lui-même; une preuve que rien ne menaçait M. Buloz dans ses fonctions de commissaire du roi près le Théâtre-Français.

— Allons, disait Regnier, voilà le sceptre du maître de céans affermi pour longtemps dans ses rudes mains!

Ceci se passait le dernier samedi de janvier 1848.. On sait ce qu'étaient devenus, avant le dernier samedi de février, ce sceptre-là, et un autre sceptre.

J'expliquai au comte Alexis de Saint-Priest la cause de ma pâleur et de mon trouble. Eut-il le pressentiment de sa fin prochaine? sa figure empâtée et sans regard exprima une émotion sincère.

— Parmi vos parents et les miens, me dit-il, mes amis et les vôtres, des heureuses années où vous habitiez la rue de Vaugirard, combien ont déjà disparu! Ah! Chateaubriand, dont nous lirons bientôt les *Mémoires*, a eu raison d'écrire : « Comment l'homme peut-il s'attacher à quelque chose en ce monde, lui qui doit mourir? »

Et, un quart d'heure après, cet homme d'infiniment d'esprit, atteint de nostalgie académique, se remettait à *débiner* Alfred de Musset, son compétiteur probable ou possible, en me faisant remarquer « que, ce soir-là, ce n'était pas du vin *bu*, mais du vin *cuvé* ». Plût à Dieu que le charmant et malheureux poète n'eût jamais bu et cuvé que du vin!

J'ai revu M. Edmond Leclerc, vingt-huit ans après, dans l'*omnibus* de Passy. Nous allions ensemble au service funèbre de l'excellent M. Bérard, beau-frère de madame Bucheron, oncle de

mon cher Saint-Genest; singulière rencontre,
qui, sans la moindre préméditation de ma part,
fait du nom de M. Leclerc une sorte de trait-
d'union entre la mémoire de ma mère et celle
de cette autre mère, de cette femme incomparable, que j'ai connue trop tard! Madame Bucheron et son fils Arthur, c'étaient deux âmes
qui, à force de s'aimer, n'en faisaient qu'une. Rien
de plus touchant et de plus charmant que d'assister à cette émulation d'amour maternel et
filial. La mère était fière de son fils, le fils était
orgueilleux de sa mère. Quand on l'engageait à
se marier, il répliquait : « Non ! non ! je n'ai pas
de quoi suffire à deux affections telles que celle-
ci ; ma mère tient toute la place. » Leurs sentiments, leurs pensées s'attiraient, se confondaient, se complétaient par une force d'attraction,
par une puissance d'affinité que je n'ai nulle part
vue si intense. C'était mieux que de l'harmonie ;
car l'harmonie suppose deux instruments qui
s'accordent. Ici, c'était le même clavier joué à
quatre mains. Malheureusement, ces âmes ju-
melles ne devraient se rencontrer qu'à la même
génération ; le frère et la sœur, l'époux et la

femme. Alors on peut espérer partir ensemble,
ou si près l'un de l'autre, que, entre celui qui
part et celui qui demeure, il y a à peine assez
d'espace pour faire tenir un adieu. Le survivant
scelle son cœur dans le cercueil du mort, et il
n'a pas même à s'ordonner de mourir ; ce qui
reste de lui sur la terre a cessé de vivre. Mais,
entre le fils et la mère, bien des années peuvent
s'écouler dans ce veuvage filial, avant de réunir
dans la mort ce que la mort a séparé. Ces années
plus ou moins longues, plus ou moins lourdes,
il ne doit pas les abandonner à ce que j'appel-
lerai l'inertie de la douleur. Si, contre toute
vraisemblance, cette page tombe sous les yeux
de Saint-Genest, je lui dirai avec l'autorité de
mon grand âge, en lui tendant ma vieille main :
« Ce n'est pas manquer à la mémoire de celle
que l'on pleure, que de faire ce qu'elle conseil-
lerait, si elle revenait au monde. Humainement
parlant, le travail est le seul consolateur dont
on n'ait ni à se méfier ni à rougir, quand le
cœur est brisé. Ne vous enfermez pas dans votre
deuil ; travaillez ! vous avez fait du bien ; l'admirable abbé Roussel est là pour l'attester ;

faites-en encore ! Un moment votre plume vaillante a été une puissance ; reprenez-la ! vous
semble-t-il que les hommes de cœur et de talent
n'aient plus rien à dire, que notre malheureuse
France soit dans une situation meilleure qu'au
temps où vos beaux articles flagellaient la scélératesse des uns, l'aveuglement et l'insouciance
des autres ? Vous semble-t-il qu'il n'y ait plus
de turpitudes à flétrir, de ridicules à siffler, de
sophismes à combattre, d'abus à signaler, de
parvenus à faire rentrer dans leur néant, de
fausses gloires à fustiger, d'affreux petits comédiens à jeter à bas de leurs tréteaux ? Votre malheur a été immense ; moindre pourtant que le
mien. Vous n'étiez pas au théâtre, tandis que
votre mère rendait à Dieu sa belle âme. Vous assistiez à son agonie ; vous vous serriez contre
son lit de mort. Dans ses yeux, qui allaient se
fermer, vous avez pu, jusqu'au dernier moment,
lire l'expression de sa tendresse ; vous avez
recueilli ce regard des mourants, qui est à la
fois un adieu et un appel. Dans le déchirement
de cette heure suprême, vous avez du moins le
sentiment du devoir accompli... et moi !... »

Oui, l'homme qui parvient à la vieillesse ne peut ni s'étonner ni se plaindre, si sa mère meurt avant lui. Mais cette épreuve cruelle est au-dessus des forces humaines, s'il s'y joint·des circonstances qui l'aggravent et l'enveniment, des incidents tels que ceux que je viens de raconter. Toute ma vie — en dehors même de la secrète blessure, des tristes confidences de mon premier chapitre — les choses se sont constamment arrangées pour que mes douleurs fussent plus vives et mes joies plus troublées. Au risque d'être accusé de vanité puérile, j'avoue que j'ai longtemps et souvent désiré la croix d'honneur ; je l'ai reçue, à soixante ans, le 15 août 1870, entre Reischoffen et Sedan. Comme tous les débutants entraînés par une sincère vocation littéraire, j'avais souhaité avoir, au moins une fois dans ma vie, un succès de vogue et de nombreuses éditions; je l'ai eu, et ce souvenir me rappelle une crise effroyable où tout se combina pour me torturer; les colères suscitées autour de moi, la certitude d'avoir commis une mauvaise action, la perte de précieuses amitiés. La France était envahie, Paris assiégé, nos milliards et nos soldats sacrifiés à l'orgueilleuse et folle dictature du plus faux de tous les faux grands hommes ; la Commune en perspective, pendant que je suivais, jour par jour, les progrès de la maladie mortelle de ma pauvre femme ; il s'en fallut de bien peu que sa mort ne coïncidât avec les incendies de Paris et l'assassinat des otages. Je cite trois ou quatre faits ; je pourrais en citer cent... Ah! l'on devrait me pardonner, si l'amertume de mes souvenirs me rend parfois injuste envers ceux à qui tout a réussi!

Me voilà bien loin du pauvre Méry. Lui aussi aurait eu le droit de répondre à mes plaintes : « Et moi, suis-je donc sur des roses? » Il était merveilleusement doué ; inoffensif, quoiqu'il eût débuté par la satire ; sans fiel, aimable, amusant, étincelant, éblouissant, soutenu par deux puissances, Victor Hugo et le salon de madame Émile de Girardin. Ses trois romans indiens sont des prodiges, des tours de force. Sa *Chasse au Chastre* est un chef-d'œuvre. Alexandre Dumas essaya de le refaire et resta très inférieur à Méry. A chaque instant, en feuilletant de vieux journaux, des *Revues* d'antan, je retrouve ou je découvre de courts récits, des fantaisies charmantes, *les Nez des filles de Nogent*, par exemple, où la verve, *l'humour*, l'esprit facile et de bon aloi égalent les meilleures pages d'Alphonse Daudet. Pourquoi n'est-il arrivé à rien? Pourquoi est-il presque oublié? J'ai entendu parler de l'Académie pour Léon Gozlan, pour Brizeux, pour Émile Deschamps, pour Béranger, pour Théophile Gautier, pour Paul de Saint-Victor et pour vingt autres (je ne compte que les morts); pour Méry, jamais!

A dater de février 1848, son déclin devint une dégringolade. Le salon de madame de Girardin était dès lors plus politique que littéraire; on aurait pu croire que le second Empire serait une sorte de renouveau pour le chantre de *Napoléon en Égypte*. Il n'en fut rien. On fit des avances à Musset, qui avait excellemment chanté la *Naissance du Comte de Paris*, et qui, essoufflé, épuisé, vidé, fini, mort avant d'être vieux, ne put accoucher que de son lamentable *Songe d'Auguste;* on laissa Méry à l'écart. Je crois que, dès cette époque, il était obsédé et paralysé par des embarras d'argent. Dans une

de nos promenades de 1843 à 1846, il m'avait
dit : « Ma plume m'a rapporté deux millions,
et le jeu me les a pris! » Évidemment les deux
chiffres étaient de part et d'autre fort exagérés.
Il n'en est pas moins vrai qu'il avait beaucoup
perdu. Eh bien, voyez quelle fatalité s'achar-
nait contre le pauvre poète! Dans les derniers
temps, des rumeurs fâcheuses circulèrent. On
alla jusqu'à accuser Méry de *corriger la fortune!*
je n'en ai jamais cru un mot, et je m'appuie sur le
témoignage du baron Gaston de Flotte, bon juge
en fait de loyauté et d'honneur :

— Lui! me disait-il, Méry? Allons donc! oui,
il l'a corrigée une fois et voici comment : Nous
jouions à l'écarté en tête-à-tête; je perdais deux
mille francs. Il savait que, dans ce moment-là,
cette perte me gênerait énormément. Il m'offrit
de jouer une dernière partie quitte ou double.
J'acceptai et je gagnai. Mais savez-vous ce que
j'appris par hasard, dix ans après? A deux
reprises, pendant cette partie décisive, Méry
avait écarté le roi d'atout.

Ce qui est positif, c'est que, durant les dix
ou douze dernières années de la vie de Méry,

une sorte de voile sombre s'étendit sur son
œuvre et sur son nom. J'en parlai un jour à un
riche Marseillais, qui me répondit : — Si nous
organisions une souscription pour Alexandre
Dumas, nous ferions cent mille écus en vingt-
quatre heures; pour Lamartine, cent mille francs
en quinze jours; pour Méry, pas un sou!

Et cependant, Alexandre Dumas, né à Vil-
lers-Cotterets, ne se rattachait à Marseille que
par Edmond Dantès et le château d'If, et Méry
était une illustration marseillaise.

Il ne comptait plus; je le revis encore une
fois, à Ems, en août 1865. Il venait d'écrire,
pour le théâtre d'Ems, le *libretto* d'une de ces
chétives opérettes que l'on joue aux Eaux, qui
meurent avec la saison et qu'on n'oserait pas
jouer à Paris. Il était hébergé par M. Briguiboul,
directeur du Casino. On eût dit une montre
dont un enfant aurait cassé le grand ressort. Il
me serra tristement la main, sans me rappeler
le passé, sans essayer d'avoir de l'esprit. Il y
avait à Ems, cette année-là, tout un groupe de
brillants écrivains et journalistes parisiens :
Cuvillier-Fleury, Arsène Houssaye, Frédéric.

Béchard, Aurélien Scholl, Albert Wolff, Charles Yriarte. Méry, avec ses longs états de service et sa réputation de prodigieux causeur, semblait devoir être le président honoraire de cette bande joyeuse; on le voyait à peine et personne ne lui parlait.

Il mourut peu de temps après. On m'a assuré qu'il serait mort dans le dénuement le plus absolu, s'il n'avait été secouru par un Empereur et un poète : Napoléon III et Joseph Autran.

Oh! l'esprit de conduite, plus rare encore que la conduite de l'esprit! Il a manqué complètement à Méry et à bien d'autres. L'esprit de conduite et une femme! Méry avait épousé, à Marseille, une jeune personne très honnête, mais d'une condition tellement inférieure, qu'il ne l'amena jamais à Paris, où bien des gens le croyaient garçon. Or, si on a pu dire : « Les maisons se font et se défont par les femmes », cette vérité est surtout vraie pour les poètes, les littérateurs et les artistes. Ceci, par une transition toute naturelle, me ramène à Joseph Autran.

Nos relations, toujours amicales, étaient res-

tées vagues et lointaines depuis notre rencontre
à la Réserve, où j'avais entendu parler, pour la
première fois, de *la Fille d'Eschyle.* Je m'étais
réjoui du succès de cette belle œuvre, tout en
maudissant la République de février, qui, en
réduisant les recettes à un chiffre dérisoire, avait
forcé l'Odéon de fermer ses portes. Au surplus,
j'avais déjà tant de griefs contre elle, qu'une
malédiction de plus ou de moins ne comptait
guère! Je ne me doutais pas que j'aurais à subir
une troisième République, qui, par comparaison,
me réduirait à estimer la seconde.

Mais la Providence réservait à Joseph Autran
une indemnité préférable à tous les succès, à
toutes les glorioles de ce monde. On connaît cette
gracieuse et touchante histoire; le poète, enrichi
par un héritage, osant déclarer ses sentiments à
la veuve du riche banquier, M. Fitch, et accueilli
avec enthousiasme par cette noble femme, qui,
mettant sa main dans la sienne, semblait lui
dire :

— Pourquoi avez-vous attendu d'être riche?
Votre cœur et votre talent m'auraient suffi.

Ce fut l'époque où Autran publia ses beaux

Poèmes de la Mer. J'en rendis compte avec une admiration bien sincère. Il sut, en outre, que j'avais fait, en 1849, une démarche auprès de Jules Janin et de mademoiselle Rachel pour obtenir que l'illustre tragédienne jouât, au Théâtre-Français, le rôle de Méganire. Ce fut le point de départ d'une amitié qui ne s'est pas un moment démentie, sauf un léger nuage qu'on pourrait appeler posthume, puisque, trois ans après la mort du poète, j'en vis l'ombre passer sur son tombeau.

Je fus donc admis dans l'intimité de ce ménage, qui faisait mentir la maxime pessimiste de La Rochefoucauld : « Il y a de bons mariages, il n'y en a pas de délicieux. » Jamais mari n'apprécia si dignement l'esprit supérieur, la tendresse attentive, la grâce exquise de sa femme. Jamais épouse ne se dévoua plus passionnément aux intérêts, à l'avenir, aux succès de son époux. Ce fut une lune de miel de plus d'un quart de siècle. Un détail, entre mille, prouve combien ils étaient nécessaires l'un à l'autre. Peu de temps avant la mort de Joseph Autran, ils découvrirent, avec une naïve surprise, que Phi-

lémon n'avait pas une seule lettre de Baucis, et
Baucis pas une lettre de Philémon; et cela, par
une bonne raison, c'est qu'ils ne s'étaient jamais
quittés. Dire que madame Autran était le type
le plus accompli de la compagne du poète, ce
ce ne serait pas assez. Elle était son inspiratrice,
sa collaboratrice, en ce sens que, sans elle, il se
serait peut-être abandonné à sa nonchalance
naturelle, à son antipathie pour Paris et pour
le monde, à un fond de timidité ou à un goût
de rêverie qui expliquait ses longs silences.

— Si madame Autran n'était pas là, me disait
leur ami, Victor de Laprade, Autran, *lentus in
umbra* ou à demi couché sur la plage, aurait fait
deux vers par jour.

Il en fit davantage. Chose bizarre ! Il s'est
moqué de Boileau, qui n'en faisait qu'un.

Que de douces journées j'ai passées à Pra-
dine et à la Malle, le château et la villa; le château abrité sous les sapins et les chênes, au ver-
sant du Luberon; la villa, tapie sous des char-
milles, dans des massifs de platanes, d'aubes et
de peupliers, entre Aix et Marseille ! Que de
charmantes promenades ! Que d'aimables cau-

series ! Madame Autran avait le secret de gouverner admirablement sa maison comme la plus
positive et la plus *pratique* des ménagères, et
d'animer, d'élever, de poétiser la conversation,
sans ombre de pédantisme ou d'afféterie, comme
une sœur des Muses. Elle savait l'anglais et
l'italien comme le français; elle traduisait, pour
son mari, Longfellow, Tennyson, Léopardi,
Coleridge, Shelley, et, une heure après, elle
allait commander un dîner, dont on avait faim
avant d'en lire le menu. Volontiers je dirai,
comme le *ventru* de Béranger, auquel je ne ressemble guère : « Quels dîners! quels dîners!...»
Mais, ici, je m'arrête, de peur d'avoir à réprimer
un sourire. A ma grande stupeur, longtemps
après la grande campagne académique, terminée
par une trop tardive victoire, madame Autran
entreprit d'invoquer *sainte Néga*, et de nier
devant moi ses dîners parisiens. On raconte
qu'un sauvage, à qui l'on demandait s'il connaissait le Révérend Père X..., missionnaire,
répondit : « Comment voulez-vous que je ne
le connaisse pas? je l'ai mangé. » J'aurais pu
répondre quelque chose d'analogue. Je m'éton-

nais qu'une femme d'un tact aussi fin, d'un esprit aussi net, crût avoir à se défendre de ce qui me paraissait, à moi, tout simple et même parfaitement honorable; un poète millionnaire, aimant à réunir à sa table l'élite des littérateurs et des artistes de son temps; et cela, sans autre arrière-pensée que de passer une soirée agréable en donnant à ses confrères, pendant deux heures, la douce illusion de cent mille livres de rente. M. Guizot, qui s'y connaissait, n'a-t-il pas dit : « On ne cause bien qu'à table. » Or, vous jugez ce que devaient être, sous la délicate influence d'une femme supérieure, dans cette familiarité contenue en de justes bornes, des causeurs tels que Mignet, Mérimée, Eugène Delacroix, Théophile Gautier, Jules Claretie, Béchard, Paul de Saint-Victor, le marquis de Belloy, Amédée Achard, Laprade, etc., etc.

A ce propos, une anecdote, et un joli mot : en mars 1854, Autran publia un volume — un de ses meilleurs, — *Laboureurs et Soldats*. Madame Autran me savait prêt à en rendre compte dans *l'Assemblée nationale*. Elle m'envoya les *bonnes feuilles*, afin que mon article pût paraître

le jour même de la mise en vente. Je fus exact.
Mon article respirait le plus vif enthousiasme.
Or, la veille de cette mise en vente, nous avions
eu un grand dîner, et ce dîner était excellent. Le
lendemain matin, je rencontrai sur le boulevard Paul de Saint-Victor, un des convives. Il
vint à moi d'un air grave, presque tragique,
comme s'il avait à me faire un compliment de
condoléance. Il me prit la main, et me dit:
« Je ne vous croyais pas si gourmand ! » puis
il fila sans se retourner.

Mais aussi, quelle reconnaissance me témoignait le poète, pour des services que j'aurais
voulu rendre plus efficaces, et qui ne valaient
pas une page de discussion dans la *Revue des
Deux Mondes* ou dans le *Journal des Débats !*
C'était plaisir de le voir secouer son indolence
habituelle, se dresser sur ses ergots et cribler de
mots piquants mes persécuteurs, chaque fois que
le Siècle, *le Charivari* ou *le Figaro* d'alors me
mettaient sur la sellette ; ce qui arrivait souvent
pendant ces années militantes. Souffrant déjà
d'un affaiblissement de la vue et se trouvant trop
bien chez lui, il refusait presque toutes les invi-

tations. Un jour pourtant, cédant à mes instances, il consentit à venir dîner avec moi chez un
de mes compatriotes, l'éminent docteur Émile
Chauffard, mort trop tôt pour ses amis et pour
la science. Madame Chauffard, doublement im-
mortalisée par l'admirable portrait de Jalabert
et par le merveilleux commentaire de Théophile Gautier, est une des femmes les plus intel-
ligentes, les plus dévouées, les plus parfaites
que j'aie jamais rencontrées. Nous voilà à table,
Autran à la droite de la maîtresse du logis, moi
à sa gauche. Je connaissais tous les convives,
excepté un jeune homme de vingt-cinq ans en-
viron, vêtu de noir, d'une tenue très correcte,
d'une figure régulière et doucereuse. Après le
potage, dans ce moment de silence solennel qui
prélude au premier service, ce jeune homme, qui
était pourtant chaussé d'escarpins, s'écria à propos de bottes :

— Vous savez? On n'achète plus la *Gazette de
France* que le vendredi soir, à cause de l'article
hebdomadaire d'Arthur de Boissieu.

Là-dessus, un tel froid, que la remoulade du
turbot se changea immédiatement en glace pis-

tache et vanille. J'allais répondre : « On a bien raison ! » Joseph Autran ne m'en laissa pas le temps. Il se leva, se redressa de toute sa haute taille, et, courroucé, frémissant, superbe :

— Eh bien, moi, Monsieur, dit-il, j'ai bien mauvais goût : je ne l'achète que le samedi soir, pour la causerie littéraire !

Madame Chauffard, malgré mes efforts pour la rasséréner, était au supplice. Les regards se portaient alternativement sur le monsieur en habit noir et sur moi. Je risquai deux ou trois calembours. Jalabert raconta gentiment une joyeuse histoire d'atelier. Rien n'y fit ; jusqu'à la fin du dîner, on resta sous l'impression d'un insurmontable malaise.

Et maintenant voulez-vous savoir le nom de ce convive intempestif, qui mettait ainsi les pieds dans le plat, au risque de me faire sortir de mon assiette ? C'était M. JULES BARRÊME, alors avocat à la Cour de cassation, depuis lors préfet des Deux-Sèvres, puis préfet de l'Eure, puis victime du mystérieux assassinat du pont de Maisons.

Au sortir de table, le voyant penaud et embarrassé de sa personne, j'allai franchement à lui ; je pris sa main, et je lui dis :

— Monsieur, remettez-vous de ce trouble dont j'ai le chagrin d'être cause. Cela n'en vaut vraiment pas la peine ! Ce que vous avez dit, je me le dis cent fois par jour, et j'ajoute que c'est tout simple. L'analyse d'un roman, d'un livre d'histoire ou d'un volume de poésies ne peut intéresser que quelques maniaques de littérature. Arthur de Boissieu, qui est en outre plein de talent et d'esprit, répond bien mieux à la passion du moment. Ses sous-entendus, ses allusions, ses fines épigrammes, comparables à une broderie au crochet et spirituellement féminines ou félines (n'est-ce pas un peu la même chose ?) font les délices des jeunes gens infatués de parlementarisme et des belles frondeuses qui demandent leurs revanches, non pas à une émeute, mais à une phrase à triple entente. Cette guerre à coup d'épingles leur rendra-t-elle Henri V ou le comte de Paris ? Je le souhaite. Ne finira-t-elle pas par un nouveau triomphe de la canaille ? Je le crains.

M. Jules Barrême ne me regardait pas en face.

Vue de près, sa figure me parut encore plus pateline et sournoise qu'au premier moment. Il me répondit, les yeux baissés, d'un ton de nez fort dévot :

— Quant à moi, Monsieur, j'accepte d'avance un changement de gouvernement, pourvu que notre sainte Religion, le clergé et les congrégations religieuses n'aient pas à en souffrir !

Rapprochez de cette réponse édifiante les lignes suivantes d'un journal de Marseille :

« M. Jules Barrême était né à Avignon. Clérical et légitimiste, il avait fait partie de toutes les manifestations royalistes et religieuses de notre Provence. Mais, depuis la démission du maréchal, il avait passé à la République jacobine et athée. A Niort, en 1880, il avait odieusement crocheté le couvent des chanoines religieux de Notre-Dame de Beauchesne, et, à Évreux, il avait, en 1884, fait échouer la candidature de M. le duc de Broglie. Tout récemment, il se défendait, par la voie des journaux, d'avoir jamais participé à aucun pèlerinage. Il comptait sans ses compatriotes, qui l'avaient vu tant de fois assister aux fêtes de Frigolet, et qui l'a·

vaient eu comme un de leurs chefs au pèlerinage
que, en 1873, les Avignonais firent à Notre-
Dame de la Garde... »

Peut-on dire, après avoir lu ces lignes, que
M. Jules Barrême était un déserteur? Non. Il
revenait à son véritable régiment.

De 1852 jusqu'à sa mort, Joseph Autran n'a
pas publié un seul volume, sans que, dans la
quinzaine, l'*Assemblée nationale*, l'*Union* ou la
Gazette de France ne publiât un feuilleton où
je recommandais au public des lettrés et des
délicats cette poésie si honnête et si pure. C'est
ainsi que j'ai rendu compte des *Poèmes de la
Mer*, de *Laboureurs et Soldats*, des *Épîtres rus-
tiques*, de *la Vie rurale*, du *Cyclope*, du *Poème
des beaux jours*, des *Poèmes dramatiques*, des
Paroles de Salomon, des *Sonnets capricieux*,
de *la Lyre à sept cordes*, de *la Flûte et le Tambour*, des *Lettres et Notes de voyage*. Si, par
grand extraordinaire, un de mes lecteurs avait
l'idée baroque de descendre dans mes catacom-
bes, c'est-à-dire de feuilleter mes quarante-cinq
volumes de critique, il y trouverait ces articles.
Tout en faisant la part des exagérations de

l'amitié, je puis dire, après nombre d'années, que le sentiment qui les dictait fut parfaitement sincère. A mes yeux, Autran, Laprade, Brizeux, le marquis de Belloy, arrivant après la grande trouée romantique, représentaient une phase de transition entre Lamartine, Victor Hugo, Musset, Alfred de Vigny, et les jeunes poètes qui débutaient au moment où leurs aînés allaient finir. Aujourd'hui, je n'ai rien à rétracter dans ces articles où l'éloge amplifie, mais ne contredit pas la vérité. S'il plaît à l'école nouvelle, à l'école du *faisandé*, de n'apprécier que la poésie purulente, pourrie, puante, infecte, où, sans calembour, les vers se sont mis ; s'il lui plaît de délaisser et de taire les nobles poètes que je viens de nommer pour décerner une apothéose au chantre de *la Charogne*, de *la Géante* et des *Femmes damnées*, soit! C'est logique; c'est un détail de plus dans la décomposition et la dissolution universelle. J'ai le droit d'en gémir ; m'en étonner serait trop naïf. Une poésie qui chante l'idéal, l'infini, le sol natal, la famille, le foyer, le berceau de l'enfant, le tombeau de l'aïeule, les chastes amours de la vingtième année, le crucifix dans la main des mourants, la prière sur le cercueil des morts, pouvait-elle convenir à une société dépravée, dégradée, abêtie, affolée par les triomphes d'une démagogie stupide et athée, à une société où M. Papon est préféré au duc de Broglie, où des mains aviles et criminelles grattent sur les murs et dans les âmes l'idée de Dieu, où le vice abject, le vice tarifé, officiel, immonde, mène la ronde du sabbat républicain, qui n'a pas même la poésie du sabbat infernal? Que peut-il y avoir de commun entre le matérialisme qui règne en maître, le réalisme qui cherche ses truffes au pied des chênes, le naturalisme qui étale insolemment ses nudités sans même leur faire prendre un bain, et l'idéal qui nous sollicite dans ce que nous avons de meilleur, l'infini qui sert de voile au Dieu invisible, les douces et saintes tendresses qui n'existeraient pas si elles n'étaient le trait d'union entre la vie présente et la vie future, entre la terre et le ciel? L'idolâtrie du laid peut-elle fraterniser avec le culte de la beauté, le miasme avec l'air pur, le bouge où grouillent tous les vices avec le palais enchanté où s'envolent tous les rêves, Caliban avec Ariel, le cygne avec l'orfraie, le mal avec le bien, la boue avec l'azur, le scorpion avec la rose, la fièvre avec la santé, le tombereau de la compa-Richer avec le char de la reine Mab?

Comment en un plomb vil d'or pur s'est-il changé? Comment l'admirable femme, devenue une admirable veuve, a-t-elle failli me retirer son amitié et l'ensevelir sous les cendres de Mausole? Comment la rivalité parlementaire, oratoire et politique de MM. Guizot et Thiers fut-elle l'origine lointaine de cette brouille d'autant plus imprévue qu'étant, madame Autran et moi, fort sujets aux bronchites, nous redoutions les refroidissements?

L'histoire n'est pas sans intérêt; elle pourrait s'intituler : *Histoire d'une candidature à l'Académie française.*

M. Guizot avait d'immenses qualités et de petits travers. Un de ces travers fut l'esprit de domination. Tombé du pouvoir, n'ayant plus à gouverner la France, il voulut régenter l'Académie. Il s'y retrouvait en face de M. Thiers, beaucoup moins exact aux séances, beaucoup moins académicien, mais, ainsi que l'événement l'a trop prouvé, ayant sur son rival cet avantage, que son avenir politique n'était pas fini.

A titre de Marseillais, M. Thiers patrona la candidature d'Autran. Ce fut assez pour que M. Guizot se plaçât au premier rang du parti contraire.

C'est dans l'hiver de 1861 à 1862, que nous vîmes poindre la candidature de Joseph Autran. Le groupe catholique, encore nombreux à cette époque à l'Académie, en eut la première idée, et cette idée ne tomba pas sur un sol ingrat. Un détail minuscule fera deviner la reconnaissance du poète et la vivacité de la lutte. Madame Autran renvoya un domestique, parce que M. de Montalembert étant venu lui faire visite, le malheureux avait dit qu'elle n'y était pas, QUAND ELLE Y ÉTAIT !

Il s'agissait du fauteuil d'Eugène Scribe. Les chances parurent d'abord favorables, presque certaines. Autran avait pour lui les catholiques, mot qui en grec signifie universel, mais dont l'étymologie hellénique n'est plus de mise, hélas! à l'Académie et ailleurs; M. Thiers,

M. Mignet, *Arcades ambo*, mais non pas tout à fait *ambo pares;* Laprade et l'excellent M. Biot, octogénaire, le plus lettré des savants et le plus savant des lettrés; contre lui la *Revue des Deux Mondes*, le *Journal des Débats*, quelques auteurs dramatiques, Émile Augier, Legouvé, Ponsard — et M. Guizot. M. de Rémusat avait promis à un de ses parents, domicilié à Marseille, de voter pour Autran après un certain nombre de scrutins. Nous nous livrâmes, la veille, à un minutieux pointage; le succès semblait assuré. Ce qui avait, d'ailleurs, attendri les académiciens, chevaleresques et galants, c'était d'apprendre que madame Autran avait fait avec son mari toutes les visites réglementaires, restant dans la voiture tandis qu'il grimpait leur troisième ou leur quatrième étage.

Il était écrit là-haut que Joseph Autran n'arriverait pas cette fois-là. La fée guignon intervint; vous savez si elle s'entend à déjouer la sagesse humaine. Le vénérable Biot mourut deux jours avant l'élection, et cette raison seule pouvait l'empêcher d'y prendre part. Après le douzième tour de scrutin, au moment où M. de

Rémusat allait voter pour Autran, le directeur de l'Académie déclara que la séance était close. Je suis peut-être seul à me souvenir de cette bataille homérique, 15 contre 15 ! Charles Monselet écrivit là-dessus une fantaisie charmante et l'élection fut ajournée à deux mois.

Ces deux mois furent gros d'événements, et je fus pour quelque chose dans cette grossesse. Cette mémorable partie de quinze avait donné *une* voix à Octave Feuillet; mais l'opinion publique les lui donnait toutes. Autran, sûr que *l'on* avait de l'orgueil pour lui, était resté modeste; il devina ce nouveau courant de l'opinion; il comprit que sa candidature s'effondrait sous ses pas, parce qu'elle manquait de physionomie parisienne. Tandis que les Marseillais en voulaient au poète de les avoir quittés et de leur avoir enlevé la femme dont ils étaient si justement fiers, ses adversaires affectaient de rappeler son origine marseillaise et de le traiter de poète de province. Un matin, il alla trouver M. Guizot et lui annonça son intention de se désister en faveur de l'auteur du *Roman d'un jeune homme pauvre.* M. Guizot accueillit cette

nouvelle avec des transports d'enthousiasme :
« Vous faites-là une chose excellente, dans votre
intérêt même, dit-il à Autran... Nous ne pouvons plus, malheureusement, nous faire illusion
sur le triste état de santé de notre poétique collègue, M. Alfred de Vigny. Son fauteuil vous
est assuré d'avance, et cette succession vous
convient mieux que celle de M. Scribe, qui n'a
jamais écrit que des vers d'opéra et des couplets
de vaudeville. »

On ne pouvait mieux dire, et j'ajouterais que
nous voilà dormant sur les deux oreilles, si ce
souvenir ne me rappelait l'époque où j'ai le
moins dormi. Le 11 avril 1862 — jour à marquer d'une pierre noire — parurent *les Jeudis
de madame Charbonneau*. Aussitôt je devins un
allié compromettant. O douleur! on dîna sans
moi!!! Pour me consoler de mon jeûne ou me
distraire de mes peines, j'improvisai une *say-
nette* inspirée par le délicieux proverbe d'Alfred
de Musset, *On ne badine pas avec l'amour*, avec
cette épigraphe :

Oh! ne me brouillez pas avec la République
Des lettres...

Je m'y représentais sous les traits de Blazius. Il y avait une scène pathétique, où j'arpentais le passage Choiseul, en disant : « Que font-ils maintenant? Hélas! ils sont à table. Que mangent-ils? Que ne mangent-ils pas? J'ai vu deux garçons de Chevet, en veste blanche et béret blanc, entrer dans la maison avec leur précieux fardeau. Cela sentait bien bon! » Puis j'entrais chez le restaurateur du passage, à trente-deux sous, et je me cassais une dent en m'attaquant à un *bifteck* d'une dureté marmoréenne. C'était très bête; mais les *Mémoires* ne sont-ils pas, en quelque sorte, des confessions?

Ce léger brouillard dura peu. Il était dissipé au mois de novembre suivant, lorsqu'il fut prouvé que je n'étais pas tout à fait un homme à la mer, et quand je commençai, dans la *Gazette de France*, une nouvelle série qui en est aujourd'hui à sa 24e année et à son 946e numéro. Je pus, après la mort d'Alfred de Vigny, m'associer franchement aux espérances, aux émotions et aux déceptions de celui et de celle que je n'avais pas cessé d'appeler mes amis. Inutile de rappeler qu'Octave Feuillet, au délai fixé, avait été élu à une majorité considérable. Dès lors, tout semblait devoir marcher comme sur des roulettes; mais les roulettes académiques sont de celles qui laissent parfois boîter les fauteuils. C'est ici que se place la *félonie* de M. Guizot. Au lieu de tenir sa parole et d'appuyer la candidature du poète, qui s'était noblement désisté, il la combattit et la fit échouer. Certes, le crime était effroyable, le grief légitime. Toutefois, en y réfléchissant un peu, on reconnaît que M. Guizot rendit réellement service au galant homme qu'il trahissait. En 1864, Autran avait Paris contre lui. Pourquoi? Je n'en sais rien. En pareil cas, Paris ne s'explique jamais. Son élection eût été impopulaire; elle fut populaire en 1868; l'opinion l'avait repoussé; elle le réclama lorsqu'on apprit la mort de Ponsard. Ce revirement devait consoler le poète d'avoir attendu cinq ans de trop. Mais elle ne justifiait pas l'homme illustre qui l'avait fait attendre.

Nous étions surtout exaspérés, parce que M. Guizot et l'Académie avaient préféré Camille Doucet à Joseph Autran. Il y avait là une nuance que je n'ai comprise que plus tard.

Certes, le bagage académique de l'aimable et spirituel auteur des *Ennemis de la Maison* était plus léger que celui du poète de *la Fille d'Eschyle*. Mais M. Doucet était bien plus, comme on dit, du bois dont on fait les académiciens. Enfant de Paris, odéonien, sédentaire, lié, de longue date, avec la plupart des membres de l'Institut, il était acclimaté avant d'être naturalisé. On eût dit qu'il pouvait entrer au palais Mazarin sans changer de place, traverser la grande cour sans changer d'air et revêtir les palmes vertes sans changer d'habit. L'Académie a pu s'applaudir de son choix, le jour où elle a appelé Camille Doucet à remplacer M. Villemain dans les fonctions de secrétaire perpétuel, et où, loin de plier sous le poids de ce formidable héritage, on l'a vu se tirer admirablement d'affaire et déployer les qualités brillantes qui font le charme des séances annuelles.

Pendant ces années intermédiaires entre l'échec immérité et le succès obtenu, M. et madame Autran résistèrent aux conseils de leurs amis qui les engageaient à louer et à meubler, dans un quartier à la fois élégant et classique,

tel que le quai Voltaire, le quai Malaquais ou
la rue des Saints-Pères, un appartement confor-
table, sans luxe, où tout se réunirait pour promettre aux immortels un collègue assidu aux
séances et utile au Dictionnaire. Loin de là,
quand on entrait dans ce grand diable d'hôtel
Saint-James, où les myopes n'apercevaient pas
les plafonds, où l'on montait un immense escalier, entre deux rangées de valets taciturnes, de
femmes de chambre silencieuses, d'Anglais et
d'Anglaises disant : *Aoh!* on avait la sensation
de quelque chose de très imposant, de très somp-
tueux, de très cher, mais d'accidentel, de provisoire, comme si on visitait un prince étranger
ou un ambassadeur japonais. M. Cousin me
disait, bien peu de temps avant sa mort : « Nous
n'avons déjà que trop d'oiseaux de passage à
l'Académie. Lamartine et Hugo n'y viennent
jamais, Laprade et Thiers presque jamais, Falloux et l'évêque d'Orléans, trop rarement. Il
nous faut des académiciens pour qui l'Académie
soit un domicile et non pas un pied-à-terre. »

Enfin arriva le jour de la réparation et de la
justice. Autran fut nommé à une belle majorité.

Son discours, qui commençait par un touchant
et éloquent hommage à Lamartine, mort quelques semaines auparavant, produisit un excellent effet. Je crois même que M. Guizot, vers
cette époque, rencontra madame Autran dans une
maison amie. Ils causèrent, et M. Guizot, séduit
par cet esprit si supérieur et si charmant, si
élevé et si fin, mit bas les armes

    Comme un guerrier vaincu brise ses javelots.

Tout est bien, qui finit bien. Malheureusement, ce proverbe ne servit pas de devise à
l'Empire. Il s'écroula, tragique ruine, sur les
ruines de la France. Quatorze années s'écoulèrent, et quelles années! L'année prophétique,
l'année terrible, l'année scélérate; puis les années d'espoirs déçus, d'illusions tombées, de
chances monarchiques rongées peu à peu par
la dent républicaine; de quoi absorber tous les
griefs personnels dans les douleurs et les humi-
liations nationales. Autran était mort le 7 mars
1877. Je savais que sa veuve préparait un volume posthume, et je savais aussi que son cher
poète, versifiant jusqu'au dernier moment, avait

laissé assez de pages inédites pour qu'un choix sévère, lentement élaboré par une femme supérieure, nous donnât de l'exquis.

Le volume ne parut qu'en juillet 1881 ; je l'ouvre ; il me semble inférieur aux autres ouvrages d'Autran. Peu importe ! *Agésilas et Pertharite* n'ont jamais fait dire : « le petit Corneille ». Mais je suis surpris et attristé en y découvrant un Autran tout nouveau, aigri, acidulé, pince-sans-rire, enfiellé, vindicatif, prodigue de sournois coups de patte à l'encontre de ses confrères en Apollon, tel enfin que sa réputation de bonté, de générosité, de modestie et de douceur allait en être entamée. En même temps, je reçois bon nombre de lettres anonymes ou signées, où l'on me dit : « Comment allez-vous vous en tirer cette fois, monsieur le critique ? »

J'arrive à la page 292, et je pousse un gémissement de détresse. La pièce est intitulée : *Simple histoire pour servir à celle de mon temps ;* elle se termine ainsi :

Mon ami, ce monsieur, que si grave on t'a peint,
(tapin ! ! !)
Sous son visage auguste a l'âme d'un Scapin.

22.

Ce *monsieur* (il n'y avait pas à s'y tromper), le poète venait de le nommer. C'était M. Guizot !

Je crus accomplir le devoir de l'amitié en écrivant à madame Autran que ces deux vers, d'ailleurs aussi pitoyables qu'impitoyables, ne pouvaient que nuire à la mémoire de son mari. Je la suppliai de s'entendre avec son éditeur pour faire faire un carton d'où cette pièce disparaîtrait. Ce qui me prouva que j'étais dans le vrai, c'est que Laprade, qui s'était bénévolement chargé de la préface, m'écrivit le même jour : « Si j'avais connu l'existence de cette pièce odieuse, jamais, jamais, je n'aurais consenti à faire la préface. »

Madame Autran crut probablement que je me disposais à imprimer ce que je lui écrivais; sa réponse fut foudroyante, sans merci, indigne de cette belle intelligence où le bon sens et l'imagination s'équilibraient si admirablement. C'était le rugissement de la lionne, à qui on arracherait ses petits. Ce n'était pas une plainte, un reproche, mais une rupture. Je me hâtai de détruire sa lettre, et j'essayai de l'oublier. Mais c'était fini. L'amitié a le droit d'être plus susceptible que l'amour, parce qu'elle n'a pas les mêmes dédommagements. L'un réconcilie, l'autre replâtre.

ÉPILOGUE

En avril 184... trois de mes meilleurs amis, sortis de prison à la suite d'un ridicule procès politique, étaient allés, pour s'indemniser, passer l'hiver en Italie, où se trouvait le comte de Chambord. Resté à Avignon, je guettais leur retour à l'arrivée de la malle-poste. J'en vis descendre avec eux un petit homme, qui était assurément le contraire d'un joli garçon, mais dont la physionomie originale et fantaisiste méritait de ne pas passer inaperçue. Il était si expansif, si liant, que, mes amis et lui s'étant rencontrés à Naples quelques semaines auparavant, on en était déjà au tutoiement. C'était le vicomte Walsh, directeur de la *Mode*.

Jules, Frédéric et Ulric me présentèrent. Aussitôt le vicomte Walsh me dit : « J'ai lu vo articles envoyés à *la Quotidienne :* Voulez-vous écrire dans *la Mode ?* »

Ce fut le point de départ. J'adressai à l'élégante *Revue* royaliste des nouvelles, puis un roman. Édouard Walsh m'assura que je réussissais. La tentation était trop forte. Je partis pour Paris, où je ne tardai pas à devenir à la *Mode* (italiques, malheureusement) une sorte de Maître Jacques romancier, causeur littéraire, critique dramatique, chroniqueur mondain.

C'est un nouvel horizon qui s'ouvre; Paris décidément substitué à une vie partagée entre Paris et la province. Ce serait le sujet d'une nouvelle série. L'écrirai-je? Non, NON, NON!

Je pourrais alléguer mon grand âge, le triste état de ma santé; mais je ne suis jamais plus vieux et jamais plus malade que lorsque je ne travaille pas. Je pourrais dire — ce qui serait absolument vrai — que j'ai éparpillé ces *Souvenirs* dans mes trop nombreux volumes de critique ou de causerie littéraire. J'aime mieux attaquer franchement la question. Je croyais que les *Mémoires*, bien différents de l'histoire proprement dite, avaient le droit d'être essentiellement personnels, c'est-à-dire d'exprimer les sentiments, les idées, les opinions, les passions, les GRIEFS, au besoin les injustices de l'auteur, sauf, pour l'histoire, à arriver après lui et à prouver qu'il a été partial, rancuneux, in-juste, ICONOCLASTE.

Je croyais que, lorsqu'un vieillard de soixante-quinze ans s'était dévoué, pendant plus d'un demi-siècle, à une cause, et que ce dévouement, QUI LUI A COUTÉ UN DEMI-MILLION, ne lui avait valu que mécomptes, désillusions, déboires et jus-qu'aux silencieux dédains du chef illustre de son parti, il aurait acheté assez cher son franc parler, et pourrait avouer que, sur bien des points, il pense en 1886 autrement qu'en 1834.

Je m'étais trompé; pour m'en punir, je n'ai plus qu'à dire comme Hamlet: « Le reste est silence. »

N. B.—Cédant aux instances de mon incomparable ami, Edmond Biré, j'allais retoucher, atténuer, adou-cir, abréger ce chapitre, lorsque *le Correspondant* a publié le beau travail de mon éminent confrère et ami, Charles de Lacombe. Sans nul doute, ce travail, où Charles de Lacombe réfute la plupart de mes ré-cits, paraîtra bientôt en volume. Dès lors, je craindrais de lui jouer un mauvais tour en supprimant les détails contre lesquels il proteste. Il aurait trop l'air de s'agiter dans le vide.

D'ailleurs, pour mon excuse, j'invoquerai un nom illustre et un nom célèbre. Louis Veuillot me disait souvent : « Vous êtes trop sujet à vous replier. »

Sainte-Beuve, que j'avais fait prier par un ami commun de retrancher, dans le second volume de ses *Nouveaux Lundis,* un mot malsonnant, m'avait fait répondre : « Non ! quand il y a eu conflit entre deux écrivains, il faut que les pièces du procès soient maintenues intactes, pour que le public puisse juger en dernier ressort. »

J'ajoute que, bien différent des plaideurs ordinaires, je désire avoir tort.

A. P.

FIN

TABLE

PARIS. — IMP DE LA SOC. ANON. DE PUBL. PÉRIOD. — P. MOUILLOT. — 62330.

DUC DE BROGLIE	f. c.	L. PEREY & G. MAUGRA
FRÉDÉRIC II ET LOUIS XV, 2 vol....	15 »	LA VIE INTIME DE VOLTAIRE, 1 vol..
VICTOR HUGO		CH. DE RÉMUSAT
TORQUEMADA, 1 vol...............	6 »	CORRESPONDANCE, 4 vol..........
J. BARDOUX		ERNEST RENAN
LA COMTESSE PAULINE DE BEAUMONT	7 50	NOUVELLES ÉTUDES D'HISTOIRE RELI
BENJAMIN CONSTANT		GIEUSE, 1 vol................
LETTRES A MADAME RÉCAMIER, 1 vol.	7 50	G. ROTHAN
COMTE D'HAUSSONVILLE		L'ALLEMAGNE ET L'ITALIE, 2 vol...
MA JEUNESSE, 1 vol..............	7 50	PAUL DE SAINT-VICTO
PAUL JANET		VICTOR HUGO, 1 vol..............
VICTOR COUSIN ET SON ŒUVRE, 1 vol.	7 50	JULES SIMON
		THIERS, GUIZOT, RÉMUSAT, 1 vol....

Format gr. in-18 à 3 fr. 50 c. le volume.

BLAZE DE BURY	vol.	H. HEINE	
ALEXANDRE DUMAS..................	1	POÉSIES INÉDITES................	
P. BOURDE		F. DE JULLIOT	
DE PARIS AU TONKIN...............	1	TERRE DE FRANCE................	
ÉDOUARD CADOL		F. DE JUPILLES	
HORTENSE MAILLOT................	1	JACQUES BONHOMME CHEZ JOHN BUL	
Psse CANTACUZÈNE-ALTIÉRI		PIERRE LOTI	
FLEUR DE NEIGE	1	MON FRÈRE YVES	
GABRIEL CHARMES		MARC MONNIER	
STATIONS D'HIVER................	1	APRÈS LE DIVORCE,............	
EDOUARD DELPIT		MAX O'RELL	
SOUFFRANCES D'UNE MÈRE	1	LES CHERS VOISINS............	
E. DESCHANEL		RICHARD O'MONROY	
PASCAL, LAROCHEFOUCAULD, BOSSUET. .	1	A GRANDES GUIDES	
H. DE LA FERRIÈRE		QUATRELLES	
TROIS AMOUREUSES AU XVIᵉ SIÈCLE	1	LETTRES A UNE HONNÊTE FEMME....	
O. FEUILLET		E. QUINET	
LA VEUVE........................	1	LETTRES D'EXIL, I ET II.........	
ANATOLE FRANCE		H. RABUSSON	
LE LIVRE DE MON AMI.............	1	ROMAN D'UN FATALISTE.........	
JEAN GIGOUX		GEORGE SAND	
CAUSERIES SUR LES ARTISTES DE MON		CORRESPONDANCE, I A VI........	
TEMPS	1	Cᵉˡ TCHENG-KI-TONG	
GYP		LES CHINOIS PEINTS PAR EUX-MÊMES.	
ELLES ET LUI.....................	1	L. DE TINSEAU	
LUDOVIC HALÉVY		L'ATTELAGE DE LA MARQUISE	
CRIQUETTE.....................	1	LA MEILLEURE PART.............	
GUSTAVE HALLER		***	
LE SPHINX AUX PERLES.............	1	L'IMPÉRATRICE WANDA...........	
		MARIO UCHARD	
		MADEMOISELLE BLAISOT............	

Collection de luxe petit in 8°, sur papier vergé à la cuv

OCTAVE FEUILLET	vol.	PROSPER MÉRIMÉE	
JULIA DE TRÉCŒUR.................	1	CARMEN	
LUDOVIC HALÉVY		MELCHIOR DE VOGÜÉ	
LA FAMILLE CARDINAL............	1	HISTOIRES D'HIVER	
PIERRE LOTI		L. ULBACH	
LES TROIS DAMES DE LA KASBAH......	1	INUTILES DU MARIAGE...........	

Paris. — Imprimerie Ph. Bosc, 3, rue Aube